Guy Chevreau
DER TORONTO-SEGEN 2

Guy Chevreau

Der Toronto-Segen 2

Gebet mit Folgen –
Theologie und aktuelle Zeugnisse
aus aller Welt

Projektion J Buch- und Musikverlag GmbH, Wiesbaden

Von Guy Chevreau bereits bei Projektion J erschienen:

Der Toronto-Segen
Erlebte Erneuerung und Erweckung

Titel der Originalausgabe:
Pray with Fire

Published by Harper Collins Publishers Ltd.,
77-85 Fullham Palace Road, London W6 8JB

ISBN 3-89490-103-9

Die Bibelstellen wurden, soweit nicht anders angegeben,
der Einheitsübersetzung bzw. der Guten Nachricht entnommen.

Übersetzung: Detlev Stieghorst
Umschlaggestaltung: Petra Louis
Satz: Projektion J Buch- und Musikverlag GmbH
Druck: Schönbach-Druck GmbH, 64390 Erzhausen

1 2 3 4 98 97 96 95

Dieses Buch ist all denen gewidmet, die ihren Brüdern und Schwestern durch Fürbitte im Heiligen Geist dienen.
Ein besonderer Dank an die Mitglieder der Seelsorge-Teams der Toronto Airport Vineyard-*Gemeinde:*
Gott segne Euch für Eure Treue, Eure Freundlichkeit, Eure Sanftmut und Eure Liebe.

Der große Komponist Johann Sebastian Bach setzte die Buchstaben J. J. an den Anfang vieler seiner Kompositionen; die Buchstaben S. D. G. schrieb er an das Ende.
Diese Abkürzungen standen für die lateinischen Worte »Jesus Juva« und »Soli Deo Gloria« – »Jesus, hilf« und »Gott allein sei Ehre«.

INHALT

»Deine Herrlichkeit seh'n«

(Let Your Glory Fall)

Vater aller Schöpfung,
zeig deinen göttlichen Plan.
Dein Volk, das du dir erwählt hast,
laß es aufstehen im Land.
Die ganze Schöpfung sehnt sich,
daß du dich zeigst in deiner Macht.
Gieß deine Salbung auf uns,
laß dies die Stunde sein.

Laß uns deine Herrlichkeit seh'n,
laß sie weitergeh'n –
zu den Völkern.
Deine Nähe füllt diesen Raum,
denn wir suchen dein Angesicht.

Herrscher aller Völker,
laß die Welt endlich seh'n
die Fülle Deiner Verheißung,
Deine Gemeinde im Sieg.
Komm zu uns und berühr uns,
rüst uns aus, mach uns stark.
Überwind uns're Schwachheit,
damit wir aufsteh'n zum Kampf.

Dein Reich komme, Herr,
dein Wille gescheh'.
Laß uns auf Erden seh'n,
Jesus in Herrlichkeit.

Originaltext: David Ruis; deutsch: Wolfgang Peuster, Ilona Piras, Ute Spengler

VORWORT

Gebet ist eine der wichtigsten Übungen des christlichen Glaubens, das läßt sich nicht bestreiten. »Es werden mehr Dinge durch Gebet erreicht, als sich diese Welt erträumen kann«, war die Auffassung von Alfred Lord Tennyson. Doch die Situation ist nur allzu typisch. Einerseits bekräftigt Tennyson mit Verstand und Worten, wie wichtig das Gebet ist. Andererseits aber ist er nicht für ein treues, diszipliniertes und wirksames Gebetsleben bekannt. Und die meisten von uns können sich mit diesem Widerspruch nur zu gut identifizieren.

Mein eigener Kampf in dieser Sache ist verzweifelt und hart. Es gibt Zeiten, da erlebe ich wunderbare Augenblicke mit meinem himmlischen Vater im »Gebetskämmerlein«. Dann bete ich im verborgenen zu ihm und werde öffentlich reich belohnt. In solchen Zeiten spürt man, daß wirklich alles zum Besten dienen muß. Man fragt sich, wie man nur so dumm sein kann, nicht immer so viele Stunden in der Gemeinschaft mit Gott zuzubringen. Doch dann senken sich die Sorgen des Lebens auf einmal mit solch einer Wucht auf einen, daß man von diesem neuentdeckten »Pfad des Gebets« abkommt und der Kampf um dessen Wiederentdeckung neu beginnt. Während der vergangenen achtzehn Monate haben Carol und ich diese Berg-und-Tal-Fahrt mitgemacht. Wir sehnen uns nach der vertraulichen Nähe zu Gott, die einen einfacheren Lebensstil und einen wesentlich weniger vollen Terminkalender voraussetzt.

Die Erneuerung in der *Airport Vineyard*-Gemeinde geht Abend für Abend weiter. Heute, im Juni 1995, schätzen wir, daß sich die Besucherzahlen aller Gottesdienste zusammengenommen auf über 400 000 belaufen. Wir nehmen an, daß es etwa 150 000 verschiedene Personen waren, die bei uns waren. Mittlerweile haben wir an vier Nachmittagen in der Woche Gebets- und Fürbittezeiten. Ich bedauere nur, daß ich nicht mehr Zeit für das persönliche Gebet hatte.

Dr. Guy Chevrau ist seit Beginn der Erneuerung im Januar 1994 Mitglied unseres Teams in der *Airport Vineyard*-Gemeinde. Wohin überall die Ströme der Erneuerung und Erweckung geflossen sind, werden wir wohl nie auch nur annähernd in Erfahrung bringen können, denn mittlerweile hat der »Toronto-Segen« weltweite Auswirkungen. Guys theologische und historische Perspektive ist für mich selbst wie für unser Team und all die unzähligen Besucher und Leiter eine gewaltige Hilfe. Seine wissenschaftlich fundierten und aufschlußreichen Impulse sind für uns alle immer wieder außerordentlich hilfreich und ermutigend.

Das Feuer der Erneuerung breitet sich aus, und wir sind dankbar zu sehen, wie Tausende vom Geist Gottes berührt werden. In Toronto und bei vielen Reisen in andere Städte auf der ganzen Welt sehen wir, wie Menschen in einer ganz besonderen Weise durch den Heiligen Geist zur Fürbitte befähigt werden. Gott hat uns allen ein doppeltes Verlangen ins Herz gelegt. Einerseits will er uns alle auf eine viel höhere Ebene bringen, was die Kraft angeht, und uns in viel größere Tiefen führen, nämlich in eine tiefere und engere Gemeinschaft mit ihm selbst. Andererseits aber will er gleichzeitig, daß unsere Unterscheidungsfähigkeit wächst und die Offenbarungen, die wir empfangen, an Qualität und Zahl zunehmen.

In seinem neuen Buch ruft uns Guy Chevreau zu solch einer Gemeinschaft mit Gott. Er ruft uns auf, mit kindlicher Einfachheit und Aufrichtigkeit, aber gleichzeitig auch wirksam und leidenschaftlich zu beten. Dazu muß unser Herz vom Heiligen Geist bewegt werden. Ich hoffe, daß wir niemals mit irgendeinem emotionalen Ersatz zufrieden sind oder mit einer ausgeklügelten »Strategie für Erweckung« oder Gemeindewachstum. Wir dürfen niemals Gottes souveränes und oft geheimnisvolles Handeln aus unserem Blickfeld verlieren. Er kommt unerwartet und doch zuverlässig, um einer zerbrochenen und bedürftigen Welt sein Reich zu bringen. Dabei bezieht er uns in großzügiger und gnädiger Weise ein.

John Arnott — Toronto Airport Vineyard
Hauptpastor — August 1995

DANK

Vor einem Jahr legte ich mein Amt als Pastor der Baptistengemeinde, die wir zu gründen versuchten, nieder. Aus vielen Gründen war dies kein gangbarer Weg und wäre es mit Sicherheit auch nicht geworden. Mit meiner Familie stand ich vor dem »Aus« – wir hatten nichts außer Gott.

Aber was war das für ein Jahr! Den letzten Sommer habe ich mit Lektüre und Schreiben zugebracht; ich hatte vorgehabt, das Werk selbst zu veröffentlichen in der Hoffnung, daß meine Forschungsarbeiten den Pastoren und Leitern helfen würden, die zu den Erneuerungsgottesdiensten in der *Toronto Airport Vineyard*-Gemeinde kamen. So kam es uns wie ein Eingreifen Gottes vor, daß der Verlag Harper Collins in England das Werk herausbrachte. »Der Toronto-Segen« hat viel weitere Verbreitung gefunden, als ich es mir jemals ausmalen konnte. Ich selbst bin dementsprechend viel herumgekommen, weil man mich einlud, in der Schweiz, in England, Irland, Australien, Südafrika, Schottland, Finnland, Wales und in einigen Städten Kanadas und der Vereinigten Staaten zu lehren.

Ich habe die Gnade Gottes und seine Güte und Treue niemals zuvor in solchem Ausmaß erfahren. Ständig schüttle ich meinen Kopf und sage laut: »Danke, Herr.« Ich habe auch niemals zuvor die Liebe und Großzügigkeit von Gottes Volk so kennengelernt. Den Mitarbeitern und Mitgliedern der *Toronto Airport Vineyard*-Gemeinde und meinen Gastgebern bei meinen Reisen wünsche ich im Namen Jesu Gottes Segen.

All das hat für unsere Familie einen völlig anderen Lebensrhythmus mit sich gebracht. Janis, danke, daß Du bereit warst, all das anzunehmen, was dieser Ruf für uns als Familie bedeutet. Ich bin dankbar für die innigere Beziehung, die wir erleben. Wir beide wissen, daß ich niemals ganz ermessen kann, was Deine Hilfe wirklich bedeutet. Graham und Caitlin, Ihr seid mir als Geschenke Gottes außerordentlich lieb und teuer. Ich liebe Euch so sehr.

Mein Dank gilt auch Ian Ross, Jeremy Sinnott, Mary Audrey Raycroft und Dr. Chris Page für ihre Hinweise zu den ersten Entwürfen für dieses Buch. Jeder von Euch hat dem Buch zu wesentlich mehr Qualität verholfen.

Mein abschließender Dank geht an Alan Wiseman, dessen treue Fürbitte und prophetische Ermutigung mich beständig lehrt, was Fürbitte im Geist bedeutet.

Guy Chevreau

Oakville, Ontario
Juni 1995

J. J.

Kapitel 1

Inmitten der Erneuerung

Ein Prolog

»Ja, das Land wird erfüllt sein von der Erkenntnis der Herrlichkeit des Herrn, so wie das Meer mit Wasser gefüllt ist« (Hab 2,14).

Als Gute-Nacht-Geschichte haben wir uns als Familie auch durch »Pu, der Bär« gearbeitet. Einmal bittet Pu die Eule darum, für ihn etwas aufzuschreiben, denn er will »I-Ah« einen »nützlichen Topf, in dem er Sachen aufbewahren kann«, schenken. Pu sagt, warum er um Hilfe bittet: »Meine Rechtschreibung ist nämlich etwas wacklig. Sie ist eine gute Rechtschreibung, aber sie wackelt, und die Buchstaben geraten an den falschen Ort.«[1] Dieser Geist der Demut ist eins der Dinge, die Pu so liebenswert machen. Dies ist aber auch eine sehr gesunde Haltung für jemand, der sich an die Arbeit macht, ein Buch über Gebet zu schreiben. Vor ungefähr achtzehnhundert Jahren gestand einer der größten Denker der Christenheit seine eigene Bedürftigkeit in diesem Punkt demütig ein. Origines beginnt seine Auslegung des Vaterunsers mit den folgenden Worten:

> *»Die Erörterung des Gebets ist solch eine große Aufgabe. Wenn man richtig über solch ein Thema denken und reden will, braucht man den Vater, der es offenbart, sein erstgeborenes Wort, das es offenbart, und den Geist, der uns befähigt. Ich bin nur ein menschliches Wesen und kann mir keinesfalls ein Verständnis des Gebets zuschreiben. So glaube ich, daß es richtig ist, um den Geist Gottes zu beten, bevor ich mit meiner Behandlung des Gebets beginne. Nur so kann ich diese geistlichen Dinge vollständig erfassen, und nur so können die Gebete aus den Evangelien uns verständlich werden.«*[2]

Da ich meine eigene »Wackeligkeit« anerkenne, stelle ich mich für dieses Werk unter dieselbe demütige Gesinnung.

Der »Toronto-Segen« ist nun praktisch überall in der christlichen Welt bekannt. Die Gottesdienste, die zur Zeit wöchentlich an sechs Abenden stattfinden, begannen am 20. Januar 1994. Sie sind unvermindert an Größe und Dynamik, und viele würden hinzufügen, an Bevollmächtigung durch Gottes Geist gewachsen. Bis zum 30. Juni 1995 haben zusammengerechnet um die 400 000 Menschen an ihnen teilgenommen. Das ergibt ungefähr 1 200 pro Abend. Die Besucher sind wirklich von jedem Winkel der Erde und aus praktisch jeder Denomination des Leibes Christi gekommen. Eine gewaltige Mehrheit von denen, die mit geistlichem Hunger gekommen sind, haben geistliche Erfrischung, sogar ein neues Aufblühen ihrer Beziehung zu Gott erlebt. Für viele war diese Erfahrung so tiefgehend, daß sie von sich sagen konnten, Gottes Gnade und die Kraft seiner Liebe in besonderer und persönlicher Weise erlebt zu haben.

Typisch für diese Ausgießung des Geistes Gottes sind einige körperliche Manifestationen, die viele niemals vorher erlebt haben – lautes Lachen, Weinen, das Versagen der Körperkraft, Zittern und dergleichen.

Meine Frau Janis und ich leben vierzig Kilometer westlich von der *Airport Vineyard*-Gemeinde und haben zum ersten Mal von den Ereignissen gehört, als die Gottesdienste zehn Tage stattgefunden hatten. An unserem ersten Abend geschah nicht sehr viel. Aber wir spürten, daß irgend etwas dort geschah, deshalb kamen wir am nächsten Abend wieder. Im Laufe dieses Gottesdienstes fiel auf Janis der Geist der Freude. Ich selbst hätte vielleicht nur ein paar Gottesdienste besucht und das Geschehen als *Vineyard*-Marotte abgetan, wenn meine eigene Frau nicht so stark von diesem Lachen im Geist erfaßt worden wäre.

Doch wir waren damals schon mehr als zwölf Jahre verheiratet; so konnte ich die Dinge nicht so leicht abschreiben. Janis kann ich durchaus als emotional stabil bezeichnen: Sie ist nicht übermäßig auf die Aufmerksamkeit anderer angewiesen; sie läßt sich nicht leicht überzeugen und ist genausowenig anfällig für Endzeitängste oder Hysterie. Keins der Dinge, die man denen vorwirft, die in den Gottesdiensten in dramatischer Weise bewegt werden, trifft auf sie zu. Janis Verhalten paßte gar nicht in den Rahmen unserer Erfahrungen und unserer Erwartungen. Trotzdem folgerte ich nur sehr zögernd, daß Gott offensichtlich ungewöhnliche, aber doch wirklich wunderbare Dinge in meiner Frau sowie den Menschen in unserer Umgebung tat.

Dies war etwas, das ich nur sehr zurückhaltend eingestand. Ungefähr beim vierten oder fünften Gottesdienst, an dem wir teilnahmen, wurde Ron Allen, einer der regionalen *Vineyard*-Leiter, vorgestellt und gebeten, Zeugnis abzulegen. Man half ihm zum Mikrofon. Ron ließ seinen Blick langsam von der einen zur anderen Seite über die Versammlung gleiten, mit dem dümmlichen Gesichtsausdruck eines Betrunkenen. Sein Mund stand offen – und vielleicht eine Minute lang machte er mehrere Versuche, etwas zu sagen. Dann kippte er ohne Vorwarnung zur Seite um. Ich konnte meinen Zynismus nicht unterdrücken. Ich murmelte: »So etwas macht Gott nicht mit einem Menschen.«

Kurze Zeit später stieß ich auf Ezechiel 3,26-27. Dort sagt der Herr zu seinem Propheten: »Deine Zunge lasse ich dir am Gaumen kleben. Du wirst verstummen ... Wenn ich aber mit dir rede, werde ich deinen Mund öffnen.« Noch später, als ich frühere Ausgießungen von Gottes Geist untersuchte, entdeckte ich diesen Bericht über den walisischen Erweckungsprediger Richard Owen aus dem Jahr 1876. Gegen Ende eines regulären Gebetstreffens sagte Owen ein Lied an, doch viel weiter kam er nicht. »Ihn überwältigte solch ein Bewußtsein der Gegenwart Gottes, daß er nur die erste Zeile singen konnte. Er versuchte mehrere Male, die ganze Strophe zu schaffen, und jeder Fehlschlag verstärkte noch die Ehrfurcht in der Versammlung.«[3]

Es lassen sich Ähnlichkeiten in den Erfahrungen Ezechiels und denen von Richard Owen und Ron Allen feststellen. Doch eine direkte Analyse ist nicht möglich. Es bleiben zu viele Einzelheiten ungesagt; für eine streng wissenschaftliche Untersuchung gibt es keinen ausreichenden Kontext. Das, was Ezechiel erlebte, scheint dem zu ähneln, was Richard Owen und Ron Allen erlebten – mehr läßt sich dazu abschließend nicht sagen. Religiöse Erfahrungen sind von Natur aus subjektiv und damit für die wissenschaftliche Untersuchung nicht gerade geeignet.

Das Buch »Der Toronto-Segen« hat vielen dabei geholfen, berechtigte Fragen und Besorgnisse zu diesem Wirken Gottes zu klären. Ein Studium der Schrift und ein Überblick über die Kirchengeschichte können niemals nachweisen, daß bestimmte aktuelle religiöse Erfahrungen echt sind. Doch das Wort Gottes dient immer und unbeirrbar als Kompaß, der Gottes Offenbarung in Christus als wahren »Nordpol« anzeigt. Dokumente aus der Geschichte dienen uns als Berichte von anderen Reisenden, die vor uns denselben Weg gegangen sind. Wir können aus dem lernen, was sie erfahren haben und wo sie sich in Sackgassen verrannt haben.

Was ein biblisches und historisches Studium von Erneuerung und Erweckung angeht, ist es eigentlich nur am Rande hilfreich, wenn man liest, daß Menschen vergangener Zeiten merkten, wie ihre körperliche Kraft sie im Stich ließ, daß sie zitterten, sprachlos dastanden oder sich in Hysterie umherrollten. Das kann nur bestätigen, daß einige der seltsamen Vorkommnisse aus den *Airport*-Gottesdiensten historische Vorläufer haben.

Wirklich folgenschwer sind andere Dinge: tiefgehende, vom Gebet begleitete Überlegungen, die aus einer Begegnung mit dem lebendigen Gott erwachsen sind, ein neues Verständnis für die Heilige Schrift und eine neue Erfahrung des Evangeliums von Jesus Christus.

Als das einjährige Bestehen der Erneuerungsgottesdienste in der *Toronto Airport Vineyard*-Gemeinde gefeiert wurde, beschrieb zum gleichen Zeitpunkt die Zeitschrift *Christian Week* die Ereignisse des vergangenen Jahres kurz und bündig so: »Eine anhaltende Demonstration übernatürlicher Kraft – Zeichen und Wunder sowie Erfahrungen des ›Lachens im Geist‹ und ›Ruhens im Geist‹ – brachte Tausenden von Christen geistliche Erfrischung. Dabei wurde eine unscheinbare Gemeinde aus dem Gebiet von Toronto zum Ziel von Pilgern aus aller Welt.«[4] Ohne daß es möglich wäre, sie in einer Liste zu erfassen, gibt es Tausende und Abertausende, die zu einem oder mehreren Gottesdiensten in die *Airport Vineyard*-Gemeinde gekommen sind und dort typische Erfahrungen gemacht haben. Viele wurden, nachdem für sie gebetet worden war, »zu Boden gestreckt«, wie John Wesley es beschreibt. Tausende haben etwas Ähnliches erlebt wie das, was Männer Gottes der Vergangenheit beschrieben haben: Jonathan Edwards sprach von »allmächtiger Freude«, Charles Haddon Spurgeon benutzte die köstliche Beschreibung »außergewöhnliche Epilepsie« und der methodistische Reiseprediger Peter Cartwright beschrieb »die Zuckungen«[5].

Diese körperlichen Manifestationen sind zwar das, was die meisten Erstbesucher am meisten interessiert. Doch im »Toronto-Segen« ist eine wesentlich tiefere Dynamik am Wirken. Sie folgt den äußeren Erfahrungen. Man spricht von einer der bemerkenswertesten Ausgießungen des Geistes Gottes in der weltweiten Kirche. Es gibt unzählige Zeugnisse von Gläubigen aus allen Schichten und Berufen. Sie alle haben tiefe geistliche Erfrischung, sogar persönliche Erweckung erlebt. Mehr noch: Die Gemeinde Gottes hat durch Gottes Gnade eine Ausrüstung mit Kraft, geistlicher Vollmacht und Autorität für ihren Dienst empfangen.

Die Begegnung mit dem lebendigen Gott sollte im Zentrum unserer Aufmerksamkeit stehen, und nicht irgendeine besondere Manifestation oder Erfahrung. Wir stehen in einer tiefen Beziehung zum Geber und dazu empfangen wir dann noch seine Gaben. Doch wenn wir sehen, wie dynamisch die Manifestationen sind, können wir uns nicht mehr so gut auf das Wesentliche konzentrieren. Wenn wir in der *Toronto Airport Vineyard*-Gemeinde morgens Lehrveranstaltungen haben und die anwesenden Pastoren und Leiter Fragen stellen können, werden zwei Punkte fast jedes Mal angesprochen: Einige sind beunruhigt, weil sie an sich selbst so starke Manifestationen erlebten, daß sie befürchteten, sie könnten sich selbst nicht mehr in den Griff bekommen. Ein Gedanke, der sie regelrecht befangen macht. Einige andere, die am anderen Ende der Skala stehen, sind beunruhigt, weil sich bei ihnen keinerlei körperliche Manifestationen zeigen. Sie fragen sich: »Stimmt etwas nicht mit mir ...?«

John Arnott hat einige dieser Anfragen in einer hilfreichen Lehreinheit mit dem Titel »Die Kraft des Geistes empfangen« angesprochen. Das ist auch ein Kapitel in seinem Buch *The Father's Blessing* [»Der Segen des Vaters«].

Man kann die Dinge noch weiter differenzieren, besonders nachdem man für Hunderte von Personen gebetet hat. Ich habe gelernt, auf einige Dinge zu achten, nachdem ich Menschen im Namen Jesu gesegnet habe. Besonders die Stelle auf der Stirn eines Menschen direkt über den Augen – einen Quadratzoll, also ungefähr 2,5 mal 2,5 Zentimeter groß – sagt eine Menge aus. Als mich die *Vineyard*-Leiter Randy Clark und Ron Allen einmal darauf hingewiesen hatten, war dies etwas, mit dem ich bereits sehr vertraut war.

Wenn dieser Bereich entspannt aussieht, ist das ein typisches Kennzeichen für einen vertrauenden, ruhenden Geist, der auf den Herrn wartet. Oft spiegelt sich so eine Haltung ruhiger Anbetung wider, ein Sich-Einlassen auf alles, was der Geist Gottes geben will. Wenn dieser Bereich aber gerunzelt, die Augenbrauen zusammengezogen und der Rest der Stirn krausgezogen ist, ist das oft ein Anzeichen für Sich-Abmühen, Sorge, Angst, Kontrollieren-Wollen oder ähnliches. Auch das war mir aus eigener Erfahrung wohlbekannt. In den ersten Monaten der Versammlungen gab es in mir die Neigung, die Stirn zu runzeln, mich anzuspannen. Durch Gottes Gnade hat diese Neigung beträchtlich nachgelassen.

Wenn ich als Mitglied des Seelsorge-Teams vor diesen Männern und Frauen stehe, kann ich ihren inneren Zustand verstehen und sehr gut nachvollziehen. Oft berühre ich sie dann an der Schulter und erkläre ihnen, daß sie sich zu sehr abmühen. Schließlich seien sie nach vorn gekommen, um zu empfangen, und deshalb gäbe es jetzt nichts mehr für sie zu tun, nachdem sie hier vorne angekommen sind. Jetzt ist es Gottes Sache, sie zu segnen.

Gnade ist für manche Menschen kaum greifbar; einige schließen ihre Augen und ziehen die Stirn wieder kraus. Ich berühre sie dann ein zweites Mal an der Schulter und versuche, ihnen mit den Worten zu helfen: »Jetzt ist Weihnachten. Was tun Sie am Weihnachtsmorgen?« Oft sehen sie mich verwirrt an, deshalb helfe ich ihnen weiter. »Sie laufen ins Wohnzimmer, schauen unter dem Baum nach und finden das Geschenk mit Ihrem Namen darauf. Machen Sie sich Sorgen, daß es unter dem Baum kein Geschenk für Sie gibt?«

Ich verstehe ein wenig die Qual derjenigen, die sich nicht sicher sind, derjenigen, die große Schwierigkeiten haben zu glauben, es gäbe ein sorgfältig ausgesuchtes Geschenk von ihrem liebenden Vater für sie, eines Vaters, der genau weiß, wofür sie am meisten seinen Segen brauchen. Viele kennen nur die Erfahrung der »Abwesenheit« Gottes, nicht seine Anwesenheit oder seine Geschenke. Die klassische »dunkle Nacht der Seele« hat scheinbar Monate, wenn nicht Jahre gedauert. Doch diese Ausgießung des Geistes Gottes markiert für viele von denen, die Gebet empfangen, eine neue Zeit – es ist so, wie der Mönch Thomas Merton geschrieben hat:

> *»Die Aussicht auf absolute Verzweiflung wandelt sich durch reines und demütiges Flehen in vollkommene Hoffnung. [Wir] stehen vor dem Schlimmsten und entdecken darin die Hoffnung auf das Beste. Aus der Dunkelheit kommt das Licht. Aus dem Tod das Leben. Aus dem Abgrund kommt auf unerklärliche Weise die geheimnisvolle Gabe des Geistes. Gott hat ihn gesandt, alles neu zu machen, die geschaffene und erlöste Welt zu verwandeln und alle Dinge in Christus wiederherzustellen.«*[6]

Manchmal kann man diese Verwandlung im Gesicht der Menschen stattfinden sehen: Sie verstehen, daß es nur um Gnade geht, ihr Geist wird ruhig, die Stirn entspannt sich, und sie werden fähig zu beten: »Mir geschehe, wie du gesagt hast«, wie Maria es zum Engel Gabriel sagte. Oder weniger gewandt, aber mit einem genauso hingegebenen Geist: »Was du willst, Herr.« Manchmal beginnen sie zu weinen, wenn der Geist Gottes anfängt, tiefsitzenden Schmerz zu lösen und schon lange bestehende Ängste wegzunehmen. Manchmal beginnen sie zu lachen, weil sie in der Liebe des Herrn eine mächtige Befreiung erleben.

Traurigerweise scheint es aber so zu sein, daß einige ihre Kontrolle nicht aufgeben können oder wollen. Wenn wir dann weiterbeten, ziehen manche wieder ihre Stirn kraus, und oft wird ihr Geist auch nach außen hin unruhig. Sie fangen noch einmal an, beten oft verzweifelt im Namen Jesu oder sprudeln förmlich über im Sprachengebet. Als Mitglied des Seelsorge-Teams kann ich sagen, daß das wirklich schwere Fälle sind. Wir versuchen dann, ihnen beizubringen, daß man nicht gleichzeitig küssen und sprechen kann – und fragen sie dann, was sie lieber tun möchten!

Wenn wir noch ein wenig nachbohren, können wir eine weitere Dynamik wirken sehen. Es ist eine der subtilen Versuchungen, die dieses Handeln Gottes verzerren können – nennen wir sie eine »Manifestations-/Vollmacht-/Gaben-Begierde«. »Mensch, mir gefällt es wirklich, dieses … Lachen …«

Mit ganz krausgezogener Stirn sind einige zum Gebet nach vorn gekommen, haben aber praktisch nichts an Manifestationen oder Gaben empfangen. Sie haben nur etwas ganz bestimmtes und nur das bekommen wollen. Wenn wir uns auf eine der Weisen konzentrieren, in der der Geist die Gnade Gottes offenbart, und uns darauf festlegen, wird uns das früher oder später entgleisen lassen. Denn die Gaben stehen dann im Mittelpunkt – und nicht mehr der Geber »aller guten und vollkommenen Gaben«[7].

In den ersten Monaten hat sich meine Frau in unvorstellbarer Weise fast kaputtgelacht. Das geschieht jetzt nur noch vereinzelt, doch das Lachen hat sie als Geschenk empfangen – wie niemals zuvor hat sie entdeckt, daß »die Freude am Herrn ihre Stärke ist«. Mein guter Freund Alan zittert und schüttelt sich so heftig und so lange, daß er bereits mehrere Klappstühle kaputtgemacht hat, weil die Nieten herausgesprungen sind. Wenn wir uns am Telefon unterhalten und gemeinsam beten, fängt er oft so stark an zu zittern, daß er den Hörer fallenläßt. Ich habe für viele Leute gebetet, die geweint und geweint und geweint haben. Ich kenne einige – nur einen sehr geringen Prozentsatz –, die wie ein Löwe gebrüllt haben, und eine Frau, die gekräht hat. Was ich meist tue: Ich stehe. Diese Manifestation hat den Spitznamen »Eichen der Gerechtigkeit-Segnung« bekommen. Während der vergangenen sechzehn Monate habe ich vergleichsweise sehr wenige Manifestationen erlebt. Ist das in Ordnung so? Soll ich damit zufrieden sein?

Wenn wir darauf eifersüchtig werden, wie sich die Gegenwart und die Kraft des Geistes bei jemand anderem manifestieren, können wir leicht verpassen oder sogar verhindern, was der Herr erreichen will. Nicht nur in unserem eigenen Leben, sondern auch in seiner Gemeinde. Das ist einer der Schlüssel zum Verständnis für einiges von dem, was in der *Toronto Airport Vineyard*-Gemeinde geschieht, sowie für diese gnädige und wunderbare Ausgießung des Geistes Gottes überhaupt – wir entdecken mehr, was es bedeutet, der Leib Christi zu sein, besonders wenn wir näher herantreten und sehen, wer was empfangen hat.

Zu den Dienstgaben von Pastor John Arnott und den Mitarbeitern in der *Airport Vineyard*-Gemeinde kamen die Gaben von Randy Clark, den man einlud, aus St. Louis heraufzukommen. Da Randy einige Leute aus seinem Seelsorge-Team mitbrachte, wurden die Gaben noch weiter ergänzt. Die

Vineyard-Leiter Wes Campbell und Ron Allen brachten ihre Gaben ein und sie kamen zusammen mit zwei Männern, die einen prophetischen Dienst haben, nämlich Larry Rudolph und Marc Dupont. Als die Pastoren von anderen *Vineyard*-Gemeinden der Umgebung mit anderen Pastoren und Leitern fast jeder kirchlichen Prägung und Färbung zusammenkamen, war dies eine großartige Gelegenheit, sich darüber klar zu werden, was es heißt, »Leib des Herrn zu sein«. Wir können füreinander beten und voneinander etwas von dem empfangen, was der Herr für und durch jeden von uns schenken will.

Der Apostel Paulus beschreibt im Brief an die Epheser, Kapitel 4, wie die Gemeinde sein soll. Die Kapitel davor machen Gottes größeren Plan deutlich: Paulus redet zum Beispiel vom »Geheimnis seines Willens« (Eph 1,8-9) und verkündet, es ist der Wille Gottes, »in Christus alles zu vereinen, alles, was im Himmel und auf Erden ist« (Vers 10). Daß so viele Gläubige ohne Denominationen-Streit und Intrigen zusammenkommen, ist ein Teil der Dynamik der *Airport Vineyard*-Gemeinde, der auch die Aufmerksamkeit der säkularen Welt auf sich gezogen hat. Viele Leute außerhalb der Kirche glauben, daß diese Einheit das Bild ist, das die Gemeinde eigentlich abgeben müßte, wenn wir die Botschaft Jesu ernst nähmen. In den Erneuerungs-Gottesdiensten lernen viele auf neue Art und Weise, daß ihr »Einsamer Reiter«-Christentum – dieser individualistische »Ich-und-Jesus«-Stolz, der sie von ihren Brüdern und Schwestern abgesondert hat – weder ihnen, noch der Gemeinde, noch ihrem Auftrag dienlich gewesen ist.

Nach dieser Vorrede haben wir nun den richtigen Kontext für das, was Paulus den Ephesern schrieb:

> »Aber jeder von uns empfing die Gnade in dem Maß, wie Christus sie ihm geschenkt hat. Deshalb heißt es: Er stieg hinauf zur Höhe und erbeutete Gefangene, er gab den Menschen Geschenke … Und er gab den einen das Apostelamt, andere setzte er als Propheten ein, andere als Evangelisten, andere als Hirten und Lehrer, um die Heiligen für die Erfüllung ihres Dienstes zu rüsten, für den Aufbau des Leibes Christi. So sollen wir alle zur Einheit im Glauben und in der Erkenntnis des Sohnes Gottes gelangen, damit wir zum vollkommenen Menschen werden und Christus in seiner vollendeten Gestalt darstellen« (Eph 4,3-13).

Mancher trifft unter den Manifestationen seine eigene Auswahl: »Doch, ja, ich glaube, mir würde das Lachen im Geist gefallen. Ich denke sogar, daß ich gerne einmal ein wenig zittern oder zucken würde, wenn ich dabei weiß, daß Gottes Kraft auf mir ruht. Mit dem Brüllen will ich allerdings lieber nichts zu tun haben ...«

Falsch gedacht. Wir neigen so leicht dazu, uns auszusuchen, was uns am besten gefällt, und versuchen möglichst schnell festzulegen, was die Ausgießung von Gottes Geist für uns persönlich bedeutet. »Was hat Gott in meinem Leben vor?« Sobald uns klar geworden ist, wie sehr das Wirken der Gnade in unserem Leben der Reflexion bedarf, müssen wir auch erkennen, was der Geist in und durch uns hervorzurufen scheint: Er ist offensichtlich dabei, uns als Leib Christi zu größerer Einheit zu rufen. Es würde uns allen gut bekommen, wenn wir weniger Energie darauf verwendeten, herauszufinden, welche Manifestationen wir am meisten »mögen«. Ebenso sollten wir etwas weniger Zeit darauf verwenden zu überlegen, was Gott wohl in uns tut, wenn er seinen Geist auf uns ausgießt. Statt dessen sollten wir eher an einem besseren Verständnis davon arbeiten, wie der Herr seinen Leib, die Gemeinde, baut und ausrüstet. Die meisten von uns sind viel zu individualistisch in ihrem Verständnis der geistlichen Gaben, der Manifestationen seiner Gegenwart und seiner Kraft und des erneuernden und belebenden Wirkens des Geistes in der Gemeinde.

Meine Frau bekam das Lachen und außerdem wurden noch ganz andere Gaben in ihr freigesetzt: Barmherzigkeit, Glaube, Hoffnung und geistliche Autorität. Das zeigt sich vor allem in der Art und Weise, wie sie sich in das Seelsorge-Team einbringt und für Menschen betet. Mein Freund Alan zittert weiterhin heftig und der Herr gebraucht ihn nun zunehmend in einem gesegneten prophetischen Dienst. Ich sehe ihn als kostbares Geschenk; genauso geht es vielen anderen. Denn er ermutigt, bewegt und stärkt mich mit seiner Fürbitte und den Visionen und Einsichten, die er für meinen Dienst und den von vielen anderen hat, für die er betet.

Noch einmal zum Thema Manifestationen. Meistens bleibe ich stehen; doch als ich anfing, das Buch »Der Toronto Segen« zu schreiben, und für mich beten ließ, zuckte mein linker Zeigefinger danach zwei Tage lang. Im Glauben nahm ich diese kleine Geste als »Bevollmächtigung für prophetisches Tippen« an!

Janis lacht, und Alan zuckt; keiner von beiden kommt dazu, die Kirchengeschichte zu sichten und darüber zu schreiben, so wie ich es tue. Ich hoffe und bete, daß die Art und Weise, wie der Heilige Geist in meinem Leben die Gnade offenbart, dem Leib, seiner Gemeinde, zum Segen wird.

Bei meinen weiteren Untersuchungen der historischen Ausgießungen des Geistes Gottes habe ich das Folgende entdeckt. Diese Beschreibung könnte aus einem beliebigen Gottesdienst in der *Airport Vineyard*-Gemeinde stammen. Sie wurde von einem Leiter der walisischen Pfingstbewegung namens Daniel Williams geschrieben und stammt ungefähr von 1914. Williams Gedanken dienen nicht nur als Beschreibung der damaligen Erfahrungen, sie spiegeln auch große pastorale Weisheit und Unterscheidungsfähigkeit wider.

> *»Die Manifestation der Kraft ging über das menschlich Greifbare hinaus. Männer und Frauen wurden durch die Axt Gottes wie ein Wald zu Boden gemäht. Die Herrlichkeit ruhte zwei Jahre lang auf manchen Orten. Die Geistlichen konnten ihren Dienst nicht versehen, genauso wie es bei Mose der Fall war, als die Herrlichkeitswolke auf die Stiftshütte herabkam. Das Weinen um Barmherzigkeit, das heilige Lachen, die Ekstase der Freude, das fallende Feuer, das sich mit Heiligkeit und Herrlichkeit seinen Weg zu den Herzen der Menschen brannte – das alles waren Manifestationen, die den Menschen lieb und teuer waren und nach denen sie sich in noch größerer Macht sehnten. Man hörte viele in Zungen reden und weissagen. Viele erlebten Gottes heilende Kraft an ihrem Leib. Ohne Zweifel waren auch Verwirrung und Übertreibung festzustellen. Doch der Herr hielt seine Hand über sein Volk, und Gott bewahrte und lehrte sie, auszuharren und zu beten.*
>
> *Nach und nach manifestierten sich die Gaben wieder. Die Stimme Gottes wurde gehört … und die Stimme, die für ihre Zuhörer klar und deutlich zu hören war, öffnete neue Türen, und die Pfingstflamme lief durchs ganze Land und verbreitet sich noch heute.«*[8]

Dieses Buch »Der Toronto-Segen 2« trägt im Original den Untertitel »Fürbitte im Geist«. Es geht nicht so sehr um das Gebet um Erweckung, sondern mehr um das Gebet inmitten von Erweckung. Ich hoffe, daß es denen als Hilfe dienen wird, die spüren, wie sie von Gott als Kanal oder Gefäß für seinen Segen gebraucht werden.

Dabei können wir uns unsere Fürbitte wie auf einer Skala vorstellen. An ihrem einen Ende stehen sehr einfache Bitten, wie sie einen Großteil der Gebete in der *Toronto Airport Vineyard*-Gemeinde kennzeichnen: »Füll ihn/sie mit deinem Geist.« »Mehr, Herr.« Kürzer geht es nicht, wenn wir den Herrn bitten, mit dem Heiligen Geist erfüllt zu werden. Der Apostel ermahnt uns: »Laßt euch vom Geist erfüllen« (Eph 5,18), und zwar durch den, der »durch die Macht, die in uns wirkt, unendlich viel mehr tun kann, als wir erbitten oder uns ausdenken können« (Eph 3,20-21). Diese kurzen Gebete mit ihrer zweckmäßigen Einfachheit haben berühmte historische Vorläufer. Evan Roberts, der anerkannte Leiter der walisischen Erweckung, die 1904 begann, legte für Versammlungen, die er abhalten sollte, folgende Richtlinien fest:

> *»Setzt dort Erweckungsversammlungen an, ruft alle Denominationen zusammen. Erklärt die ›vier Bedingungen‹, und laßt am Ende der Versammlung alle zurückbleiben, die Christus bekannt haben.*
> *Fangt dann mit der Runde des Stoßgebets an.*
> *Achtet darauf, daß jeder einzelne betet:*
> *1. ›Sende den Geist jetzt, um Jesu Christi willen.‹*
> *2. ›Sende den Geist jetzt mit Macht, um Jesu Christi willen.‹*
> *3. ›Sende den Geist jetzt mit mehr Macht, um Jesu Christi willen.‹*
> *4. ›Sende den Geist jetzt mit noch mehr Macht, um Jesu Christi willen.‹«*[9]

Mit solchen einfachen und kurzen Gebeten wird Gottes souveräne Gnade und Freundlichkeit jetzt wieder ausgegossen. So haben Tausende bemerkenswerten Segen und eine radikale Umwandlung ihres Lebens erfahren.

Auf der anderen Seite der Skala steht die prophetische Offenbarung, die liest, »was im Herzen verborgen ist«[10]. Hier werden Dinge äußerst präzise ausgedrückt; in dieser Fürbitte finden sich exakt zutreffende besondere Einzelheiten, die direkt von Herz zu Herz in die Geschichte des einzelnen hineinsprechen. Sie können sowohl die Gegenwart als auch die Zukunft betreffen.

Da an mir selbst einige Male diese Art von Gebetsdienst vollzogen wurde, habe ich keinen Zweifel daran, daß dieser prophetische und offenbarende Dienst, wenn ihn demütige und dazu »begnadete« Personen ausüben, von Gott gesegnet wird, um »aufzubauen, zu ermutigen und Trost zu spenden«[11].

Nachdem man das erkannt hat, ist es für viele frustrierend, daß es in all dem keine Methodik gibt. Bei den Leitertagen in der *Airport Vineyard*-Gemeinde gibt es kein Trainingshandbuch. Es gibt keine »10 Wege« oder »12 Schlüssel«, die sich kategorisieren und systematisieren lassen. Was hier folgt, ist ein kurzer Blick auf den Gebetsdienst in der *Toronto Airport Vineyard*-Gemeinde, wie er sich seit den ersten Versammlungen im Januar 1994 entwickelt hat. In den folgenden Kapiteln soll dann etwas biblische Lehre zu Wort kommen sowie einige historische Gedanken über das Gebet, die uns als Metaphern und Prinzipien dienen sollen. Bei all dem wollen wir uns dem Geist zur Verfügung stellen, daß er uns gebrauchen kann, um für unsere Brüder und Schwestern zu beten, daß »das Land erfüllt sein wird von der Erkenntnis der Herrlichkeit des Herrn«.[12]

Kapitel 2

In Gottes Liebe wandeln und sie verschenken

»Gebt, dann wird auch euch gegeben werden. In reichem, vollem, gehäuftem, überfließendem Maß wird man euch beschenken; denn nach dem Maß, mit dem ihr meßt und zuteilt, wird auch euch zugeteilt werden« (Lk 6,38).

Die Gottesdienste in der *Toronto Airport Vineyard*-Gemeinde haben in beträchtlichem Umfang die Aufmerksamkeit der Medien erregt, sowohl der christlichen als auch der säkularen. Die unterschiedlichen Überschriften und Berichte bilden ein Mosaik – Freunde, Feinde und Gleichgültige geben ihre Einschätzung eines Dienstes wieder, der durch vier grundlegende Elemente gekennzeichnet ist. Da ist zum einen die gemeinsame Anbetung, die voller Erwartung und Hoffnung ist. Hinzu kommen Zeugnisse einzelner Christen, die Gott loben und preisen, weil sie glauben, daß sie mehr von Gottes Gnade empfangen haben. Dann die einfache Ermahnung und Einladung aus dem Evangelium. Als letzter Bestandteil kommt dann das Fürbitte-Gebet, das auf den Heiligen Geist ausgerichtet ist und sich vom ihm lenken läßt; Brüder und Schwestern im Herrn beten füreinander.

Die kanadische Zeitschrift *Faith Today* [»Glaube heute«] hat ihrer Titelgeschichte eine Überschrift mit einem geschickten Wortspiel gegeben: *After the Laughter* [»Nach dem Lachen«]. Der Artikel beginnt mit den Worten: »›In Gottes Liebe wandeln und sie verschenken.‹ Als die Leiter der Airport Vineyard-Gemeinde Christian Fellowship diesen Leitspruch für ihren Auftrag formulierten, hatten sie keine Ahnung, zu wieviel Kontroversen es führen würde, die Liebe Gottes zu empfangen.«[1]

Toronto Life, ein Monatsmagazin in glanzvoller Aufmachung und mit viel Werbung für den gehobenen Lebensstandard, berichtete im Dezember 1994 unter der Überschrift »Das Beste und das Schlimmste – ein Jahr im Leben der Stadt«:

»Die bemerkenswerteste Touristenattraktion! Durch die christliche Welt verbreitete sich das Gerücht, daß der Herr in der Toronto Airport Vineyard-Gemeinde eingezogen ist. Wahre Gläubige kommen in Scharen aus aller Welt.«

In der Februar-Ausgabe brachte *Toronto Life* einen Folgeartikel: »Gott erfreut sich bester Gesundheit und rettet Seelen in der Dixon Road«. Der Journalist verbrachte reichlich Zeit in verschiedenen Versammlungen, interviewte Mitarbeiter und Leute des Leitungsteams. Sein Bericht war hochnäsig, zynisch, sogar frech; aber mit überraschender Offenheit gab er zu, daß seine Zeit in der *Airport*-Gemeinde ihn doch verunsichert hatte: »Die volle Wahrheit ist, daß ich nicht erklären kann, was ich an diesem Abend gesehen habe ...«

Dr. Andrew MacRae, Rektor des *Acadia Divinity College*, besprach das Buch »Der Toronto-Segen« in dem Monatsheft *The Atlantic Baptist. Acadia* war das College, an dem ich meinen *Master of Divinity*-Titel erwarb; in meinem letzten Jahr dort habe ich unter Dr. MacRae studiert. In seiner Besprechung schreibt MacRae:

»Das Buch ›Der Toronto-Segen‹ erzählt die wilde Geschichte eines örtlichen Treffens christlicher Enthusiasten, die einige außergewöhnliche und sehr merkwürdige Erfahrungen machen. Riesige Menschenmengen aus der ganzen Welt sind davon angezogen worden. Sie alle kommen, um die Phänomene zu sehen, Feuer zu fangen, die Erfahrung selbst zu machen, einen neuen Weg ungehemmter, ungewöhnlicher und sehr langer Lobpreis- und Anbetungszeiten zu finden ... Wie jede Generation vor uns neigen auch wir dazu, uns vom Sensationellen anziehen zu lassen, ob es eine sensationelle Werbung, ein sensationeller Film, ein sensationelles Wunder oder ein sensationelles Zeichen ist. Und die gegenwärtige Aufforderung charismatischer Christen auf der ganzen Welt, nach Toronto zu fliegen, ist weit typischer für unser Zeitalter als für unseren Herrn.«[2]

John Stackhouse zeigte weniger anticharismatische Vorurteile, formulierte aber einige Anfragen. Seine Kritik schloß mit den Worten:

»Es bleibt offensichtlich, daß viele, viele Menschen auf der ganzen Welt sich heute mehr als vorher im Herrn Jesus Christus freuen, weil sie in der Airport Vineyard-Gemeinde eine Begegnung mit Gottes Geist hatten.

Wenn wir diese Woche zum Gottesdienst, zu unserem Gruppentreffen, zum Gebet in der Familie, zu unserer persönlichen Andacht gehen, mag es sein, daß wir ihrem Weg nicht folgen. Es mag sogar sein, daß wir ihn kritisieren.
Doch wenn wir das tun, sollten wir lieber überlegen, ob wir eine echte Alternative haben, die den Menschen eine authentische und verändernde Begegnung mit Gott bietet. Wir dürfen ruhig etwas anderes vorziehen, aber wir dürfen nicht mit weniger zufrieden sein.«[3]

Der »Toronto-Segen« war Titelgeschichte der Februarausgabe des Magazins *Charisma*; dort wurde gefragt: »Was tut Gott in Toronto?« Als die Ausgabe erschien und diese Frage im Gottesdienst vorgelesen wurde, beugte sich eine Frau aus dem Seelsorge-Team zu mir herüber und bemerkte mit einem Grinsen: »Er tut, was immer ihm gefällt!«

Wie die Zeitungsausschnitte zeigen, ist das Echo auf die Versammlungen sehr vielfältig gewesen. Als die *Airport Vineyard*-Gemeinde vom Industriegebiet westlich des *Pearson International Airport* nach Osten zum bankrotten, aber um vieles größeren *Asian Trade Center* am *Attwell Drive* zog, war der *Toronto Star* doch beeindruckt. Dieses Blatt findet nur selten freundliche Worte für die Kirchen, aber die Art und Weise, wie alle Gemeindemitglieder diesen Umzug mittrugen, hat die Journalisten doch beeindruckt und gab Anlaß zu der Überschrift »Sie wollen kein Imperium aufbauen, zumindest jetzt noch nicht«[4].

Der Umzug hatte die Tatsache zum Anlaß, daß die Räumlichkeiten an der *Dixon Road* seit Sommer 1994 die mehr als 800 Besucher, die bis Herbst des Jahres Abend für Abend kamen, nicht mehr fassen konnten. Seit der Prophetie-Konferenz im November und dem Umzug zum *Attwell Drive* hat die Besucherzahl einen Durchschnitt von 1 200 erreicht. In der Jubiläumswoche gab es einen Spitzenwert von 4 000.

Die Leiter verschiedener Kirchen und Denominationen auf der ganzen Welt waren so beeindruckt von der Demut und der offensichtlichen geistlichen Vollmacht des Leitungsteams der *Airport*-Gemeinde, daß sie zum Dienst auf Konferenzen in England, Schottland, Wales, Irland, Norwegen, Holland, Schweden, Finnland, der Schweiz, Deutschland, Frankreich, Thailand, Japan, Mexiko, Südafrika, Australien, Neuseeland, Ägypten, Israel und ganz Nordamerika eingeladen wurden. Die einfache Dynamik von erwartungsvoller Anbetung, zum Glauben ermutigenden Predigten und auf den Heiligen Geist ausgerichtetem Gebet ist leicht übertragbar. Und wo man Gottes Segen mit Hingabe sucht, wird lebendiger Glaube freigesetzt.

Der leitende Pastor der *Airport Vineyard*-Gemeinde, John Arnott, und seine Frau Carol sind zwischen einem Drittel und der Hälfte der Zeit nicht anwesend. Sie folgen einem Teil der Einladungen, in Gemeinden und zu Konferenzen auf der ganzen Welt zu kommen und dort als geisterfüllte »Feueranzünder« zu wirken. In gewisser Hinsicht spielt ihre Abwesenheit von den *Airport*-Gottesdiensten keine Rolle. Die Mitarbeiter und Leiter der Gemeinde sind begabt und reif – Tausende sind gekommen und wieder reich gesegnet gegangen, obwohl die Arnotts nicht da waren. Bei einigen wenigen Gelegenheiten war kein einziges Mitglied des festen Mitarbeiterstabes im Gottesdienst. »Freunde der Erneuerung«, entweder aus Toronto oder von außerhalb, übernehmen dann die Leitung, und auch dann fährt Gott fort, seinen Segen auszugießen. Dabei kommt es ihm nicht darauf an, ob der leitende Pastor und sein Stab anwesend sind oder nicht. Eine völlig andere Geschichte wäre es, wenn das Seelsorge-Team nicht da wäre. John und Carol wären, wenn sie anwesend sind, niemals in der Lage, den vielen Hunderten, die Gebet wünschen, die entsprechende Zeit und Aufmerksamkeit zu widmen. Abend für Abend sind es die Männer und Frauen mit dem Seelsorge-Team-Aufkleber, die treu ihren Dienst tun und für alle beten, die kommen, um den Segen ihres Herrn zu empfangen.

Man hat gemerkt, daß die »Familie« auch dann gut funktioniert, wenn »Mama und Papa« Arnott zur Arbeit sind. Doch wenn sie dann wieder zu Hause sind, wirkt eine wunderbare Dynamik. Die kommt nicht daher, daß eine größere Salbung auf dem Dienst liegt, wenn die Arnotts dabei sind. Vielmehr läßt sich eine größere Gelassenheit und Sicherheit feststellen, denn alle spüren die liebevolle Fürsorge und den Überblick, den die Arnotts einfach haben.

Die Seelsorge-Teams sind der Punkt, an dem sich diese Ausgießung des Geistes von anderen Erneuerungsdiensten unterscheidet; in jedem Fall unterscheiden sie den »Toronto-Segen« von den Versammlungen eines anderen Leiters der gegenwärtigen Erneuerung, nämlich von Rodney Howard Browne. Hier ist es nicht der »gesalbte Mann Gottes«, der den Dienst tut, sondern, wie John Arnott es beschreibt, ein »namenloses, gesichtsloses« Wirken des Geistes, in dem Brüder und Schwestern in Christus füreinander beten.

Als es am 20. Januar 1994 losging, gab es zwischen vierzig und fünfzig Mitglieder im Seelsorge-Team, die vollzeitlichen Mitarbeiter mitgerechnet. Während die Menschenmenge in diesen ersten Wochen wuchs, erkannte man schnell die pastorale Verantwortung, die man hier trug. Die Menschen kamen, um für sich beten zu lassen, und das Ziel war es, eine möglichst sichere und gesunde Umgebung dafür zu schaffen. Man gab offen zu, daß bei all den versammelten Pastoren und Leitern sicherlich einige anwesend waren, die wesentlich mehr Ahnung vom Gebet hatten als das Seelsorge-Team. Es war nur so, daß die meisten »Gäste« der *Airport*-Gemeinde Fremde waren, und deshalb kannte die Leiterschaft sie nicht.

Aus diesem Grund gab man rosafarbene Aufkleber an die Mitglieder des Seelsorge-Teams aus, was auch heute noch so praktiziert wird. Nur sie dürfen für diejenigen beten, die nach vorne kommen. Denn alle im Seelsorge-Team sind den Mitarbeitern und Leitern der Gemeinde bekannt. Und man traut ihnen zu, daß bei ihnen der Dienst die entsprechende Ausrichtung auf den Heiligen Geist hat. Um deutlich zu machen, daß diese Leute zu Integrität und Verantwortlichkeit verpflichtet sind, fügte man später die Namen der Mitarbeiter auf dem Aufkleber hinzu. Den Besuchern des Gottesdienstes wird gesagt, wenn sie meinen, man hätte sie umgestoßen oder ihnen sonst irgendwie nicht angemessen gedient, sollen sie ihre Augen öffnen, den Namen auf dem Schild lesen und den Leiter des Seelsorge-Teams anschließend darauf ansprechen.

So etwas geschieht nur sehr selten, weil das Seelsorge-Team sehr sorgfältig ausgebildet wird. Die Mitglieder des ursprünglichen Teams hatten an mehreren Konferenzen über geistliche Gaben und Prophetie teilgenommen, Material über innere Heilung sowie Kurse über Befreiung und geistlichen Kampf durchgearbeitet. Zur Zeit wird Robert McGees Buch »Du bist Du« als Lehrbuch für das Seelsorge-Team benutzt. Es spricht Fragen wie Selbstwertgefühl, Bestätigung und Leistung an, und im praktischen Teil wird gezeigt, wie man seinen Wert als Person in der Liebe, Annahme und bedingungslosen Vergebung Jesu gründet.[5]

Als die Versammlungen Monat für Monat fortgesetzt wurden, benötigte man mehr und mehr Leute im Seelsorge-Team. Heute sind es mehr als zweihundert, wobei rund dreißig Prozent aus anderen Gemeinden in Toronto kommen und weitere zehn Prozent aus anderen *Vineyard*-Gemeinden in der Umgebung.

Es sind auch Teams aus der weiteren Umgebung Torontos zu Besuch gekommen und haben die Versammlungen bestritten; Teams aus Dallas, Manhattan, Fort Wayne, Seattle, Three Cities und Sacramento waren zu Besuch, manchmal für eine ganze Woche, und haben so den Leitern und dem Seelsorge-Team der *Airport Vineyard*-Gemeinde eine wohlverdiente Ruhepause ermöglicht!

Die Ausbildung und Kennzeichnung der Mitglieder des Seelsorge-Teams sagt etwas über die geistliche Verantwortung, die es mit sich bringt, wenn zahlreiche Menschen zum Gebet nach vorne kommen. Gleichzeitig aber mußte man sich auch um ihre physische Sicherheit kümmern. Mittlerweile wird von jedem im Seelsorge-Team erwartet, daß er mit einem »Auffänger« zusammenarbeitet, also mit jemandem, der hinter dem Betreffenden steht und den Fall abfängt, wenn er beim Gebet nicht mehr stehenbleiben kann. Pastoren, die nur auf Besuch da sind, werden besonders ermutigt, als Auffänger mitzuhelfen. So haben sie nämlich die ausgezeichnete Gelegenheit, das Gebet mitzubekommen und in dieser Schule des Dienstes ausgebildet zu werden.

Man wiederholt es öfter: Die Auffänger sind nicht da, weil man erwartet, daß die Menschen beim Gebet umfallen, sondern weil diejenigen geschützt werden sollen, die bereits am Boden liegen. Sie sind es nämlich, die gewöhnlich verletzt werden, wenn jemand ohne Auffänger umfällt. Es ist das geschlossene Auge des am Boden Liegenden, das unter dem gerade niederfallenden Ellenbogen leidet!

Einige der Fragen, die der »Toronto-Segen« hervorgerufen hat, sind: »Was ist die Norm?« »Was sollten wir in bezug auf Anbetung, Predigt und Dienst erwarten, in bezug darauf, wie wir die machtvolle Gegenwart des Herrn unter uns empfangen und verstehen sollen?« »Ist das nur ein vorübergehendes Ausschlagen des Zeigers auf der Skala, so daß früher oder später alles wieder zum Normalen zurückkehrt?« »Wenn ja, was ist überhaupt normal?« Diese Fragen sind nicht neu. Der Erweckungsforscher Iain Murray meint zu den »ruhigeren« Jahrzehnten nach der »Großen Erweckung«:

> *»Was in Erweckungen geschieht, darf nicht als etwas angesehen werden, das in wunderbarer Weise ganz anders ist als die regelmäßige Erfahrung der Gemeinde. Der Unterschied liegt im Ausmaß, nicht in der Art und Weise. Während einer ›Ausgießung des Geistes‹ ist der geistliche Einfluß weitgestreuter, die Überführung geschieht tiefgehender und die Gefühle sind intensiver. Doch das alles ist nur eine Verstärkung des normalen Christseins. Wahre Erweckungen sind ›außergewöhnlich‹, aber was man in solchen Zeiten erfährt, ist im Wesen nichts anderes als die geistliche Erfahrung, die den Christen zu anderen Zeiten auch gehört. Es ist der größere ›Ernst‹ desselben Geistes, der bei all denen bleibt, die glauben … Was eine Erweckung kennzeichnet, ist nicht, daß ungewöhnliche oder spezielle Mittel zur Anwendung kommen. Vielmehr wird den normalen Mitteln der Gnade Segen in besonderem Maß zugeteilt.«*[6]

Ein Baptistenprediger während der »Zweiten Großen Erweckung«, Robert Turnbull, äußerte folgende Überlegungen: »Der Herr scheint den gewöhnlichen Pfad verlassen zu haben, um dieses Werk unmittelbarer durch das Offenbaren seiner allmächtigen Kraft und das Ausgießen seines Geistes zu tun; wahrscheinlich um zu zeigen, daß es sein Werk ist.«[7] Das ist ganz besonders der Fall, wenn wir an das »normale« Gebet denken und daran, was es bedeutet, »im Geist Fürbitte zu leisten«. Unabhängig von seiner Leidenschaft, seiner Häufigkeit und der Gruppe, in der es geschieht, ist Gebet keine Garantie für bestimmte Ergebnisse. Der Erweckungsprediger Gardiner Spring bekräftigte schon 1866: »Erweckungen sind immer falsch, wenn sie durch menschliche Mittel aufkommen und nicht durch den Geist Gottes herabkommen.«[8]

Man kann deutlich sehen und muß es eingestehen, daß das, was wir im »Toronto-Segen« erfahren, Gnade ist, etwas, das Gott aufgrund seiner souveränen Initiative schenkt. Ebenso läßt sich sagen, daß Gottes Gnade und diese Ausgießung seines Geistes die Intensität und Leidenschaft der gemeinsamen Fürbitte vermehrt haben.

Pastor Ian Ross stieß im September 1993 zum Mitarbeiterstab der *Airport Vineyard*-Gemeinde, und eine seiner Aufgaben war es, den Fürbittedienst der Gemeinde zu entwickeln und zu leiten. Ian stellte fest, daß diese Art des Gebets nur in den Hauskreisen stattfand. Sonntag für Sonntag versuchte er, die Gemeinde zu überzeugen, doch an den Fürbittetreffen teilzunehmen. Nur wenige reagierten darauf.

Bei einem Treffen in jenem Herbst konnte nur Shirley Smith sich Ian zum Gebet anschließen. Während er ungehalten war und sich bei Gott beklagte, spürte Shirley, wie Gott sagte, er wolle die Fürbitter »hereinrufen« und dafür sorgen, daß Fürbitte in ihrer Mitte »geboren wird«. Gemeinsam hatten sie den Eindruck, sie sollten für die leeren Stühle im Gottesdienstraum beten, um so den Weg vorzubereiten. Sie wußten dabei nicht, daß John Arnott am folgenden Sonntag über Fürbitte predigen würde. Als er diejenigen einlud, die sich für diesen Dienst zur Verfügung stellen wollten, reagierten Dutzende.

Seit dem 20. Januar 1994 sind die Fürbitte-Treffen weiter gewachsen. Im März 1995 waren es zwischen einhundert und vierhundert Leute, die sich an vier Nachmittagen in der Woche für zwei Stunden versammelten. Die Zeit ist dem Warten auf Gott gewidmet. Nachdem der Heilige Geist eingeladen worden ist, zu kommen und die Fürbitte zu lenken, ermutigen die Leiter – Ian und Shirley, Verda und Jean – die Teilnehmer, Worte der Erkenntnis, prophetische Bilder, geistliche Lieder und Tänze beizutragen.

Es hat einige wunderbare Überraschungen gegeben. Vor kurzem versöhnten sich holländische Besucher mit ihren deutschen Brüdern im Herrn. Beide Gruppen taten Buße über langjährige Feindschaft, sogar Haß auf die andere Nation.

Bei einer anderen Gelegenheit kam ein Mann zufällig in den Raum. Er war nicht gläubig, wurde aber von dem, was er in dem Raum spürte, fasziniert. Etwas Unsichtbares, Unerklärliches – die Gegenwart Gottes – war dort. Er fragte, worum es bei dieser Zusammenkunft ging. Einige führten ihn zum Herrn und beteten, daß er mit dem Heiligen Geist erfüllt wurde. Während er in der Liebe des Herrn ruhte, ging die Fürbitte weiter.

Ian sagt über die Treffen: »Wir empfinden, daß wir gerade erst am Anfang stehen. Wir sind noch am Lernen, wie wir treu das durchbeten können, was Gott auf dem Herzen hat. Wir brauchen noch mehr Gebet, daß Gott noch mehr Menschen hinzuziehen kann, die er zur Fürbitte berufen hat. Ich bete, daß er noch mehr Leuten aufs Herz legt, zu kommen und sich im Gebet zusammenzuschließen, damit er einer verlorenen Welt seine Herrschaft schenken kann.«

Kapitel 3

Der Dienst der Offenbarung

»Was aus dem Fleisch geboren ist, das ist Fleisch; was aber aus dem Geist geboren ist, das ist Geist« (Joh 3,6).

Seit den Anfangstagen der Erneuerungsgottesdienste hat John Wimber, der internationale Leiter der *Association of Vineyard Churches*, den Leitern der *Airport Vineyard*-Gemeinde fortwährend mit pastoralem Rat als eine Art Supervisor zur Seite gestanden. Gerade die Manifestationen verlangen oft apologetische und theologische Überlegungen. John selbst hat wiederholt daran erinnert, daß die »wesentlichen und klaren Dinge der Schrift« im Mittelpunkt unserer Aufmerksamkeit stehen und dort auch bleiben müssen. Deshalb versuchte auch das Buch »Der Toronto-Segen«, ein theologisches Fundament für die erfahrbare Gegenwart Gottes und seine souveräne Initiative zu legen. Ihr allein verdanken wir, daß sein Volk Gottes Gegenwart ganz neu sehen, hören und erfahren kann. Diese Offenbarungen sind der wahre Kern des biblischen und historischen Glaubens, denn ohne diese Begegnungen hätten wir nur das, was man im Mittelalter *Deus Absconditus* nannte, den Gott, der weit weg ist und mit unserem Leben nichts zu tun hat.

Die Heilige Schrift jedoch ist eine ausführliche Chronik der Zeiten und Zeitalter, in denen Gott »sich herabläßt«, »erscheint« und »sein Angesicht über uns leuchten läßt«. In Jesus »wird« Gott »Fleisch und wohnt unter uns«, und durch die Verleihung seines Geistes ist er »allezeit bei uns«. Die fortwährende Selbstoffenbarung Gottes steht so sehr im Mittelpunkt des christlichen Glaubens, daß wir von einer »Theologie der Anwesenheit« sprechen können, daß wir sagen können, wir selbst werden mit Namen gerufen und in eine sich ständig vertiefende Freundschaft mit Gott gezogen.

Der Zweck dieses Kapitels ist es, darauf aufzubauen, denn wir halten Gebet für das Mittel, durch das wir die gnädige Initiative des Herrn empfangen und darauf reagieren.

Überall im Alten Testament finden wir eine Anzahl längerer Gebete der Fürbitte, in denen Gottes Volk um Erbarmen und Segen ruft, um Befreiung von Schande und Vergebung für Sünden. Abraham, Mose, Salomo, Nehemia, David und Daniel gehören zu denen, die für das Wohlergehen ihres ganzen Volkes und um Wiederherstellung und Erweckung vor Gott eintraten.[2]

Durch Gottes Gnade befinden wir uns nicht in der Lage, daß wir um Erweckung beten müßten, sondern wir leben inmitten einer solchen Zeit. So kommt es, daß sich uns im Hinblick auf unser Verständnis und unsere Praxis des Gebets eine Reihe ganz anderer Fragen stellt.

Wie die Mehrheit der Evangelikalen bin ich mit einem Verständnis vom Gebet aufgewachsen, das sich im wesentlichen auf den Rhythmus von Sich-Zurückziehen und Arbeiten gründet, wie er uns im Markusevangelium dargestellt wird: »In aller Frühe, als es noch dunkel war, stand [Jesus] auf und ging an einen einsamen Ort, um zu beten« (Mk 1,35). Dieser und ähnliche Texte bilden die Grundlage für die klassische »Stille Zeit«, die man einlegt, bevor man in die Verpflichtungen eines ausgefüllten Arbeitstages hinauseilt. So wie es manchmal dargestellt wird, erinnert es an eine Deodorant-Reklame: ». . . und Sie sind frisch für den ganzen Tag.«

Kurz das Bibelkapitel für den Tag durchlesen, danach weiter mit ein paar Minuten Anbetung, Bekenntnis, Dank und Fürbitte, das macht allerdings noch kein wirkliches Gebetsleben aus. Vor allem durch die Schriften von Thomas Merton und Henri Nouwen wurde dieses »Stille-Zeit«-Schema erweitert und bereichert, indem sie großen Wert auf Stille, Einsamkeit und Schriftmeditation als kontemplative Übungen legten.

Seit dem 20. Januar 1994 und der Ausgießung des Geistes Gottes bei den ersten Gottesdiensten in der *Toronto Airport Vineyard*-Gemeinde haben sich viele von uns in einer völlig anderen Situation wiedergefunden. Wir fragen: »Was heißt es, inmitten eines Aufbruchs, ja einer Erweckung zu beten?« Was bedeutet »Fürbitte im Geist« für die Angehörigen des Seelsorge-Teams, die sich Abend für Abend aufmachen, um für Brüder und Schwestern zu beten? An manchen Abenden sind es mehr als tausend Leute, die Gebet wünschen, und nur eine Handvoll im Seelsorge-Team. Angesichts solch eines scheinbar überwältigenden Bedürfnisses erfüllt das klassische *Vineyard*-Gebet immer wieder seine Aufgabe: »Oh, Gott! Oh, Gott!« Man ist ganz und gar auf die Möglichkeiten angewiesen, die der Herr allein gibt. Die Mitglieder des Seelsorge-Teams sind so überwältigt von der Gnade Gottes, daß sie nur zu gerne eingestehen, wie wenig ihre Erfahrung oder Technik es ist, welche die Herzen berührt und die Menschen verändert.

Dieses Bewußtsein und die Erfahrung der Gegenwart und der Kraft Gottes stehen im Zentrum von all dem, um das in der *Toronto Airport Vineyard*-Gemeinde gebetet wird. Wenn wir ein einzelnes Wort nennen müßten, das all das beschreibt, wäre es das Wort »mehr«. Mehr vom Wort Gottes mit seiner Kraft. Im Epheserbrief betet der Apostel: »[Der Vater] möge euch aufgrund des Reichtums seiner Herrlichkeit schenken, daß ihr in eurem Innern durch seinen Geist an Kraft und Stärke zunehmt« (Eph 3,16). Der griechische Text ist umständlich, wörtlich bedeutet es: »Kraft, gestärkt zu werden durch seinen (Jesu) Geist an dem inneren Menschen« [vgl. Elberfelder Übersetzung]. Wenn man dies etwas ausführt, würde der Text lauten: »Es ist Gottes Wohlgefallen und Ziel, in Jesus die Kraft in unser Herz auszugießen, daß wir stark werden durch seinen Geist.« Es geht hier nicht um geistliche Selbstverwirklichung; es geht nicht um Stärke aus und für uns selbst. Gott gießt seinen Geist aus, damit wir uns kraftvoll für sein Reich einsetzen können. Das heißt für den Dienst in seinem Reich: für Kranke und Belastete beten, die Gute Nachricht mit Kühnheit, Glauben und Vollmacht predigen, für die Armen sorgen und sich für Gerechtigkeit einsetzen. Wenn man das alles auf eine Kurzform bringen will, müßte man diesen Dienst als prophetisch bezeichnen.

Diesen Dienst muß man unterscheiden von düsteren Weltuntergangsprophetien oder Vorhersagen und Prognosen, die Endzeitfahrpläne aufstellen. Das Neue Testament enthält sehr wenig Prophetie von derartigem Zuschnitt. In der Urgemeinde war prophetischer Dienst im wesentlichen Freisetzung, so daß mehr von Gott und seinen Plänen offenbart wurde. Es ist die Kraft und die Macht von Gott, dem Geist, der in den Gläubigen und durch sie wirkt. Wenn sie dann »prophetisch« tätig werden, empfangen die anderen von ihnen mehr, als diese aus sich selbst heraus geben könnten. Im Zusammenhang mit Dienst, Mission und besonders Evangelisation ist dies unverzichtbar. Im prophetischen Dienst wird die Offenbarung wirksam; Gott und seine Pläne der Erlösung, Neuschöpfung und Wiederherstellung für uns als sein Volk und für uns als Leib Christi werden geoffenbart.

Ich komme immer wieder zu James Dunns Buch *Jesus and the Spirit* [»Jesus und der Heilige Geist«] zurück; wenn man mich nach den zehn Büchern fragen würde, die ich mit auf eine einsame Insel nähme, wäre dies eins davon. Bei seiner Betrachtung über den Apostel Paulus und die Prophetie arbeitet er mit Texten wie: »Jagt der Liebe nach! Strebt aber auch nach den Geistesgaben, vor allem nach der prophetischen Rede!« (1 Kor 14,1). Er fragt: »Warum ist die prophetische Rede für Paulus so wichtig?« Die Antwort ist ein Satz: »Weil sie die versammelte Gemeinde aufbaut.« Nachdem er nach dem »Warum« gefragt hatte, erwartete ich, daß er nun zum »Wie« übergehen würde – »Wie baut die prophetische Rede die Gemeinde auf?« Doch überraschenderweise stellt Dunn diese Frage nicht; noch viel weniger hat er sich ernsthaft mit einer Antwort auseinandergesetzt.

Ich arbeitete Wayne Grudems Buch *The Gift of Prophecy in the New Testament and Today* [»Die Gabe der Prophetie im Neuen Testament und heute«] durch, weil ich dachte, er würde diese Frage beantworten. Grudems Werk ist ein hilfreiches Studium der Prophetie in der frühen Kirche. Dummerweise jedoch trägt das Buch den verkehrten Titel, denn nachdem Grudem einige Zeit mit der alttestamentlichen Prophetie zugebracht hat, vertieft er sich in die Anweisungen des Paulus für Prophetie im 1. Korintherbrief. Kapitel 4 trägt den Titel »Propheten im übrigen Neuen Testament«. Ich habe dieses Kapitel durchgelesen und den Rest des Buches sowie die Verweise auf Schriftstellen durchgeblättert – mit dem Ergebnis, daß Grudem den prophetischen Dienst Jesu überhaupt nicht berücksichtigt! Es ist sogar so, daß im Horizont der meisten Ausleger der offenbarende Dienst Jesu überhaupt nicht vorkommt.

Besonders inmitten dieser gegenwärtigen Ausgießung des Geistes Gottes und der Freisetzung der Prophetie, die sie begleitet, ist das Verständnis für den prophetischen Dienst Jesu unerläßlich, wenn man verstehen will, wie Prophetie die Gemeinde aufbaut. Wenn es Gott gefällt, uns »aufgrund des Reichtums seiner Herrlichkeit« zu schenken, daß wir in unserem Innern »durch den Geist Jesu an Kraft und Stärke zunehmen«[2], dann scheint es äußerst gedankenlos zu sein, den prophetischen Dienst Jesu zu vernachlässigen.

Solange wir uns selbst als Schüler in seiner Schule betrachten, ist es sicher sinnvoll, genau zu studieren, wie Jesus als unser Meister mit dem Bereich der Offenbarungen umgegangen ist. Deshalb ist das Folgende ein Studium des Offenbarungsdienstes Jesu im vierten Evangelium.

Der Apostel Johannes beginnt seine Vorrede mit den Worten: »Im Anfang war das Wort.« Im Deutschen ist »Wort« ein ziemlich neutraler, statischer, konturloser Brocken. Im Griechischen steht für »Wort« *logos*, doch das hilft den meisten von uns auch nicht viel weiter. Wir werden nun ganz philosophisch und abgehoben. Die hebräische Wurzel ist *dawar*, was sich am besten als »göttlicher Selbstausdruck«, als »Ereignis« verstehen läßt. Gott redet, und etwas geschieht. Die Dinge bleiben nicht, wie sie waren; die Schöpfung entsteht aus Chaos und Konfusion. Die romanischen Sprachen sind da sehr hilfreich – im Spanischen lautet dieser Vers: *En el principio era el Verbo* ... »Im Anfang war das Verb.« Jesus ist selbst das aktive Wort Gottes.

Wir lesen weiter: »Das wahre Licht, das jeden Menschen erleuchtet, kam in die Welt« (Joh 1,9). Diese Erleuchtung ist eine innere Erleuchtung, die nicht als allgemeine Offenbarung geschieht wie an anderer Stelle (z. B. Röm 1,20) oder als Wiederholung der Aussage von Vers 4 dieses Kapitels. Vielmehr ist sie so etwas wie die Glühbirne in den Comics – aha! Deshalb ist Jesus gekommen – deshalb bekommen wir dieses oder jenes! Immer wieder leuchtet dieses »wahre Licht« auf, wenn wir Abend für Abend für Menschen beten. Die Glühbirne geht an, und die Menschen wissen wie niemals zuvor, daß der Herr für sie und nicht gegen sie ist, daß Gott ihr Vater und Jesus ihr Erlöser ist, daß sie Gemeinschaft mit dem Heiligen Geist haben können. Kurz bevor ich einen Abendgottesdienst in Sydney (Australien) verließ, bedankte sich ein Mann, für den ich vorher gebetet hatte, mit diesen einfachen Worten: »Danke, daß Sie mir geholfen haben, die Liebe Jesu wie noch nie zu erfahren.« Aha.

Johannes sagt weiter: »Aus seiner Fülle haben wir alle empfangen, Gnade über Gnade« (Joh 1,16). Eine englische Bibelübersetzung sagt hier »ein Segen nach dem anderen«. In Australien sind unsere Gastgeber mit uns einmal zur *Nousa Beach* nördlich von Brisbane gefahren – zur Spitze eines großartigen Strandes, der sich über hundert Kilometer erstreckt. Als ich dort diesen Tag verbrachte, wo der Pazifische Ozean sich fast zehntausend Kilometer weit ausdehnt, erklang dieser Text immer wieder in meinen Ohren: »Aus seiner Fülle haben wir alle empfangen, Gnade über Gnade.« Aus seiner Fülle haben wir empfangen, Welle für Welle für Welle der Gnade. Gnade türmt sich auf Gnade auf Gnade. Der liebliche Wind des Heiligen Geistes weht; große Wogen rollen heran. Die Kraft der Liebe Gottes baut sich auf, sie kommt und bricht über die Küste unseres Lebens herein. Dies ist keine vereinzelte Welle, keine einmalige Geschichte; nein – der Wind des Geistes erzeugt Woge auf Woge, Welle für Welle, Gnade um Gnade.

Der Schluß dieser Einleitung zum Evangelium lautet: »Niemand hat Gott je gesehen. Der Einzige, der Gott ist und am Herzen des Vaters ruht, er hat Kunde gebracht.«[3] Von dem griechischen Wort, das hier mit »Kunde gebracht« übersetzt wird, wird der Begriff »Exegese« abgeleitet; es bedeutet: »leiten, führen, zeigen, erklären«. Dies ist eine grobe Skizzierung des Dienstes Jesu, der »Rahmen« für das Evangelium des Johannes. Von hier ausgehend, wird Johannes nun die Leinwand innerhalb des Rahmens bemalen. Was Johannes von Anfang an deutlich machen will, ist, daß der Zweck für Jesu Kommen darin bestand, den Vater zu offenbaren. Ihn bekannt zu machen. Wir sehen Jesus, und wir sehen das »menschliche Gesicht Gottes«. Johannes sagt uns hier, daß Jesus mehr von Gott offenbart, als jemals zuvor enthüllt wurde, daß der Dienst Jesu in seinem eigentlichen Wesen prophetisch ist: eine lange, fortwährende Offenbarung.

Nun zu den Einzelheiten. Bei der Taufe Jesu am Jordan bezeugt Johannes der Täufer: »Ich sah, daß der Geist vom Himmel herabkam wie eine Taube und auf ihm blieb.« So wie dies oft übersetzt wird, könnte man es sich so vorstellen, als ob nun ein schöner weißer Vogel auf der Schulter Jesu sitzt, vielleicht eine religiöse Version von »Captain Hook und Polly«. Doch die Übersetzung, daß »der Geist auf Jesus blieb«, ist besser und stärker. Denn was Jesus im Verlauf seines Dienstes tut, tut er unter dem Einfluß des Geistes, der immer bei ihm ist. Um die Worte des Apostels Paulus aus dem Epheserbrief zu gebrauchen, es ist der Geist, der Jesus »Kraft gibt, mächtig zu werden«.

Hier ist noch mehr zu finden. In Vers 33 zitiert Johannes der Täufer die Aussage Gottes: »Auf wen du den Geist herabkommen siehst und auf wem er bleibt, der ist es, der mit dem Heiligen Geist tauft.« Gleich vom Anfang des Dienstes Jesu an wird eine überfließende Fülle des Geistes erwartet.

Später in diesem Kapitel (Joh 1,42) sieht Jesus Simon an, »sieht« seine apostolische Zukunft und nennt ihn *Kephas,* »Fels«. Fünf Verse weiter »sieht« Jesus Natanaël unter dem Feigenbaum. Diese einfache Offenbarung ist für Natanaël unerklärlich. Es wird deutlich, daß dieses übernatürliche Wissen des Herrn bei den ersten Jüngern Glauben bewirkte.

Im nächsten Kapitel sagt Johannes, Jesus kannte die Menschen außerordentlich gut »und brauchte von keinem ein Zeugnis über den Menschen; denn er wußte, was im Menschen ist« (Joh 2,25). Wir könnten als Querverweis anführen: »Der Prophet legt die Geheimnisse des Herzens offen« (1 Kor 14,25, nach der *Revised English Bible*). Dieses Wissen ist eine Auswirkung der Prophetie; so werden die Geheimnisse des Herzens geoffenbart. Bei den Mitgliedern des Seelsorge-Teams tritt diese Art des Wissens immer wieder auf. Meine Frau Janis betete einmal für einen Mann und sah dabei vor ihrem inneren Auge einen Taschenrechner. Als sie den Herrn um weitere Offenbarung bat und weiter für diesen Mann betete, formten sich diese Worte: »Der Herr hat Ihnen einen scharfen, analytischen Verstand gegeben. Doch wenn Sie etwas von Ihrem Analysieren aufgeben, wird er Ihnen mehr von seiner Liebe zeigen, als Sie bisher jemals erfahren haben.« Die Augen dieses Mannes sprangen auf, und er begann zu lachen. Er sagte, ihre Worte seien nur zu wahr, und er nahm sie als Wort des Herrn an, das ihm Freiheit und Gnade als kostbares Geschenk vermittelte.

Als der Pharisäer Nikodemus zu Jesus kommt, erkennt dieser den Hunger in seinem Herzen und sagt: »Amen, amen, ich sage dir: Wenn jemand nicht von neuem geboren wird, kann er das Reich Gottes nicht sehen … Was aus dem Fleisch geboren ist, das ist Fleisch; was aber aus dem Geist geboren ist, das ist Geist.«[5] Im Englischen werden Substantive wie »Geist« normalerweise klein geschrieben. In einigen englischen Bibelübersetzungen wird aber das erste »Geist« aus diesem Text groß geschrieben, um zu zeigen, daß es sich um eine Person, um den Geist Gottes handelt. Das ist keine Übersetzung mehr, sondern eher eine Auslegung; daß wir mehr vom Reich Gottes erfahren, in das wir hineingeboren werden, kann nur durch das Werk des Geistes, nämlich des Geistes Gottes, geschehen. Wir wissen nur zu gut, daß es niemals unsere guten Absichten sind, die im Reich Gottes etwas bewerkstelligen.

Einige Verse weiter sagt Johannes der Täufer etwas Ähnliches aus: »Kein Mensch kann sich etwas nehmen, wenn es ihm nicht vom Himmel gegeben ist.« Johannes spricht hier zu seinen Jüngern über geistliche Dinge. Sie fühlten sich ein wenig schuldig, weil der Dienst Jesu solch eine Anziehungskraft hatte, daß sich Menschen von Johannes abwandten und Jesus nachfolgten. Der Täufer bekundet darauf reine Demut: »Er muß wachsen, ich aber muß kleiner werden.«

Johannes fährt fort: »Wer von der Erde stammt, ist irdisch und redet irdisch. [Johannes spricht hier über sich selbst.] Er, der aus dem Himmel kommt, steht über allen. Was er gesehen und gehört hat, das bezeugt er.« »Der, den Gott gesandt hat, verkündet die Worte Gottes; denn er gibt den Geist unbegrenzt.«[6] Johannes möchte, daß wir den prophetischen Auftrag des Herrn Jesus hören, nämlich daß er »bezeugen«, »offenbaren« wird, und das alles »durch den Geist«.

Der Rahmen in Kapitel 4 ist die Begegnung des Herrn mit der Frau am Brunnen. Vers 24 bildet einen Abschluß für ihr Gespräch: »Gott ist Geist, und alle, die ihn anbeten, müssen im Geist und in der Wahrheit anbeten.« Jesus lehrt nicht in erster Linie darüber, wer oder was Gott ist. Das, was er offenbart, hat etwas mit Beziehung zu tun: wie wir mit Gott kommunizieren, uns austauschen, in Beziehung treten können. »Im Geist und in der Wahrheit« beten wir an. Es geht um eine geistliche Begegnung, nicht um diese oder jene Form des Ritus, der Tradition oder der Gottesdienstpraxis. Nicht um heilige Orte, ob Jerusalem oder Garizim. Auch nicht um ein berufenes Volk, das jüdische oder das samaritische. Es geht um eine Beziehung – zwischen dem liebenden Herzen Gottes und unserem liebenden Herzen. Und das hat dynamische Auswirkungen.

Vers 29 von Kapitel 4 macht dies deutlich. Nachdem sie eine Zeitlang mit Jesus zusammen war, spricht die Frau ihre Nachbarn an: »Kommt her, seht, da ist ein Mann, der mir alles gesagt hat, was ich getan habe.« Die Beschreibung des Dienstes der Offenbarung im 1. Korintherbrief dient hier als Kommentar: Jesus las die »Geheimnisse ihres Herzens«.

Die Frau und Jesus hatten jedoch über einige sehr intime Details ihres Lebens geredet, speziell über ihren Umgang mit Männern. Als sie bekundete, er habe ihr »alles, was sie getan hatte«, gesagt, schämte sie sich da oder zeigte sie, daß sie sich verdammt fühlte? Hier müssen wir auf die Töne achten, die nicht niedergeschrieben wurden. Wohl niemand von uns würde groß in seiner Nachbarschaft herumreden, wenn er unmittelbar zuvor schwer gedemütigt worden wäre. Ebensowenig würden wir unsere Nachbarn einladen, einen Propheten zu hören, der sie derart behandeln würde. Diese Frau bewies hingegen wahrhaft evangelistischen Eifer – sie hatte eine »Gute Nachricht« weiterzugeben. Sie zweifelte dank ihrer eigenen Erfahrung nicht daran, daß ihre Freunde und Bekannten wie niemals zuvor geliebt würden, wenn sie hingingen und Jesus kennenlernten.

Etwas später macht Jesus in diesem Kapitel eine sehr umfassende Aussage: »Meine Speise [»Brot und Butter«] ist es, den Willen dessen zu tun, der mich gesandt hat, und sein Werk zu Ende zu führen.«[7] Jesus hat einen Missionsauftrag, eine Absicht, ein Ziel. In Kapitel 5, Vers 6 sehen wir, wie das praktisch umgesetzt wird. In manchen Bibelübersetzungen sieht es so aus, als hätte Jesus dort am Teich Betesda jemanden angestoßen und gefragt: »Wer ist dieser Bursche, der hier liegt? Was ist los mit ihm?« Doch das scheint überhaupt nicht der Fall gewesen zu sein. Hier wird ganz deutlich etwas enthüllt: Jesus sieht den Lahmen, der am Teich liegt, erkennt »die Geheimnisse seines Herzens« und zwingt ihn geradezu zum Gesundwerden. Wir können es als Gleichung sehen: Übernatürliche Offenbarung und souveräne Initiative ergeben Wiederherstellung durch ein Wunder. Diese drei Dinge – übernatürliche Offenbarung, souveräne Initiative und Wiederherstellung durch ein Wunder – sind die Erfüllung des Willens Gottes, der eigentliche Grund, warum er gesandt wurde.

Kapitel 5, Vers 19 ist der Schlüssel, um Jesu Dienst der Offenbarung besser zu verstehen. Hier geht er auf die Anklagen ein, die man gegen ihn erhebt, weil er am Sabbat geheilt hat. Jesus antwortet den Pharisäern: »Der Sohn kann nichts von sich aus tun, sondern nur, wenn er den Vater etwas tun sieht. Was nämlich der Vater tut, das tut in gleicher Weise der Sohn. Denn der Vater liebt den Sohn und zeigt ihm alles, was er tut.« Dies ist eine weitere Ausführung dessen, was er in Kapitel 4, Vers 34 gesagt hat, nämlich daß es »seine Speise ist, den Willen dessen zu tun, der ihn gesandt hat«. Nur das tun, was sein Vater tut. Jesus dachte dabei vielleicht an die selbstverständliche Gepflogenheit in seinem Volk, die er mit Sicherheit selber hautnah erlebt hat: Normalerweise übernimmt der Vater ab dem vierten Lebensjahr die Erziehung und auch die berufliche Ausbildung seines Sohnes. Der Sohn darf seinem Vater alle Fertigkeiten, die für den Beruf notwendig sind, abschauen. Eines Tages heißt es dann: »Hier, so geht das … versuch du es jetzt.« Der Vater will, daß sein Sohn ebenfalls ein Meister wird, und weil er seinen Sohn so liebt und stolz auf ihn ist, zeigt er ihm alle Kunstgriffe, die er kennt.

Wir wollen einmal kurz überlegen: Ist es Ihnen schon einmal passiert, daß jemand für Sie betete und es Ihnen auf einmal schlecht wurde und Sie sich wünschten, er würde den Mund halten und weggehen? Was der Betreffende betete, war so daneben, so unangebracht, daß Sie sich hinterher schlechter fühlten als vorher. Vielleicht hatte er überhaupt keinen Auftrag, für diese Sache zu beten? Produzierte er vielleicht nur etwas aus sich selbst heraus, selbst, wenn er dabei die besten Absichten hatte, aber ohne Auftrag vom Vater? Anstatt die Arbeit eines Meisters zu tun, arbeitete er völlig »gegen den Strich«. Wenn das der Fall ist, dann beginnt sich die Aussage Jesu mit besonderer Bedeutung zu füllen: »Was aus dem Fleisch geboren ist, das ist Fleisch; was aber aus dem Geist geboren ist, das ist Geist« (Joh 3,6).

Drei Kapitel weiter sagt Jesus: »Der Geist ist es, der lebendig macht … Die Worte, die ich zu euch gesprochen habe, sind Geist und sind Leben.«[8] Fünf Verse später bezeugen die Jünger, daß sie etwas von dem, was Jesus geoffenbart hat, erkannt und angenommen haben – ihr Sprecher Petrus erklärt: »Herr, zu wem sollen wir gehen? Du hast Worte des ewigen Lebens.« Wenn wir es ganz frei wiedergeben, sagt Petrus hier: »Herr, du hast uns ruiniert: Wir können nicht wieder zur Tagesordnung übergehen; es kann niemals wieder so werden, wie es einmal war.«

Im Kapitel darauf bekommt Jesus von seinen Gegnern eine ungewohnt deutliche Anerkennung: »Wie kann der die Schrift verstehen, ohne dafür ausgebildet zu sein?«[9] In seiner Antwort macht Jesus seinen Auftrag, die

Dinge Gottes zu offenbaren, klar: »Meine Lehre stammt nicht von mir, sondern von dem, der mich gesandt hat ... ich bin nicht in meinem eigenen Namen gekommen, sondern er, der mich gesandt hat, bürgt für die Wahrheit.«

Das Seelsorge-Team handelt mit derselben Art der Autorität, die Dinge Gottes zu offenbaren. So kommen Männer und Frauen mit der Autorität des Herrn über ihr Leben in Berührung, mit *der* Autorität, in der er sich um sie sorgt und auf ihre Bedürfnisse eingeht. So erleben sie mit, daß Leben aus dem Tod herausgerufen wird, Hoffnung aus der Qual, Friede aus der Verzweiflung, Freiheit aus der Gefangenschaft. John Wesley drückte es einmal so aus, als er über eine Frau in einer seiner Versammlungen sagte: »Wir suchten Gott ihretwegen, und er brachte Frieden in ihre Seele.«

Im Zusammenhang mit der jetzigen Ausgießung des Heiligen Geistes gibt es wahrscheinlich nur sehr wenige, die von der Gnade Gottes berührt worden sind und die Verse 37 bis 39 in Kapitel 7 nicht unterstrichen haben: »Am letzten Tag des Festes, dem großen Tag, stellte sich Jesus hin und rief: Wer Durst hat, komme zu mir, und es trinke, wer an mich glaubt. Wie die Schrift sagt: Aus seinem Inneren werden Ströme von lebendigem Wasser fließen. Damit meinte er den Geist, den alle empfangen sollten, die an ihn glauben; denn der Geist war noch nicht gegeben, weil Jesus noch nicht verherrlicht war.«

Damit wir ganz erfassen können, was Jesus hier sagt, müssen wir verstehen, um welches Fest es sich handelt. Am Anfang des Kapitels, in Vers 2, sagt Johannes seinen Lesern, daß sich das Folgende vor beziehungsweise auf dem Laubhüttenfest abspielt. Von diesem Fest lesen wir in Deuteronomium Kapitel 16, Vers 13. Es ist das Erntefest, mit dem alle Segnungen gefeiert werden, die der Herr schenkt. Israel wird aufgefordert, »wirklich fröhlich zu sein« (Vers 15).

Seit dieses Fest Jahr für Jahr gefeiert wurde, war es auch die Gelegenheit, um Regen zu beten. Wenn es um diese Zeit regnete, konnte man im folgenden Jahr mit einer reichen Ernte rechnen.

All das wurde während des Festes symbolisiert, indem der Priester einen goldenen Krug mit Wasser füllte, während der Chor aus dem Propheten Jesaja zitierte: »Ihr werdet Wasser schöpfen voll Freude aus den Quellen des Heils« (Jes 12,3).[10]

Wenn wir diesen Kontext sehen, verstehen wir, daß Jesu Einladung seine Zuhörer dazu brachte, genau hinzuhören: Er deutete an, daß ihre Gebete um Wasser in einer Weise erhört werden könnten, wie sie es nicht erwarteten!

Vor dem Hintergrund des Streits und der Auseinandersetzung über das Wesen seines Dienstes erklärt Jesus noch einmal seinen Auftrag, die Dinge Gottes zu offenbaren: »Er, der mich gesandt hat, bürgt für die Wahrheit, und was ich von ihm gehört habe, das sage ich der Welt ... Ihr werdet erkennen, daß ich nichts in meinem eigenen Namen tue, sondern nur das sage, was mich der Vater gelehrt hat. Und er, der mich gesandt hat, ist bei mir; er hat mich nicht allein gelassen ... Ich sage, was ich beim Vater gesehen habe ... Wer aus Gott ist, hört die Worte Gottes.«[11]

Wir haben uns bisher hauptsächlich mit dem Hören, mit der Offenbarung der Worte Gottes, dem Reden Gottes beschäftigt. Wenn wir nun nach Kapitel 9 kommen, wird uns Jesus als sichtbare Offenbarung dargestellt: Er ist das »Licht der Welt«, das die Dunkelheit des Leben erhellt und zurückweichen läßt. Das ganze Kapitel 9, das über die Heilung des Blindgeborenen berichtet, hat mit »Sehen und Glauben« zu tun.

Kapitel 11 verdeutlicht uns die Kraft der prophetischen Offenbarung noch mehr. Hier wird die Absicht Gottes, von den Toten aufzuerwecken, dargestellt. Lazarus ist krank, und man benachrichtigt Jesus: »Als Jesus das hörte, sagte er: Diese Krankheit wird nicht zum Tod führen, sondern dient der Verherrlichung Gottes.«[12] Doch Lazarus starb; der Text macht dies anschaulich klar. In Vers 39 warnt Martha Jesus vor dem Geruch der Leiche. In Vers 4 sagte Jesus: »Diese Krankheit wird nicht zum Tod führen.« Hatte er hier etwas mißverstanden, oder wirkte er aufgrund einer größeren Offenbarung – aufgrund eines prophetischen Auftrags, wodurch Gottes Herrlichkeit offenbart werden sollte? Das Kapitel endet mit der Auferweckung des Lazarus. »Löst ihm die Binden, und laßt ihn weggehen!«

Im Zusammenhang mit unserem Dienst ist die Feststellung unerläßlich, daß es Sache des Herrn ist, aufzuerwecken und den Auftrag der Gemeinde zu lösen, freizusetzen. Mein eigenes Zeugnis von dieser Ausgießung des Geistes paßt hier gut: Ich fühle mich wie ein Toter, der vom Herrn auferweckt und von der *Airport Vineyard*-Gemeinde freigesetzt wurde. So etwas haben wir wiederholt miterleben dürfen. Eine Frau namens Loraine aus Sydney in Australien kam im November 1994 auf der Prophetie-Konferenz in der *Airport Vineyard*-Gemeinde zum lebendigen Glauben. Nach ihrer Rückkehr nach Hause beschrieben Loraines Freunde, Angehörigen und Kollegen sie als »eine andere Frau«. Vorher war sie eine sehr tüchtige Verwaltungskraft. Mittlerweile ist sie zum Training des Seelsorge-Teams ihrer Gemeinde übergewechselt und setzt sich leidenschaftlich für diese Arbeit mit dem Heiligen Geist ein. Hinzu kommt, daß ihre Gemeinde im März 1995 eine

Konferenz mit Larry Rudolph, meiner Frau und mir veranstaltete. Larry hat einen prophetischen Dienst. In einem Gottesdienst weissagte er über dieser Frau, daß weitere Begabungen in ihr freigesetzt werden würden, besonders die Gabe der Heilung verbunden mit Zeichen und Wundern, die vor langer Zeit in ihr angelegt worden waren, aber noch schlummerten. Dann wandte er sich an das Pastorenteam und sagte: »Mädchen, Mädchen, Mädchen, Mädchen. Gemeinde, macht euch bereit für viele Mädchen.« Janis und ich sahen uns an und wußten, daß es sich nicht auf den natürlichen Bereich bezog – nicht auf weibliche Babys oder Kinder, sondern darauf, daß Frauen erweckt wurden, die in ihrem Dienst noch jung waren. Durch dieses prophetische Wort wurde diese Gemeinde und ihre Leiterschaft freigesetzt, große Gnaden zu empfangen. Noch einmal: Es ist Sache des Herrn aufzuerwecken und Sache der Gemeinde, zu lösen und gehen zu lassen, freizusetzen. (Loraines Zeugnis und Gedanken über ihren Dienst finden sich im fünften Kapitel.)

In Jesu Worten: »Was ich gesagt habe, habe ich nicht aus mir selbst, sondern der Vater, der mich gesandt hat, hat mir aufgetragen, was ich sagen und reden soll. Und ich weiß, daß sein Auftrag ewiges Leben ist. Was ich also sage, sage ich so, wie es mir der Vater gesagt hat« (Joh 12,49) hallt der Auftrag für den Dienst des Herrn wider. Wenn wir weiterblättern, hören wir dasselbe noch einmal: »Ich habe euch alles mitgeteilt, was ich von meinem Vater gehört habe« (15,15). Im wesentlichen dieselbe Aussage ist auch in dem großen Gebet des Herrn für seine Jünger aufgezeichnet: »Die Worte, die du mir gegeben hast, gab ich ihnen …« (17,8).

Doch diese Offenbarung ist nicht auf den irdischen Dienst Jesu vor 2 000 Jahren beschränkt. Damit kommen wir zu den »Parakletos-Lehren«. *Parakletos* [παρακλετοσ] ist ein griechisches Wort, das schwer zu übersetzen ist und dem man schlecht gerecht werden kann. »Helfer«, »Beistand«, »Herbeigerufener«. Viele glauben, die beste Übersetzung ist »ein weiterer Offenbarer«[13], in dem Sinne, daß der Parakletos, der Geist, den Vater genau so offenbaren wird, wie Jesus ihn während seines irdischen Dienstes offenbarte. Er wird fortfahren, den Vater zu offenbaren, wenn Jesus von den Toten auferweckt worden ist. James Dunn trifft den Nagel auf den Kopf, wenn er sagt: »Der Parakletos ist die Gegenwart Jesu, obwohl Jesus nicht gegenwärtig ist.«[14] Wenn man alle Aussagen über den Parakletos zusammennimmt, sagt Jesus:

> »Ich werde den Vater bitten, und er wird euch einen anderen Beistand geben, der für immer bei euch bleiben soll. Es ist der Geist der Wahrheit

… Der Beistand, der Heilige Geist, den der Vater in meinem Namen senden wird, der wird euch alles lehren und euch an alles erinnern, was ich euch gesagt habe.« »Wenn aber der Beistand kommt, den ich euch vom Vater aus senden werde, der Geist der Wahrheit, der vom Vater ausgeht, dann wird er Zeugnis für mich ablegen. Und auch ihr sollt Zeugnis ablegen.« […]
»Noch vieles habe ich euch zu sagen, aber ihr könnt es jetzt nicht tragen. Wenn aber jener kommt, der Geist der Wahrheit, wird er euch in die ganze Wahrheit führen. Denn er wird nicht aus sich selbst heraus reden, sondern er wird sagen, was er hört, und euch verkünden, was kommen wird. Er wird mich verherrlichen; denn er wird von dem, was mein ist, nehmen und es euch verkünden. Alles, was der Vater hat, ist mein; darum habe ich gesagt: Er nimmt von dem, was mein ist, und wird es euch verkünden.«[15]

Was wir hier in all dem hören sollen, ist die parallele Beziehung zwischen Jesus und dem Geist. Sowohl Jesus als auch der Geist kommen vom Vater; beide werden vom Vater gesandt und geschenkt; beide lehren und offenbaren den Jüngern die Absichten des Vaters; beide offenbaren die Wahrheit.

Johannes betont ausdrücklich, daß der Geist der »andere« Parakletos ist; das bedeutet, Jesus ist der erste Parakletos, der erste Tröster, der erste Beistand, der erste Helfer, der erste Herbeigerufene, der erste Offenbarer … und der Heilige Geist ist der zweite. Damit gibt es durch den Geist eine unmittelbar und direkt fortgesetzte Beziehung zwischen den Gläubigen und Jesus.[16] Und weil Jesus seinen Geist sendet, kann jede Generation von Christen ihm genauso nahe sein wie die letzte – oder die erste! Der Geist bildet die unmittelbare Verbindung. Im Bereich von Mission und Dienst setzt der Geist das offenbarende Werk fort, das Jesus begonnen hat. Der Geist wird uns alles lehren, indem er uns in die Wahrheit hineinführt. Er wird uns an alles erinnern, was Jesus gelehrt hat, und er wird uns zeigen, was kommen wird. Das Werk des Geistes ist die inspirierte Neu-Interpretation und Anwendung der Mission und des Dienstes Jesu. Dadurch sind wir in der Lage, so »den Vater zu offenbaren«, wie Jesus es tat.

Das klingt auch noch einmal in Kapitel 18 an, als der Herr erklärt, wozu er gekommen ist (Vers 37). Jesus steht vor Pilatus, der herauszufinden versucht, was Jesus getan hat, das ihn in solche Schwierigkeiten geraten ließ. Pilatus versucht außerdem herauszufinden, wie er sich selbst gegenüber den jüdischen Führern aus der Schlinge ziehen kann. Jesus verwirrt ihn mit den Worten: »Ich bin dazu geboren und in die Welt gekommen, daß ich für die

Wahrheit Zeugnis ablege. Jeder, der aus der Wahrheit ist, hört auf meine Stimme.« Pilatus reagiert darauf mit der alles entscheidenden Frage: »Was ist Wahrheit?«

Im Johannesevangelium lauten die letzten Worte Jesu am Kreuz: »Es ist vollbracht.«[17] Damit bezeichnet er nicht nur das Ende seines Lebens, sondern auch seine Vollendung und Erfüllung. Indem er sein Leben opfert, beendet und vollendet Jesus das Werk, das der Vater ihm aufgetragen hat.[18] Sein Tod zur Versöhnung ist die höchste Offenbarung der Gnade Gottes und der Macht seiner Liebe.

Damit kommen wir auf schnellstem Wege zur Erscheinung Jesu nach seiner Auferstehung (20,21). Der auferstandene Herr Jesus grüßt seine Jünger und segnet sie mit dem Frieden Gottes. *Schalom aleichem. Schalom* ist ein großer Segen. Er enthält nicht nur Frieden, das Aufhören der Feindschaft, sondern viel mehr. *Schalom* hat mit Wohlergehen, mit dem Zusammensetzen aller Teile unseres Puzzles, mit der Heilung aller Brüche in unserem Leben zu tun. Solch ein Segen von dem, der von den Toten auferstanden ist, ist nicht einfach ein beiläufiger Gruß – besonders wenn er verbunden ist mit der darauffolgenden Beauftragung und Bevollmächtigung: »Wie mich der Vater gesandt hat, so sende ich euch.« Jesus haucht sie danach an und sagt: »Empfangt den Heiligen Geist!« Wer seine Bibel gut kennt, sollte hier etwas wiedererkennen können – ganz am Anfang (Gen 2,7) formte Gott, der Herr, ein menschliches Wesen aus dem Staub der Erde und blies den Atem des Lebens in es hinein, damit es zu einem lebendigen Wesen wurde. Es ist so, als ob Jesus neu erschafft und Leben wiederschenkt, die Fülle des Lebens – die Fülle des Auferstehungslebens. Er haucht seine Jünger an und teilt ihnen seinen lebensspendenden Geist mit.

Danach erklärt Jesus etwas ziemlich Unerhörtes: »Wem ihr die Sünden vergebt, dem sind sie vergeben; wem ihr die Vergebung verweigert, dem ist sie verweigert.« Für die meisten von uns ist das beunruhigend. Es ist zuviel. Wir verstehen, daß es doch nicht unsere Sache ist, jemandem letztlich Vergebung zu gewähren; das kann nur Gott tun. Wie sollen wir also diese Ankündigung Jesu verstehen? Wir haben hier das anzuwenden, was unser Studium über den offenbarenden Dienst Jesu ans Licht gefördert hat. Dann wird deutlich, daß er sagen will: Die Offenbarung, die Erkenntnis, die Erfahrung der Vergebung soll von uns vermittelt werden. Es ist, als ob Jesus sagt: »Die Erlösung der Menschen in eurer Umgebung ist im wesentlichen davon abhängig, wie ihr den Vater offenbart. Wie sollten sie sonst von seiner Liebe erfahren?«

Mein Hebräisch-Professor am Seminar schrieb jedesmal die Tafeln voll mit grammatikalischen Regeln. Wir fingen dann an zu stöhnen: »Roschi, roschi!« Das ist hebräisch und bedeutet: »Mein Kopf, mein Kopf!« Dann sagte er: »Machen Sie sich keine Sorgen; ich erwarte nicht, daß Sie sich an all das erinnern. Ich meine nur, wenn ich Sie mit genug Lehm bewerfe, wird schon irgend etwas kleben bleiben.«

Ich hoffe, daß dieses Studium des Johannesevangeliums mindestens drei Dinge verdeutlicht hat:

1. Wenn man den offenbarenden Dienst Jesu für sich betrachtet, wird deutlich, daß er für seinen gesamten Dienst grundlegend war. Alles, was er tat, offenbart, was er den Vater tun »hörte und sah«. Er offenbarte nicht mehr, aber auch nicht weniger.
2. Was der Vater in und durch Jesus offenbarte, war Leben, Wiederherstellung, Wieder-Erschaffung von Leben. Bei der Heilung des Lahmen (Joh 5) wird uns Wiederherstellung spezifisch offenbart, an einem konkreten Ort und zu einer konkreten Zeit. Dieser Mann wird von all dem befreit, was ihn gelähmt und zum Krüppel gemacht hatte. Wenn wir an Mission und Evangelisation denken, ist das Ziel nichts Geringeres als das. Denn es muß mehr enthalten sein als nur, daß jemand seinen Fahrschein für die große Busfahrt zum Himmel gelocht bekommt.
3. Jesus verleiht denen, die nach ihm kommen, seinen Geist, damit sie sein Offenbarungswerk fortsetzen können, damit die Menschen in ihrer Umgebung die wiederherstellende, befreiende, vergebende, neuerschaffende Berührung des Vaters spüren können. Das bedeutet es nämlich, »das Wort Gottes mit Kraft« zu empfangen. Eben: el Verbo.

Diese Art Offenbarung ist etwas, das mich immer neu überrascht und in Staunen versetzt. Vor einigen Monaten war ich eingeladen, ein Bibelstudium zu leiten. Während meiner Vorbereitung betete ich im Geist und bat Gott darum, daß die Absichten des Vaters während dieser Zeit mehr offenbart und freigesetzt werden sollten. Im Mittelpunkt dieser Lehreinheit stand: »Wenn jemand in Christus ist, dann ist er eine neue Schöpfung . . .« (2 Kor 5,17). Anschließend kam ein Mann nach vorn und sagte, er hätte noch nie bemerkt, wieviel dieser eine Vers enthielt. Wir unterhielten uns ein wenig, und plötzlich stieg einer der vielen Verse, die ich soeben zitiert hatte, aus meinem Inneren auf, nämlich etwas aus dem zweiten Kapitel des Epheserbriefes. Ich sagte zu diesem Mann: »Wenn Sie und Ihre Frau Christus anrufen, Ihr Friedensstifter zu sein, und wenn Sie ihn bitten, die Trennmauer zwischen Ihnen beiden Stein für Stein abzutragen, dann werden Sie mehr von der neuen Schöpfung erfahren, die Gott in Ihrem Leben entstehen lassen will.« So wie das herauskam, überraschte es mich ziemlich; und auch der Mann mir gegenüber war ein wenig schockiert. Nach einem Augenblick sagte er: »Ich gehe seit einiger Zeit zu einem Eheberater. Aber was Sie gerade in zwölf Sekunden gesagt haben, ergibt mehr Sinn als die letzten zwei Jahre Therapie.« Das ist die pastorale Schlußfolgerung aus: »Was vom Fleisch geboren ist, das ist Fleisch; und was vom Geist geboren ist, das ist Geist« (Joh 3,6). Denn es ist nicht etwas von uns – unsere Einsichten oder Intuitionen, unsere guten Wünsche, nicht einmal unsere aufrichtigen Wünsche, daß es dem anderen wieder gut geht –, was wir weitergeben sollen. Der prophetische Dienst ist die Mitteilung, die »Weiterleitung« des lebensschaffenden *Verbums* des Vaters. Wir sollen das, was wir in der Gegenwart des Vaters gesehen und gehört haben, was der Geist uns offenbart hat, anderen weitergeben, damit sie »einen Segen nach dem anderen« empfangen.

Pastor Ian Ross betete zum Beispiel für eine Frau, und als er um Offenbarung bat, spürte er, wie der Herr sagte, er habe eine Liebesbotschaft persönlich für sie maßgeschneidert (englisch: *tailored*). Als er dies der Frau weitersagte, schien sie von Freude überwältigt zu sein, daß Gott sich so sehr um sie kümmerte. Sie öffnete ihre Augen und sagte ihm, ihr Name sei Taylor und Gott habe direkt und persönlich zu ihrem Herzen geredet. Bei einer anderen Gelegenheit wurde Ian vom Geist angeregt, der Frau, für die er gerade betete, zu sagen, daß Gott seine Liebesbotschaft auf ihr Herz schreiben wollte. Sie war tief berührt und begann zu weinen. Später sagte sie, daß sie von Beruf Schriftstellerin war und daß dieses Wort ihr auf einzigartige und persönliche Weise geholfen habe.

Während dieser Ausgießung des Heiligen Geistes bricht die Liebe Gottes über unser Leben herein wie »Wellen flüssiger Liebe«[19]. Gnade um Gnade entwirrt und löst unsere Verknotungen, macht frei, was verklebt ist, läßt uns los und sättigt unser Wesen in der Tiefe. So werden wir mehr und mehr wie Christus und dienen in der Kraft und der Autorität, die er uns verleiht. Dadurch bauen wir uns gegenseitig auf und bringen einer zerbrochenen Welt seine Gnade.

Als ich einmal in dieser Richtung lehrte und anschließend die Möglichkeit bestand, Fragen zu stellen, stand jemand auf und sagte: »Das ist ja alles schön und gut, daß man nichts tun soll, was nicht vom Vater autorisiert ist. Doch was tut man, wenn Gott nicht redet?«

Diese Frage ist so wichtig – sie hat Gläubige durch die Jahrhunderte beunruhigt, sogar gequält. Die griechisch- und russisch-orthodoxen Theologen haben mir besonders geholfen, wenn ich mir den Kopf wegen Gottes Schweigen zerbrach. Ich kehre häufig zu einem kleinen Buch von Anthony Bloom zurück. Darin sagt er, daß das Schweigen oft ein Ausdruck der Barmherzigkeit Gottes ist; müßte er reden, wäre das ein Wort des Gerichts.[20]

Blooms Erkenntnis enthält zwar große und demütigende Weisheit, aber sie ist nicht immer zutreffend. Eines Abends betete ich für einige Leute. Ich drehte mich um und sah einen Mann, den ich kannte. Aufgrund unserer Erziehung und unseres Hintergrundes, unserer Persönlichkeit und Veranlagung sind wir so verschieden wie Tag und Nacht. Unsere Beziehung war während der Jahre sowohl von Liebe als auch von Schwierigkeiten gekennzeichnet. Es gab Mißverständnisse und Verurteilung in beiden Richtungen, ebenso Enttäuschungen, nicht erfüllte Erwartungen, ebenfalls von beiden Seiten. Ich schaute ihm in die Augen und fragte: »Darf ich für dich beten?« Er spürte meine Liebe und nickte. Ich legte eine Hand auf seine Schulter und die andere leicht auf seine Stirn und segnete ihn im Namen des Herrn. Es gab keine anderen Worte des Gebets, die in mir aufstiegen. Ich kam dann dahin, daß ich ihn sanft an mich zog und ihn umarmte. Er legte seine Arme um mich, vergrub sein Gesicht an meiner Schulter und weinte. Wir blieben zwanzig Minuten in dieser Haltung, vielleicht auch eine halbe Stunde.

Die ganze Zeit über hatte ich fast nichts – keine Worte – zum Beten. Ich mache das lang genug, um darin ruhen zu können – das Wirken des Geistes in meinem Inneren hat viel von meinem eigenen Drang, mit eigener Anstrengung zu etwas zu kommen, zurückgeschnitten –, ich war in der Lage zu warten. Ich wußte, es war Gottes »Verantwortung«, meinen Freund zu segnen, nicht meine. Besonders in solch einer Situation wie die, in der ich mich befand, war die Liebe des Herrn zu ihm weit größer, als meine es jemals sein würde – das wußte ich.

Ich betete leise im Geist, und am Ende dieser Zeit drückte mich mein Freund, und wir redeten noch ein wenig. Ich fühlte mich wirklich schwer und sagte, ich müßte mich hinsetzen.

Mein Freund ist von den letzten paar Gemeinden, in denen er gedient hat, ziemlich übel behandelt worden. Auch im familiären Bereich hat er Dinge erlebt, die ihn völlig fertig gemacht haben. An diesem Abend kam er in den Gottesdienst und sagte: »Gott, ich muß deine Liebe erfahren, deine bedingungslose Liebe.« Als er mir das sagte, verstand ich, warum ich mich so schwer gefühlt hatte und keine Worte fand – das hätte nur alles verdorben, was der Herr an ihm tun wollte. Wir redeten und beteten noch ein wenig, und ich berichtete ihm von einem Bild, das ich beim Beten für ihn sah. Es war eine Farm, auf der Milchkühe gehalten wurden. Jesus stand außerhalb des abgezäunten Hofes und rief meinen Freund, er solle herauskommen zum Spielen. Ich sah, daß der Mann, für den ich gebetet hatte, darauf nicht reagieren konnte. Er fühlte sich gezwungen, seine Arbeit zu beenden. Doch Jesus wollte, daß er zum Spielen kam, nicht so sehr um meines Freundes willen, sondern weil Jesus mit ihm spielen wollte. Als ich ihm dieses Bild beschrieb, schaute mein Freund mich an, schüttelte seinen Kopf und sagte: »Volltreffer.«

Hier wird das Gebot »Löst ihm die Binden, und laßt ihn weggehen!« (Joh 11,44) wieder wichtig. Man kann es als den Auftrag des Gebetsdienstes beim »Toronto-Segen« ansehen: Durch Gottes Gnade sind Tausende vom »Tod« zum Leben gekommen. Es hat Freisetzung von etwas und Freisetzung für etwas stattgefunden. Man kann es als göttlichen Austausch ansehen. Langjährige Ängste, Verzweiflung, Groll, Sorgen, Ärger und dergleichen werden weggenommen, und an ihre Stelle treten größere Liebe, tiefere Freude, umfassenderer Friede. In der Mitte dieses göttlichen Austausches steht das einfache Gebet »Mehr, Herr«. Diese Bitte gründet sich auf die Lehre Jesu, daß es dem Vater Vergnügen bereitet, diejenigen, die ihn bitten, großzügig mit guten Gaben – und vor allem mit seinem Heiligen Geist – zu beschenken (Lk 11,9-13).

Manchmal lernen wir diese grundlegenden Wahrheiten des Evangeliums auf sehr lustige Weise. Bei einer Fragestunde für Pastoren und Leiter fragte jemand, wie es sich denn mit leeren Formen und Traditionen und dem Gebet »Mehr, Herr« verhalte. Gott beantwortet seine Anfragen am nächsten Abend. Die Art und Weise, wie man für ihn betete, war: »Mehr, Herr!« Und der Herr ließ ihn herumspringen, lockerte so einige festsitzende Vorurteile und schenkte ihm eine neue Freiheit und einen neuen Frieden!

In seinem kleinen Buch *The Necessity of Prayer* schreibt E. M. Bounds:

> *»Gottes Wort ist ein Bericht über das Gebet – über betende Männer und Frauen und das, was sie erreicht haben, über den göttlichen Auftrag zum Gebet und über die Ermutigung für die Beter. Niemand kann diese Ereignisse, Gebote, Beispiele und vielfältigen Aussagen im Zusammenhang mit dem Gebet lesen, ohne zu erkennen, daß die Sache Gottes und der Erfolg seiner Arbeit vom Gebet abhängig sind.«*[21]

Wir wollen nun unsere Hingabe an das Wirken des Geistes im Gebet als oberste Priorität verankern und die Lücke zwischen dem »Mehr!« und dem ausformulierten prophetischen Dienst mit Inhalt füllen. Dazu wollen wir uns jetzt ein wenig in der Apostelgeschichte umsehen und Gebet und Fürbitte in der Urgemeinde betrachten. Unter anderem interessiert uns dabei auch, welche Beziehung zwischen Gebet und dem Wachstum von Dienst und Mission bestand. Die folgende Bibelarbeit ist locker nach Themen geordnet; deshalb werden wir ein wenig hin und her springen.

Am Anfang der Apostelgeschichte waren die Nachfolger Jesu zusammen und »verharrten einmütig im Gebet« (Apg 1,14). Sie hatten eine Menge Stoff zum Beten: Ihr Herr und Meister war verraten und gekreuzigt worden und wieder von den Toten auferstanden. Er war ihnen wiederholt erschienen und hatte sie über vierzig Tage hinweg in bezug auf das Reich Gottes gelehrt. Er hatte ihnen versprochen, daß sie Kraft empfangen sollten, wenn der Heilige Geist auf sie kam. Zuletzt hatte er ihnen den Auftrag erteilt, seine Zeugen zu sein, und war dann in herrlicher Weise zum Himmel aufgefahren. Nur ein Bruchteil von solchen Erfahrungen aus erster Hand würde dafür sorgen, daß die meisten von uns für eine Zeit »im Gebet verharren«!

»In diesen Tagen . . .«[22] In welchen Tagen? In den Tagen, als sie einmütig im Gebet verharrten, konnten sie einige Fragen in bezug auf die Leiterschaft klären.

Hier müssen drei wichtige Aspekte herausgearbeitet werden: 1. Einheit – sie beteten »einmütig«; 2. Hingabe – sie »verharrten« im Gebet; 3. Leiterschaft – die anerkannt und geehrt wurde. Sie verharrten einmütig im Gebet und das unter der Autorität und dem Schutz einer von Gott dazu ausgerüsteten Leiterschaft. Der Zeitpunkt und die Umstände waren also nicht zufällig gegeben, als nur wenige Tage später der Heilige Geist mit Macht über sie kam, so daß Petrus seine erste Predigt hält und 3 000 Menschen überzeugt werden. Es ist genausowenig Zufall, daß »sie an der Lehre der Apostel festhielten und an der Gemeinschaft, am Brechen des Brotes und an den Gebeten«. Es war auch nicht einfach nur Glückssache, daß »alle von Furcht ergriffen wurden; denn durch die Apostel geschahen viele Wunder und Zeichen«, oder daß sie »beim ganzen Volk beliebt« waren und »der Herr täglich ihrer Gemeinschaft die hinzufügte, die gerettet werden sollten«. All das gehört zum Kern von Kapitel 2 der Apostelgeschichte.

Zeit und Ort des Gebets müssen ebenfalls berücksichtigt werden. »Petrus und Johannes gingen um die neunte Stunde zum Gebet in den Tempel hinauf.«[23] Anschließend wird ein Lahmer geheilt, und Petrus und Johannes werden verhaftet. Bei seiner Verteidigungsrede erklärt Petrus: »Und weil er an seinen Namen [den Namen Jesu] geglaubt hat, hat dieser Name den Mann hier, den ihr seht und kennt, zu Kräften gebracht; der Glaube, der durch ihn kommt, hat ihm vor euer aller Augen die volle Gesundheit geschenkt« (3,16). Es kann gut sein, daß Petrus dem Mann mit dem Ellenbogen in die Rippen gestoßen und ihm zugeflüstert hat: »Spring noch einmal auf und ab!« – damit die »Frucht« im Brennpunkt der Aufmerksamkeit blieb.

Sieben Kapitel weiter finden wir den Bericht über die Bekehrung von Kornelius, dem römischen Hauptmann. Die Bedeutung dieses Ereignisses betrifft weit mehr als nur den Kornelius und seine Familie.[24] Petrus muß hier erkennen, daß sein Verständnis von Gottes Wirken zu klein, zu einschränkend war. Die Vision von den unreinen Tieren in dem Leinentuch brachte ihn zu der Erkenntnis, daß der Herr in seinem Heilsplan Größeres vorhatte, das weit über Israel hinausging. Er schließt daraus: »Jetzt begreife ich, daß Gott nicht auf die Person sieht.«[25] Und so geschah es: Während er die Gebetszeit einhält, bekommt Kornelius Besuch von einem Engel, der zu ihm über ein Treffen mit Petrus redet. Petrus hat ebenfalls eine Vision – nur er schläft beim »Einhalten« der Gebetszeit ein! Kornelius und Petrus kommen zusammen, und aufgrund der Dinge, die ihnen offenbart wurden, werden Schranken von Rasse und Religion abgebaut – Schranken, die für lange Zeit Bestand hatten und durch Traditionen zementiert waren. Der Heilige Geist kommt auf sie, sie erleben ein Mini-Pfingsten, und Kornelius und sein Haushalt werden an Ort und Stelle getauft.

In Kapitel 16 lesen wir, daß Paulus und seine Mitarbeiter sich zu einer Gebetsstätte aufmachten, wahrscheinlich einer heiligen Stätte am Straßenrand, und daß sie dort einer Frau namens Lydia die frohe Botschaft von Jesus als unserem Erlöser mitteilen konnten. Dies konnte geschehen, weil »der Herr ihr das Herz öffnete«[26]. Es sieht so aus, als beabsichtigte Lukas, der Autor der Apostelgeschichte, daß wir die Verbindung zwischen Gebet, Suchen, Offenheit, Gnade und dem Endergebnis, der Bekehrung, deutlich erkennen.

Allerdings können wir religiöse Erfahrungen niemals wissenschaftlich analysieren. Wir werden niemals so selbstsicher sein können zu folgern: 22 Prozent Gebet, 17 Prozent Suchen, 12 Prozent Offenheit, 49 Prozent Gnade = Bekehrung. Das Beste, was wir tun können, ist, einen engen Zusammenhang, ein Zusammenwirken anzuerkennen.

In den Versen, die darauf folgen, läßt sich derselbe Kreislauf feststellen, nur mit einer kleinen Abweichung[27]. An der Gebetsstätte findet sich anstatt eines Suchenden nun jemand, der unter geistlicher Verwirrung leidet – eine Magd, die von einem Wahrsagegeist kontrolliert wird. Das »Seelsorge-Team« hält die junge Frau zunächst an der langen Leine. Sie wenden ihr geistliches Unterscheidungsvermögen an und prüfen die Geister. Die Manifestationen dieser Frau – sie ruft: »Diese Männer sind Diener des höchsten Gottes« – klingen ziemlich korrekt, doch es stimmt etwas nicht. Paulus macht schließlich von seiner geistlichen Autorität in Christus Gebrauch; für die Frau bringt das Befreiung im Namen Jesu, für die Apostel Gefangenschaft. Paulus und Silas landen im Gefängnis, wegen »Unruhestiftung«. Komisch, wie sich die Dinge manchmal entwickeln, nicht wahr?

Und es ist wunderbar, wie Gott alles in Ordnung bringt. In Vers 25 von Kapitel 16 befinden sich Paulus und Silas im Gebet, obwohl es Mitternacht ist. Sie singen Gott Loblieder. Diese Ausrichtung, nämlich daß sie für Gott, zu Gott singen, ist hier der Schlüssel. Denn im Zusammenhang mit unserer Anbetung und der Kraft und Gegenwart des Heiligen Geist ist ein wichtiger Unterschied zu beachten. Es ist eine Sache, »über« Gott zu singen und etwas zu proklamieren, und es ist eine andere Sache, unsere Gebete und unseren Lobpreis in Anbetung »zu« Gott zu erheben.

Es ist sicher hilfreich, wenn wir das noch einen Augenblick genauer betrachten. Eine der Fragen, die mir bei den Fragestunden für Pastoren und Leiter häufig gestellt werden, bezieht sich auf die Gebetsbasis des »Toronto-Segens«. In der Kirchengeschichte läßt sich feststellen, daß einer Ausgießung des Heiligen Geistes typischerweise jedesmal eine starke Fürbitte-Bewegung vorausgegangen war. Nicht, daß Fürbitte die Ursache war; Erneuerung und Erweckung sind immer Ausdruck Gottes souveräner Gnade. Doch Gebet kann man als Vorbereitung eines Volkes, sogar einer ganzen Nation, für Gottes gnädiges Handeln ansehen. (Können Sie sich etwas vorstellen, das unser Warten besser ausfüllt als Gebet? Besonders im Licht unserer Betrachtung über Johannes Kapitel 3, Vers 6?)

Das heutige Handeln Gottes ist hier keine Ausnahme; doch es gibt einen kleinen Unterschied. Wir haben Bekenntnisse, Lobpreis und Verehrung, Bitten und Fürbitte gesungen. Da ich mit der *Vineyard*-Musik gut vertraut bin, kann ich mit den folgenden Beispielen einige der Gebete verdeutlichen, die wir seit einiger Zeit singen. Brian Doerksens Lieder *Refiner's Fire* (»Feuer des Herrn – reinige mein Herz«) und *No Other Gods* (»Keinen anderen Gott«) haben uns als einzelne zu Reinheit im Herzen aufgerufen. Wir haben unsere Fürbitte gemeinsam laut vor Gott gebracht mit Kevins Proschs *Save Us, Oh God* (»Rette uns, Herr«):

»Herr, vergib die Schuld uns'res Volkes,
vergib, daß wir wir Dich nicht suchten im Gebet.
Wir wandten uns von Deinem Gesetz ab
und nahmen Vergebung als selbstverständlich hin.
Diese Last nimm von unserm Land, Herr. […]

Öffne weit die Schleusen des Himmels […]
Rette uns, Herr, schaffe Dir, o Gott, ein reines Volk […]
Komm und mach diesen Ort zu einem Ort des Gebets.«
(deutsche Übersetzung von Tobias Gerster)

Auch Proschs *Even So, Come* richtet sich direkt an Gott:

»Du hast das Wertvolle von den Wertlosen genommen
und uns Schönheit statt Asche, Liebe statt Haß geschenkt.
Du hast das Schwache der Welt erwählt,
um das Starke und das Weise zu beschämen.
Dem Hilflosen bist du Hilfe, Stärke dem Fremden
und ein Vater für das einsame Kind.
Und die Durstigen hast du eingeladen,
zum Wasser zu kommen.
Und die ohne Geld, zu kommen und zu kaufen …
Deshalb komm …
Denn du wirst die Himmel aufreißen und
dein Haus mit Herrlichkeit füllen …«[28]

Davids Ruis Lied *Let Your Glory Fall* (»Deine Herrlichkeit seh'n«) mit der Wiederholung der letzten Zeile: »Laß uns Deine Herrlichkeit seh'n«, steht auf den ersten Seiten dieses Buches, weil es den »Toronto-Segen« von den ersten Tagen an begleitet hat. Im Laufe der Monate hat der Herr seine Herrlichkeit nicht nur auf ein kleines Lagerhaus am Ende einer Flughafenrollbahn fallen lassen, sondern er hat sie buchstäblich alle Nationen sehen lassen.

Diese wenigen Lieder der Fürbitte sind nur eine kleine Auswahl aus der *Vineyard*-Musik; die Kreativität unter den christlichen Liedermachern ist unglaublich stark und fruchtbar. Wir kehren nun wieder zur Apostelgeschichte zurück. Dort singen Paulus und Silas Gott Loblieder, und es heißt: »Die Gefangenen hörten ihnen zu« (16,25). Was hier nicht gesagt wird, ist, ob sie dem Lobpreis gegenüber freundlich eingestellt waren. Es kann auch sein, daß sie spotteten und über Paulus und Silas herzogen – vielleicht übernahm der Gefängniswärter dabei die Führung. Oder es kann sein, daß ihre Anbetung solch eine Kraft hatte und daß die Gegenwart Gottes so stark spürbar war, daß alle sich davon angezogen fühlten. Klar ist aber, daß die Erde zu beben anfing, die Türen aufsprangen, die Ketten der Gefangenen abfielen und der Gefängniswärter glaubte, er sei in höchsten Schwierigkeiten. Doch bevor alles durcheinander geriet, nahm Paulus die Fäden des Handelns in die Hand. Dieser arme Gefängniswärter war wirklich schokkiert und fragte, was er tun muß, um gerettet zu werden. Paulus sagte ihm, er soll sein Vertrauen auf den Herrn Jesus richten, und er und sein ganzes Haus ließen sich taufen.

Bevor wir fortfahren, ein weiteres Thema zu betrachten, das sich durch die Apostelgeschichte zieht, sollten wir zwei Schlußfolgerungen ziehen. Erstens gibt es hier eine unzertrennliche Verbindung zwischen diszipliniertem Gebet – Gebet zu festen Zeiten, an festen Orten – und der Freisetzung der Kraft Gottes, seiner rettenden, barmherzigen Gnade und Bekehrungen, nicht nur einzelner Personen, sondern auch ganzer Familien und sozialer Gruppen.

Zweitens besteht eine untrennbare Verbindung zwischen Gebet und Fasten einerseits und der Gegenwart und Kraft des Reiches Gottes andererseits. In Kapitel 13 lesen wir von einem Treffen von Propheten und Lehrern in Antiochien (Verse 2-3). Drei Punkte scheinen auf der Tagesordnung zu stehen: Anbetung, Fasten und Gebet. Aus dieser Zeit, die man für Gott reserviert hatte, heraus kommt es zu einer Erklärung, nicht nur zu einem prophetischen Wort, sondern zu einer Deklaration des Heiligen Geistes: Paulus und Barnabas sollen ausgewählt und ausgesandt werden, damit sie neue Gemeinden gründen. Die nächsten Kapitel beschreiben ihre Arbeit, und ein wenig später lesen wir die Zusammenfassung: »Längere Zeit nun blieben [Paulus und Barnabas] dort und predigten freimütig im Vertrauen auf den Herrn; er legte Zeugnis ab für das Wort seiner Gnade, indem er durch die Hände der Apostel Zeichen und Wunder geschehen ließ« (14,3). Diese Zusammenfassung müssen wir einmal neben unsere Gemeindewachstumsstudien, demographischen Untersuchungen, Fünfjahrespläne, Missionsphilosophien, strategischen Initiativen und Ausrichtung an suchenden Menschen halten – Anbetung, Fasten und Gebet sind die wesentliche Triebkraft für Gemeindewachstum.

Am Ende von Kapitel 14 kehren Paulus und Barnabas nach Antiochien zurück; ihr »vierteljährlicher Rechenschaftsbericht« ist fällig. Sie erzählen ihre Geschichte und verkünden die Botschaft: »Durch viele Drangsale müssen wir in das Reich Gottes gelangen.« Sie setzen Älteste ein und empfehlen sie mit Gebet und Fasten dem Herrn – wieder ein deutliches Signal, daß es sich um ein geistliches Werk handelt. Jesu Worte hallen hier wider: »Getrennt von mir könnt ihr nichts vollbringen« (Joh 15,5).

Eine weitere Verbindung, die bei diesem Studium der Apostelgeschichte herausgearbeitet werden muß, ist die von Gebet und Mission. Nachdem

Petrus und Johannes das erste Mal aus dem Gefängnis befreit wurden, war die Gemeinde einmütig zum Gebet versammelt. Wir finden Lobpreis und Anbetung – Gottes Souveränität wurde verkündet. Anschließend die Bitte: »Doch jetzt, Herr, … gib deinen Knechten die Kraft, mit allem Freimut dein Wort zu verkünden. Streck deine Hand aus, damit Heilungen und Zeichen und Wunder geschehen durch den Namen des heiligen Knechtes Jesus.«[29]

Es hilft uns, wenn wir dieses Gebet auswerten. War es ein Gebet, das Gott gefiel? Brachte es seinen Willen und seinen Plan zum Ausdruck? War es dieses Gebet wert, »im Namen Jesu« gebetet zu werden? Die nächsten Verse haben eine Menge zu berichten: »Als sie gebetet hatten, bebte der Ort, an dem sie versammelt waren, und alle wurden mit dem Heiligen Geist erfüllt, und sie verkündeten freimütig das Wort Gottes.« Es scheint mehr als deutlich zu sein, daß Gott ihr Gebet nicht nur beantwortete, sondern daß dies auch genau das zu sein schien, was Gott ihnen schenken wollte.

Ein weiteres dynamisches Prinzip ist in diesem Bericht wirksam: Die Kraftausrüstung für den Dienst ist das praktische Ziel, für das der Geist geschenkt wird. Das wird nicht unmittelbar deutlich, erst nachdem man den Text etwas genauer unter die Lupe nimmt. Am Anfang von Kapitel 4 sind Petrus und Johannes »im Dienst tätig«. Sie waren die »gesalbten Männer Gottes«, diejenigen, die dem Herrn Jesus am nächsten gestanden hatten. Doch im Vers 24 desselben Kapitels beteten die versammelten Gläubigen mit einer Stimme, und in Vers 32 wurden alle mit dem Heiligen Geist erfüllt und verkündeten freimütig das Wort Gottes. Die Mission und der Dienst der Gemeinde sind nicht nur das Werk der »besonders Profilierten«, derjenigen aus dem »inneren Kreis«. Sondern alle, die mit dem Geist Christi erfüllt werden, haben eine kraftvolle Ausrüstung erhalten, um das Evangelium weiterzugeben. Die Apostelgeschichte legt reichlich Zeugnis von genau dieser Tatsache ab – wir lesen zahlreiche Berichte über das mächtige Reden und Wirken Gottes, wie Menschenleben verändert werden, wie Wiederherstellung, Freiheit, Friede und Gnade geschenkt werden.

Diese Erfahrung, daß alle am Dienst teilnehmen sollen, wird im Vorfeld der Pfingstpredigt des Petrus (Apg 2) ausgedrückt. Dort zitiert er den Propheten Joël aus dem Alten Testament:

> »In den letzten Tagen wird es geschehen, so spricht Gott: Ich werde von meinem Geist ausgießen über alles Fleisch. Eure Söhne und eure Töchter werden Propheten sein, eure jungen Männer werden Visionen haben, und eure Alten werden Träume haben. Auch über meine Knechte und Mägde werde ich von meinem Geist ausgießen in jenen Tagen, und sie werden Propheten sein.«[30]

Was Petrus hier lehrt, ist, daß der Geist Christi »über alles Fleisch« ausgegossen wird, nicht nur über die Privilegierten, die »geistlichen Riesen«, sondern auch über die Nichtprivilegierten – nicht nur über die Söhne, sondern auch über die Töchter, nicht nur über die Alten und Weisen, sondern auch über die Jungen; nicht nur über die Herren, sondern auch über die Knechte und Mägde. Indirekt spricht er hier auch von sich selbst, dem ungebildeten, unprivilegierten galiläischen Fischer, der jetzt durch Gottes Gnade für den Dienst ausgerüstet worden ist. Wir dürfen weiter schlußfolgern und uns selbst mit einschließen, egal, wo wir im Leben stehen. Denn in Christus haben wir von Gott Gnade und Bevollmächtigung empfangen, um »das Wort Gottes freimütig zu verkündigen«.

Mehr über Gebet und Mission lesen wir in Kapitel 6 der Apostelgeschichte. Dort delegieren die Apostel verschiedene Angelegenheiten. Als Lehrer und Verantwortliche für die Verwaltung bringen sie zum Ausdruck, was ihre oberste Priorität ist: »Gebet und Dienst am Wort« (Vers 4). Die folgenden Verse berichten davon, daß andere in die Arbeit hineinkommen und eingesetzt werden: Man legt diesen frisch ernannten Dienern Gottes die Hände auf, betet für sie und durch eine Vielfalt von Aufgaben und Verantwortungen werden die unterschiedlichen Aspekte des Dienstes abgedeckt. Die Folge davon: »Das Wort Gottes breitete sich aus; und die Zahl der Jünger wurde immer größer « (Anmerkung: Jünger – nicht bloß Gläubige, sondern solche, die so viel Förderung und geistliche Nahrung empfangen hatten, daß sie ihrerseits den Missionsauftrag erfüllen konnten).

Nachdem man zu Hause in Jerusalem alles geregelt hatte, waren Petrus und Johannes für Reisedienste frei und machten sich auf den Weg nach Samarien. Ein dramatisches Wirken Gottes hatte dort stattgefunden, »außerhalb« von Jerusalem – ein Anfang der Erfüllung des Missionsauftrags: »... in Jerusalem und in ganz Judäa und Samarien und bis an die Grenzen der Erde ...« (Apg 1,8). Diese »Außenseiter« hatten Jesus Christus als Herrn bekannt; sie waren in seinem Namen getauft worden. Petrus und Johannes legten diesen Neubekehrten die Hände auf, und sie empfingen den Heiligen Geist.

Zu Hause in Jerusalem geschah es, daß der erste Märtyrer des Christentums, Stephanus, sterbend ausrief: »Herr Jesus, nimm meinen Geist auf!«[31] Er betete außerdem um Segen und Freispruch: »Herr, rechne ihnen diese Sünde nicht an!« Was hat das mit Mission zu tun? Ein Mann namens Saulus stand daneben und paßte auf die Kleider der anderen auf – steinigen ist Arbeit, bei der man schwitzen muß. Seine Mitschuld wird Saulus – bald als der Apostel Paulus bekannt – nicht angerechnet, sondern vielleicht gilt sogar, was Augustinus einmal geschrieben hat: »Hätte Stephanus nicht gebetet, hätte die Kirche Paulus nie bekommen.«

Saulus erlebte seine Berufung und seine Bekehrung, indem er von seinem »hohen Roß« geworfen wurde, und der auferstandene Herr Jesus hatte ihm einiges zu sagen.[32] Gleichzeitig hatte Hananias eine Vision; er sollte zu einem bestimmten Ort gehen und nach einem Mann mit Namen Saulus fragen. Hananias würde diesen Mann betend antreffen. Das ist wunderbar untertrieben – Saulus hat die Nachfolger Jesu Christi verfolgt; er stand dabei, als Stephanus gesteinigt wurde. Der auferstandene Herr Jesu erschien ihm und fragte, warum Saulus ihn verfolgt. Er wurde blind und bekam die Anweisung, auf jemand zu warten, der kommen und mit ihm reden würde. Wenn Ihnen all das passierte, würden Sie dann nicht beten? Mindestens doch Gebete der Reue und der Bitte um Vergebung!

Hananias gehorchte der Führung des Geistes, und als er Saulus fand, legte er ihm sanft die Hände auf und sagte: »Bruder Saul ...« Diese Worte enthalten solch eine sanftmütige Erklärung der Gnade des Herrn – solche Liebe, Annahme und Vergebung. »Bruder Saul, der Herr hat mich gesandt, Jesus, der dir auf dem Weg hierher erschienen ist; du sollst wieder sehen und mit dem Heiligen Geist erfüllt werden.«[33] Die Kurve des geistlichen Wachstums unseres Paulus stieg seitdem steil an.

Und all das, weil Hananias aufgrund dessen handelte, was er empfangen hatte. Man kann sich kaum ausmalen, wie anders alles hätte ablaufen können, wenn er dieser Vision nicht gehorcht, sondern zwischen Cornflakes und Frühstücksei nur irgend etwas von einem schrecklichen Traum in der letzten Nacht gemurmelt hätte.

Hananias und Paulus waren nicht die einzigen, die Visionen hatten. Petrus und Kornelius sind in diesem Zusammenhang bereits genannt worden. Paulus hatte eine Vision, die Zielrichtung und Schwerpunkt seines Dienstes entscheidend veränderte.[34] Er und sein Team empfanden, daß ihnen »verwehrt« wurde, nach Asien zu gehen. Man kann hier nur zwischen den Zeilen lesen; es scheint so gewesen zu sein, daß sie in ihrem Inneren eine starke Überzeugung spürten, die es ihnen nicht »erlaubte«, weiterzugehen. Später waren sie »überzeugt«, daß sie nach Mazedonien gehen sollten. Für Menschen, die es nicht gewohnt sind, der Leitung des Geistes zu folgen, klingt diese Art innerer Motivation natürlich reichlich merkwürdig. Doch in dieser Zeit der Ausgießung des Geistes gibt es erstaunlich ähnliche Berichte über Führungen in bezug auf die Richtung, die einzuschlagen ist, ob man gehen oder bleiben soll.[35]

In Kapitel 21, Vers 10 redet ein Mann namens Agabus prophetisch über Paulus und berichtet von dem, was in der Zukunft auf den Apostel wartet. Er greift bei einigen Einzelheiten daneben, aber Paulus wird dennoch »aufgebaut« dadurch. Im folgenden Kapitel bekommt Paulus im Rahmen einer Gebetszeit weitere Führung durch eine Vision.[36] Auch während seiner Zeit im Gefängnis empfängt er Ermutigung durch eine Offenbarung: Der Herr erscheint ihm und offenbart ihm die nächsten Schritte.[37] Genauso geschieht es in Kapitel 27, Vers 23, daß in einer Zeit äußerster Belastung Dinge »gesagt« werden, die Trost und Gewißheit bringen und gleichzeitig Gottes Souveränität und Fürsorge verkünden.

Durch die Seelsorge-Teams des »Toronto-Segens« haben unzählige Gläubige eine Begegnung mit dem Herrn gehabt und ähnliche Worte der Gewißheit, des Trostes und der Ermutigung gesagt bekommen. Diese Worte haben in ihrem Leben gewaltige Veränderungen bewirkt, denn mit dem Wort sind Kräfte freigesetzt worden, die sie nicht nur in schwierigen Zeiten gestützt, sondern auch eine neue Zukunft und eine neue Hoffnung mit sich gebracht haben.

In der Apostelgeschichte wird die Verbindung zwischen Gebet und Dienst durch Zeichen und Wunder deutlich bezeugt. Besonders ist das in Kapitel 9, Vers 40 der Fall. Eine Jüngerin namens Tabita wurde krank und starb. Man rief Petrus herbei. Er kniete sich neben ihrem Leichnam nieder, betete, rief sie mit Namen und half ihr aufzustehen. Paulus tat im wesentlichen genau dasselbe, als er in Kapitel 20 Eutychus von den Toten auferweckte. Und im letzten Kapitel der Apostelgeschichte lesen wir etwas von der Verbindung zwischen Gebet und Heilung.

Eine letzte Beobachtung. Es gibt mindestens fünf bedeutsame Stellen in der Apostelgeschichte, an denen Gebet nicht ausdrücklich erwähnt wird. Man kann es nicht mit letzter Bestimmtheit sagen, doch es scheint, daß Lukas hier etwas über die grundlegende Dynamik des Lebens in Christus sagen will: In Kapitel 5 wird Gebet nicht erwähnt – und Hananias und Saphira fallen tot um. In Kapitel 7 gibt es kein Gebet; Stephanus wird gefangengenommen und versucht, den Hohenpriester zu bekehren. Er hält eine religiöse Geschichtslektion über die Treue Gottes. Aber diejenigen, denen er predigt, werden als widerspenstig im Herzen und taub gegenüber der Wahrheit beschrieben. Es gibt keine positive Reaktion auf das Evangelium, dafür eine besonders negative auf den Prediger. Im Kapitel 15 finden wir keine Andeutung von Gebet. In diesem Kapitel leidet das dynamische Duo, Paulus und Barnabas, so unter unvereinbaren Differenzen, daß sie sich trennen müssen. In Kapitel 17 ebenfalls kein Gebet. Paulus predigt auf dem

Areopag, und statt des üblichen Volltreffers geht es diesmal ziemlich ins Leere. In Kapitel 24 und 25 wird Gebet auch nicht erwähnt. Paulus versucht ohne Erfolg, sich vor dem Statthalter Felix und vor König Agrippa zu verteidigen.

Wir können hier versuchen, zwischen den Zeilen zu lesen und es dem gegenüberzustellen, was wir bisher herausgefunden haben. Dann kann man ganz grob festhalten, daß Lukas uns sagt, die Gesundheit und die Einheit der Gemeinde und die Vollmacht ihrer Verkündigung sind abhängig von den Gebeten und der Fürbitte des Volkes Gottes.

Wir haben einige der wesentlichen Themen und Prinzipien herausgearbeitet, die Schlüssel zu unserem Leben in Christus und unserem Auftrag sind: Einheit, Leiterschaft, Ausgießung des Geistes und Ausrüstung mit wertvollen Gaben:

- Kraft,
- Verkündigung,
- Heilung,
- geistliche Unterscheidung,
- Befreiung,
- Visionen,
- prophetische Verkündigung
- Leitung,
- Auftrag,
- Berufung.

Wir haben untersucht, welchen Platz das Gebet im Leben der frühen Christenheit eingenommen hat. Dabei haben wir Themen wie geistliche Disziplin, das Freisetzen von geistlicher Kraft, das Einreißen von Trennwänden zwischen uns und die Verkündigung des Evangeliums verfolgen können. Die Verkündigung des Evangeliums geschieht in dem Bewußtsein, daß Jesus seine Nachfolger aufgerufen hat, den Menschen »die Augen zu öffnen. Denn sie sollen sich von der Finsternis zum Licht und von der Macht des Satans zu Gott bekehren und sollen durch den Glauben an [Jesus] die Vergebung der Sünden empfangen und mit den Geheiligten am Erbe teilhaben.«[37]

Dieses Buch trägt im Original den Untertitel »Fürbitte im Geist«. Die Frage hinter unserer Bibelarbeit ist: »Wie beten wir inmitten von Erwekkung?« Und das führt zu einer weiteren Frage: »Wie gehen wir auf den Geist Gottes ein und arbeiten mit ihm zusammen?«

Wie unser Blick auf das Johannesevangeliums zeigt, ist es der Geist, der die Dinge Gottes offenbart; nachdem sie den Heiligen Geist empfangen haben, werden die Gläubigen ausgesandt, um Gottes gnädige Liebe zu offenbaren, genauso wie Jesus es während seines irdischen Dienstes tat.[39] Und so wie Lukas es in der Apostelgeschichte beschreibt, ist es das Gebet, das das Leben der ersten Gemeinde festigt, erhält und mit Kraft erfüllt.

Wir wollen nun weitergehen und vom Apostel Paulus lernen, wie bestimmte Einzelheiten in den Versammlungen der Gläubigen an einem Ort ablaufen sollen. In seinen Schriften können wir einen dynamischen Prozeß beobachten: die Veränderung des Lebens, von einzelnen sowie von Gruppen, vor dem Hintergrund der fortwährenden Ausgießung des Geistes Christi. Seine Schriften sind persönliche Briefe; als solche enthalten sie praktische Ratschläge für spezifische Situationen. Außerdem ist es typisch, daß Paulus seine Briefe schreibt, um Mißstände zu korrigieren. Selten übernimmt er einmal die Initiative; gewöhnlich reagiert er auf Anliegen und Schwierigkeiten, die in den örtlichen Gemeinschaften aufgekommen sind. So übermittelt Paulus Ratschläge und Führung in bezug auf Fragen wie Übertreibungen, Stolz, Elitedenken, Unordnung, Nachlässigkeit, Kontrollstreben, Verführung und Unterdrückung. In dem aktuellen Wirken Gottes entdecken wir auffallende Ähnlichkeiten mit den Problemen, die von Freunden und Gegnern aufgeworfen werden!

Angesichts der Vielzahl der paulinischen Schriften stehen wir vor der Frage, wie wir vorgehen sollen. Wir können die interessanten Schriftstellen nicht in der Reihenfolge, wie sie in unserer Bibel zu finden sind, aufführen und kommentieren. Statt dessen wollen wir einige Themen des Apostels betrachten. Diejenigen, die eine ausführlichere Kommentierung wünschen, seien auf andere Werke wie Gordon Fees *God's Empowering Presence: The Holy Spirit in the Letters of Paul* [»Gottes stärkende Gegenwart – Der Heilige Geist in den Briefen des Apostel Paulus«][40] verwiesen.
Fee erklärt in seiner Einleitung, worauf er hinauswill:

> *»Ich bin überzeugt, daß Paulus den Geist in seiner Erfahrung und Theologie immer als die persönliche Gegenwart Gottes verstand. Der Geist ist die Art und Weise, wie Gott in unserem Leben und in unserer Gemeinde gegenwärtig ist, machtvoll gegenwärtig, während wir auf die Vollendung des Reiches Gottes warten. Eben weil er den Geist als Gottes persönliche Gegenwart verstand, deshalb verstand Paulus den Geist immer als eine bevollmächtigende Gegenwart; für Paulus war der Geist eine erfahrbare Realität.«*[41]

Mit dieser Überzeugung ist er nicht allein. N. T. Wright sagt: »Die Lehre des Paulus über den Geist steht stärker im Mittelpunkt und ist charakteristischer als seine Lehre über die Rechtfertigung durch Glauben.«[42] Im Zusammenhang mit dem Gemeinschaftsleben der ersten Kirche stellt James Dunn zwei auffällige Punkte fest: zum einen ihre überschwengliche Freude, zum anderen ihr Empfinden für die geistlichen Realitäten, für die Gegenwart und die Kraft des Heiligen Geistes. Stark untertreibend erklärt Dunn: »Das waren nicht einfach soziale Zusammenkünfte, die von fröhlicher Kameradschaft gekennzeichnet waren. Sie waren sich des eschatologischen Geistes, der Kraft Gottes in ihrer Mitte bewußt.«[43] Ernst Käsemann sagt in seinem Kapitel über den Gottesdienst in der frühen Kirche, daß »die Erfahrung des Geistes das wahre Kennzeichen der nachösterlichen Christenheit war … Die [frühe Kirche] sah pneuma [den Geist] als die Kraft für Ekstase und Wunder.«[44]

Für Paulus ist der Geist nicht bloß ein Konzept seiner Lehre oder seines Glaubensbekenntnisses, sondern heilige Aktivität. Er wird als Person, nicht als Sache angesprochen; dabei wird seine Rolle als Vermittler und Geber von Kraft herausgestellt. So, als ob er einen kostbaren Diamanten in seiner Hand hält, betrachtet der Apostel Facette für Facette seiner Lehre über den Geist: Er schenkt Leben, heiligt, offenbart, überzeugt, tauft, macht eins und hilft. Durch den Geist werden die Gläubigen als Kinder Gottes angenommen, gerechtfertigt, geleitet, erfüllt und geheiligt; im Heiligen Geist sind die Gerechtigkeit, der Friede und die Freude des Reiches Gottes zu finden. Durch den Geist ergießt sich Gottes Liebe in unser Herz und bringt unserem sterblichen Körper neues Leben. Die Gemeinde wird durch den Heiligen Geist mit den charismatischen Gnadengeschenken für den Dienst ausgestattet; er ist derjenige, der uns für Prophetie, Gebet und das Reden in Sprachen ausrüstet.

Der Geist erforscht alle Dinge, kennt und offenbart die Gedanken Gottes, lehrt die Gläubigen das Evangelium, wohnt in uns, vollendet alle Dinge, gibt Zeugnis, lenkt unser Verlangen, tut Fürbitte und läßt alles zusammenwirken.

Bei all dem versteht Paulus, daß das Empfangen und Aneignen des Geistes fortwährend geschieht. Nachdem wir den Geist bei der Bekehrung »empfangen« haben, »leben« wir nun durch den Geist, denn der Geist »wohnt« in uns.[45] Wir werden buchstäblich »vom Geist Gottes geleitet«; der »Geist, der uns zu Söhnen macht«, »bezeugt« unserem Geist, daß wir Gottes Kinder sind.[46] Genauso ist der Geist die »Quelle unseres Lebens« und »leitet unseren Weg«; Paulus ermahnt uns, daß wir »im Vertrauen auf den

Geist säen« sollen[47]. Wenn wir die Grammatik betrachten, sehen wir, daß er lieber die Präsensform benutzt, die einen fortlaufenden Vorgang beschreibt – »während er uns seinen Geist schenkt«[48] –, und nicht die Aoristform, die eine einmalige, abgeschlossene Handlung wiedergibt – »Er schenkte uns seinen Geist«. Wie bei »ein Segen nach dem anderen« (Joh 1,16) spricht dies von einen fortwährenden Beschenken. Paulus benutzt diese grammatikalische Form im Galaterbrief: »Warum gibt euch denn Gott den Geist und bewirkt Wundertaten unter euch?« (Gal 3,5). Denn gerade in diesem Brief orientiert er sich stark an der Erfahrung. Er spricht die Frage an: Wie soll man leben, nachdem man den Geist durch Glauben empfangen hat?

Die Ermahnung des Paulus: »Berauscht euch nicht mit Wein, sondern laßt euch vom Geist erfüllen!« (Eph 5,18) zeichnet sich durch vollkommen ausgewogenen Satzbau aus. Sein »handelt niemals so« hat als Parallele ein »seid immer so«. Die Betonung liegt hier gar nicht so sehr auf dem Gegensatz zwischen Rausch und Inspiration, sondern auf der ständigen Erfüllung mit dem Heiligen Geist. So kommt es, daß die Merkmale des Heiligen Geistes im Gemeinschaftsleben der Gemeinde von Ephesus genauso offensichtlich waren wie die Auswirkungen von zuviel Wein in anderen Gemeinden.[49]

Außerdem kennt und offenbart der Geist alle Dinge – die »Tiefen Gottes« (1 Kor 2,11), das tiefe Seufzen im Herzen des Gläubigen (Röm 8,26) und die Geheimnisse im Herzen derjenigen, die nicht glauben (1 Kor 14,25). Wenn er etwas offenbart, dann ist das keine peinliche Enthüllung, sondern ein Ans-Licht-Bringen, das Überführung bewirkt. So geschieht es, daß man die Gnade Gottes empfängt und durch Christus erlöst wird. Dabei bekräftigt Paulus immer wieder, daß der Geist die entscheidende Rolle in unserem Leben in Christus spielt – angefangen vom Erwachen unseres Glaubens über das vermehrte Sichtbarwerden Christi in unserem Alltagsleben bis hin zu unserer endgültigen Verherrlichung im Herrn.

Darum betet er um fortlaufende Offenbarung, um Weisheit und Verständnis, so daß wir Gott umfassender erkennen können. Wir sollen sein Herz für uns erkennen, so daß Hoffnung, Zuversicht und Freiheit in uns zu fließen beginnen. Wir sollen noch mehr mit der Kraft des Geistes beschenkt werden, damit unser Leben in Christus noch erfüllter wird.[50]

In seinen Briefen benutzt der Apostel den Ausdruck »Kraft des Heiligen Geistes« viermal.[51] Er verbindet »Kraft« und »Geist« regelmäßig auf solche Weise, daß die Gegenwart des Geistes mit der Gegenwart der Kraft Gottes gleichgesetzt wird.[52] Das Gebet des Paulus, daß die Gläubigen »durch seinen [Gottes] Geist an Kraft und Stärke zunehmen« (Eph 3,16), kann man stellvertretend für die anderen Texte betrachten. Das ist nicht einfach ungezügelte Kraft; sie soll einem konkreten Zweck dienen – daß die Gläubigen mehr von der unermeßlichen Liebe Christi erfassen können, damit wir »mehr und mehr von der ganzen Fülle Gottes erfüllt werden«. Diese Unterscheidung ist unerläßlich; der Apostel Petrus mußte sich in Samarien damit auseinandersetzen. Der Zauberer Simon beobachtete, wie Petrus und Johannes den Neubekehrten die Hände auflegten und wie diese den Heiligen Geist empfingen. Daraufhin bot er ihnen Geld an und sagte: »Gebt auch mir diese Macht, damit jeder, dem ich die Hände auflege, den Heiligen Geist empfängt.«[53] Ich erlebte etwas Vergleichbares, als ich zum Dienst in Helsinki war. Dort bat mich ein Pastor, doch um eine Zunahme an Kraft in seinem Leben zu beten. Das ist keine ungewöhnliche Bitte, aber in diesem speziellen Fall war damit etwas nicht in Ordnung. Denn als ich eine Zeitlang leise für ihn betete, empfand ich sehr stark, es gehe ihm mehr um seine Ehre als um die des Herrn, und ein Mehr an Kraft sollte wohl eher sein kleines Königreich anstelle des Reiches Gottes wachsen lassen. Er sah nicht besonders glücklich aus, als ich dann dafür betete, sein Leben möge mit mehr von Gottes Liebe erfüllt werden, damit er mit neuer Freiheit und Autorität anderen dienen und sein Leben für andere einsetzen könne.

In Epheser, Kapitel 3, Vers 20 wird dieses Thema weiter entfaltet. Dort befiehlt Paulus die Gemeinde dem an, »der Kraft hat« (*dynameno* – δυναμενο). Der Apostel wiederholt sein Gebet, daß der Geist die Gläubigen in ihrem Inneren stärkt, so daß Christus durch die Liebe in ihren Herzen wohnen kann.

Der Kern dieses Gebets ist auch das, was bei dem Rat an seinen jungen Freund Timotheus im Zentrum steht. Paulus erinnert ihn dreimal daran, er solle sich auf die Kraft des Geistes verlassen.[54] Dabei handelt es sich nicht um eine »nostalgische Erinnerung«. Sondern Timotheus wird die Gaben, die Vollmacht und den Dienst, die er im Geist empfangen hat, neu entfachen, wenn er die Anweisungen, die ihm prophetisch gegeben wurden, annimmt und sie in seinem Leben umsetzt. Genau darum geht es, wenn Paulus seinen Freund ermahnt: »Gott hat uns nicht einen Geist der Verzagtheit gegeben, sondern den Geist der Kraft, der Liebe und der Besonnenheit« (2 Tim 1,7). Gott hat seinen Geist auf Menschen wie Timotheus, wie uns, ausgegossen. Dabei verstehen wir gerade in der jetzigen Ausgießung des Geistes, daß Feigheit, Einschüchterung oder Unsicherheit keinen Platz haben, daß dies nicht die richtige Zeit für Furchtsamkeit ist. Der »Tagesbefehl« ist heilige Freimütigkeit, Kraft, Liebe und persönliche Verantwortlichkeit. Wir saugen die Gnade Gottes auf, und der Geist läßt mehr und mehr von Jesus in uns Gestalt gewinnen. Dabei verstehen wir, daß wir nicht am Ende eines Prozesses, sondern mittendrin stehen. Wir empfangen den Geist, um geben zu können; und selbst wenn wir zu besonderen Veranstaltungen und Konferenzen gehen, tun wir das nur, um unseren Auftrag besser erfüllen zu können. Wir behalten nur das, was wir verschenken. Wir beten »in der Kraft des Geistes«, um »mit Freimut das Geheimnis des Evangeliums zu verkünden«. Alles, was dahinter zurückbleibt, ist verdächtig.

Für Tausende hat dieses Wirken des Geistes Gottes im »Toronto-Segen« zu der Überzeugung geführt, daß das Leben in Christus im wesentlichen charismatisch ist, das heißt, daß die geistliche Dynamik der ersten Gemeinde die Norm und nicht die Ausnahme ist.

Wir haben bereits bei den Gemeinden in Galatien gesehen, daß die gegenwärtige und fortwährende Ausgießung der Gnade durch den Geist »Wunder wirkt«.[55] Dieser und andere Texte lassen uns darauf schließen, daß der Geist weiterhin »Zeichen und Wunder« tut. Sie sind also regelmäßiger und zu erwartender Ausdruck des Lebens im Geist.[56] Die Hinweise am Ende des 1. Thessalonicherbriefs (5,19-22) wurden einige Jahre vorher geschrieben; sie sind der früheste Bericht der grundsätzlich charismatischen Natur der neutestamentlichen Glaubensgemeinschaften. Die Belege im 1. und 2. Thessalonicherbrief sowie die Ermahnung im 1. Korintherbrief: »Strebt nach den Geistesgaben ...« (1 Kor 14,1) lassen darauf schließen, daß die Prophetie in den Gemeinden des Paulus ein regelmäßiges, erwartetes und gefördertes Phänomen war. Der 1. Korintherbrief zeigt auch, daß das Reden in Sprachen zu der breitgefächerten Erfahrung vom Heiligen Geist gewirkter Phänomene gehörte. Und die Aufzählungen charismatischer Gaben (1 Kor 12,7-11 und Röm 12) verdeutlichen, daß der Gottesdienst der frühen Kirche weitaus charismatischer war, als dies für den Großteil der späteren Geschichte zutraf.

Dunn widmet dem Kapitel »Der charismatische Geist – das Bewußtsein der Gnade« mehr als fünfzig Seiten. Dort versucht er, »die grundlegende Rolle der Erfahrung, nicht zuletzt der Erfahrung der Gnade, für die Entwicklung der Theologie des Paulus«[57] herauszuarbeiten. Dunn stellt fest, daß der Geist die Kraft ist, die auf das Herz des Menschen einwirkt, auf das »Erfahrungszentrum«, und so die Gläubigen von innen nach außen verändert.[58] Doch die geistliche Erfahrung im Neuen Testament geschieht nicht nur persönlich und individualistisch; Dunn besteht darauf:

> *»Grundlegend für die christliche Gemeinschaft ist die gemeinsame Erfahrung von Geist und Gnade ... Jeder einzelne ist Glied am* [Leib Christi] *nur insoweit, wie der Geist durch ihn Manifestationen der Gnade wirkt und ihn dadurch in die Einheit des Leibes einbindet. Den*

Geist zu haben heißt, die Kraft der Gnade zu erfahren, die ständig danach strebt, sich konkret auszudrücken.«[59]

In der Vergangenheit haben Theologen und Bibelausleger diese Tatsache ignoriert; Fee sagt dazu: »Wir möchten lieber glauben, daß die paulinischen Gemeinden mehr so wie unsere waren und weniger so, wie sie wirklich waren und wie es sich aus den Schriften von Paulus und Lukas ableiten läßt.«[60]

Die Anliegen und Probleme, die Paulus in seinen Briefen an die Gemeinden in Thessalonich und Korinth ansprach, sind auch für uns hilfreich, die wir uns mit den Fragen und Bedenken auseinandersetzen müssen, die der »Toronto-Segen« aufgeworfen hat. Die Situationen, die Paulus zu seinen Briefen veranlaßten, waren oft folgende: Einige Leute in diesen beiden Gemeinschaften waren nicht ganz froh über die charismatischen Phänomene, die sich in den Versammlungen manifestierten. Wozu Paulus auffordert, ist, wenn man es auf das absolute Minimum reduziert, »Regulierung« – aber nicht völliges Ausschalten. Übertreibung und Mißbrauch werden beachtet und korrigiert. Paulus weigert sich, den Glauben zu zähmen, indem man etwas ausschaltet, was sich als beschwerlich erweisen könnte.

Im 1. Thessalonicherbrief wird die Gemeinde ausdrücklich ermahnt – sie wird aufgefordert: »Löscht das Feuer des Geistes nicht!« (wie es eine englische Bibelübersetzung formuliert). In dieser jungen christlichen Gemeinschaft gab es Schwierigkeiten, Übertreibungen, Unreife und Mißbrauch; ein Großteil davon entstand aufgrund geistlicher Begeisterung. Paulus besteht darauf, daß die Thessalonicher den Geist nicht unterdrücken dürfen. Er erkennt zwar an, daß es Probleme gibt, doch er will das Kind nicht mit dem Bad ausschütten. Doch wenn er sagt, man dürfe geistliche Gaben und geistliche Freiheit nicht auslöschen oder verachten, will er genausowenig sagen, daß im Namen des Geistes alles erlaubt ist. Sie sollen »alles prüfen und das Gute behalten, das Böse in jeder Gestalt meiden«[61]. Beurteilung und Unterscheidung dürfen jedoch nicht dazu führen, daß das Feuer gelöscht wird oder daß man Kompromisse in bezug auf die Gaben des Geistes oder den nötigen Freiraum eingeht, den der Dienst unter seiner Leitung und Bevollmächtigung braucht.

In seinem ersten Brief an die Gemeinde in Korinth mußte Paulus eine übergeistliche Gruppe ansprechen, die vortäuschte, sie wäre schon vollkommen. Diese Leute meinten, sie könnten die Sprache der Engel sprechen; deshalb glaubten sie, sie hätten eine höhere geistliche Erfahrung erlangt. Auch der Zweck von Kapitel 14 in diesem Brief ist nicht in erster Linie

Lehre, sondern Korrektur. Paulus geht auf Fragen, Bedenken und gravierenden Mißbrauch des Sprachengebets und der Prophetie ein. Dabei weigert er sich aber absolut, Abstriche in bezug auf die dynamische Kraft des Geistes im Leben einer Gemeinschaft zu machen und möglicherweise problembehaftete Dinge völlig auszuschalten. Er verdeutlicht, daß die Schwierigkeiten nicht bei den Gaben der Korinther liegen, sondern bei ihrer Haltung einander gegenüber und bei der Art und Weise, wie sie ihre Gaben mißbrauchen.

Die Überzeugung des Paulus, daß das Leben in Christus durch und durch charismatisch ist, beruht auf seiner eigenen Erfahrung. Er kann sagen: »Ich danke Gott, daß ich mehr als ihr alle in Zungen rede.«[62] Er berichtet zurückhaltend über Visionen und Offenbarungen, die er erlebt hat; er erklärt, daß die Zeichen und Wunder, die Gott durch ihn tut, Merkmale seines apostolischen Dienstes sind. Wenn wir etwas zwischen den Zeilen lesen, muß er selbst mehrmals körperlich geheilt worden sein. Denn fünfmal wurde er fast zu Tode geprügelt, dreimal ausgepeitscht und einmal nach einer Steinigung für tot gehalten. Hinzu kommt, daß der Verlauf seines Dienstes durch Offenbarungen und prophetische Worte geleitet wurde, die er offenbar persönlich wie auch im Gemeindegottesdienst empfing.[63]

Weiterhin läßt sich bei den verschiedenen Listen und Betrachtungen der Gaben des Geistes feststellen, daß »Prophetie« oder der »Prophet« als einziges konstantes Element auftauchen.[64] Das zeigt, wie deutlich der prophetische Dienst das Leben der frühen Kirche prägte. Das Charisma »Prophetie« ercheint mehr als dreißigmal – im Römerbrief, im 1. Korintherbrief, in den Briefen an die Epheser und die Thessalonicher sowie im 1. Timotheusbrief. Von den »Zungen« ist nur zwölfmal die Rede, und die entsprechenden Bibelstellen konzentrieren sich in den Kapiteln 12 bis 14 des 1. Korintherbriefs.

Wenn man mit einer Metapher arbeitet, die Paulus für den prophetischen Dienst benutzt, kann man ein wichtiges Prinzip entdecken. Wenn das Feuer des Geistes ausgelöscht werden kann (1 Thess 5,19), dann kann es auch zur Flamme entfacht werden (2 Tim 1,6-7). Paulus scheint hier eine klare Parallele anzusprechen: Das Feuer des Geistes wird gelöscht, wenn man den prophetischen Dienst unterdrückt; es wird zum Brennen gebracht, wenn man das prophetische Wort fördert. Wie Paulus es versteht, gibt es nur eine Möglichkeit, das zu erreichen: Die Gaben des Geistes werden durch gegenseitige prophetische Ermutigung, besonders im Zusammenhang mit Anbetung und persönlichem Gebet, zum Brennen gebracht. Hinzu kommt seine Aussage, daß die Prophetie die Christen »aufbaut, ermutigt, Trost spendet« sowie das Herz Ungläubiger überführt.[65]

Da die Schriften des Paulus im wesentlichen der Korrektur dienen, muß man offen anerkennen, daß die Gaben und der Geist innerhalb der christlichen Gemeinschaft mißbraucht werden können. Da aber der Geist eine derart dynamische Rolle im Leben des einzelnen wie auch im Leben der Gemeinde spielt, will Paulus den Mißbrauch nicht dadurch korrigieren, daß er zum Nichtgebrauch der Gaben auffordert, sondern als Gegenmittel gegen den Mißbrauch fordert er den korrekten Gebrauch.[66] Aus diesem Grund beginnt er seine Ermahnungen im 1. Thessalonicherbrief mit der allgemeinen Regel: »Löscht den Geist nicht aus!« Er bleibt fest: Der Geist wird in der Gemeinschaft der Gläubigen durch das prophetische Wort manifestiert, »in Brand gesetzt« und gefördert.

Es ist die Erfahrung des Paulus, daß die Freiheit und die Spontaneität von Anbetung und Gebet durch den Geist selbst geleitet werden. Wenn er die Thessalonicher auffordert, sich »zu jeder Zeit zu freuen«[67], ist solch ein freudiges Gebet ein Zeichen dafür, daß in der Gemeinschaft der Geist Gottes am Wirken ist. Für Paulus sind die Gegenwart und die Kraft des Heiligen Geistes einerseits und unsere Erfahrungen von Gebet, Freude und Lobpreis andererseits untrennbar miteinander verbunden. Im Kolosserbrief fordert Paulus die Gläubigen auf, »Gott dankbar in ihren Herzen zu singen« (Kol 3,16, Luther). Der Schwerpunkt liegt hier ebenfalls nicht auf unserer Einstellung Gott gegenüber, sondern darauf, daß wir uns seiner Einstellung uns gegenüber bewußt sind. Denn dieses Bewußtsein bringt uns ja überhaupt erst zum Singen.[68]

Wenn Paulus sagt: »Freut euch zu jeder Zeit! Noch einmal sage ich: Freut euch!«[69], dann wird die Freude nicht als ständiges *Don't worry, be happy* gesehen. Vielmehr ist es eine Freude, die eine klar beschriebene Quelle hat: Christen »freuen sich im Herrn«. Und das aufgrund seiner Gegenwart: »Der Herr ist nahe.«[70] Die unmittelbare, erfahrbare Nähe Gottes ist Quelle der Dankbarkeit, der Freiheit und des Friedens. Im Römerbrief verbindet der Apostel diese Prinzipien miteinander in seinem Gebet: »Der Gott der Hoffnung aber erfülle euch mit aller Freude und mit allem Frieden im Glauben, damit ihr reich werdet an Hoffnung in der Kraft des Heiligen Geistes« (Röm 15,13).

Es ist wichtig, daß wir die Gegenwart und die Kraft des Geistes in uns verstehen und erfahren. Sonst bleiben die Aufforderungen des Paulus nur fromme Platitüden, die nicht greifbar, vielleicht sogar nicht erreichbar scheinen und uns das Gefühl vermitteln, wir seien nur Christen zweiter Klasse. Unsere eigenen Versuche, gehorsam zu sein, werden dann Versagen und Schuld nicht aufheben können, sondern unsere Frustration nur noch vertiefen. Aber diese Freude, die aus Gottes Wort kommt, ist ein Geschenk von Gott, und deshalb macht die Erfahrung seiner kraftvollen Gegenwart aus diesen Aufforderungen Einladungen: Wir sollen uns Gottes Absichten für unser Leben mehr und mehr zu eigen machen.

Im Zusammenhang mit den Früchten des Geistes (Gal 5,22) fragt Fee:

> *»Man sieht den allgemeinen Mangel an Freude, der einen so großen Anteil der heutigen Christenheit ... kennzeichnet. Dann stellt man sich die Frage, ob das zu bedeuten hat, daß das Leben des Geistes im allgemeinen heruntergespielt und dafür eine mehr verstandes- oder leistungsorientierte Ausgabe des Christseins gefördert worden ist.«*[71]

Die »Toronto-Gesegneten« haben eine deutliche Befreiung von Vergleichs- und Leistungsdenken erlebt, sowohl in ihrem Dienst als auch im Ausleben ihres persönlichen Glaubens. Tiefgehende Erfrischung und Erholung, Freiheit von Nervosität und Sorgen und ein neues Maß an Frieden, Freude und Dankbarkeit sind mehr als deutlich zu erkennen. Diejenigen, mit denen sie zusammenkommen, die Gemeinden, in denen sie dienen, Freunde außerhalb der Gemeinde, sogar flüchtige Beobachter – sie alle merken den Unterschied. Zum Beispiel erzählte mir eine Frau, die ich seit zwanzig Jahren flüchtig kenne, neulich, daß sie einfach aus Neugier zur *Airport Vineyard*-Gemeinde gegangen war. (Sie geht sonst selten irgendwo in den Gottesdienst.) Wir unterhielten uns ein wenig über das, was sie dort erlebte. Die Musik gefiel ihr ganz gut. Als ich fragte, ob sie auch zum Gebet nach vorn gegangen sei, lächelte sie und sagte: »ja«. Ich fragte, was geschehen sei. Sie sagte: »Es war sehr entspannend.«

Ich hatte sie auf einer großen Geburtstagsfeier getroffen, und unsere Unterhaltung wurde an diesem Punkt unterbrochen. Stunden später, als ich mich auf dem Weg nach draußen verabschiedete, rief sie mir von der anderen Seite des Raums zu: »Guy, Gott tut etwas in eurer Gemeinde!« Fröhlich rief ich zurück: »Woher weißt du das?« Sie sagte: »Weil ich dich noch nie so glücklich gesehen habe!«

Die Grundlage für diese Freiheit ist die unmittelbare Offenbarung von Gottes Vaterherz. Wenn sich das im Gebet ausdrückt, geschieht es in der Sprache einer engen Beziehung, nicht als formelle, rituelle Anrede. Dunn sagt, für Jesus »war dieses Bewußtsein für Gott so real, so liebevoll, so bezwingend, daß es immer der Ruf ›Abba‹ war, der ganz natürlich von seinen Lippen kam, wenn er sich zu Gott wandte«[72]. Gott »Abba« zu nennen ist Bewußtsein aufgrund von Erfahrung, nicht intellektuelle Überzeugung. Bei der Schriftstelle »… der Vater liebt den Sohn …« (Joh 5,20) ist das Wort für »lieben« *philei*, »freundschaftliche Liebe, die einem Freude macht«, die Zuneigung und Nähe des geliebten Menschen wird erfahren. Jesus wußte, daß der Meister und Schöpfer des Universums auch sein Vater war, unter dessen Autorität und Fürsorge er sein Leben lebte. Angesichts wachsender Feindschaft und wachsenden Widerstandes gab ihm dieses Wissen eine Position der Zuversicht. Darum fordert Jesus seine Nachfolger auf, »von ihm zu lernen« (Mt 11,29). Zuvor hat er gesagt, daß außer dem Sohn und demjenigen, »dem es der Sohn offenbaren will«, niemand den Vater kennt (Mt 11,27). Dunn drückt es klar und hilfreich in einem Satz aus: »Gott zu kennen bedeutet, ihn als Vater zu kennen.«[73]

Dies ist das Zentrum des Evangeliums: Jesu Erkenntnis von Gott ist unerreichbar – »Niemand hat Gott je gesehen. Der Einzige, der Gott ist und am Herzen des Vaters ruht, er hat Kunde gebracht« (Joh 1,18). Der eigentliche Zweck für das Kommen Jesu war es, zu offenbaren – und zu vermitteln: »Lernt von mir …«. Das ist auch die letzte Bitte, die Jesus in seinem hohenpriesterlichen Gebet für seine Nachfolger äußert: daß sie – wir – dieselbe Liebe erfahren, die der Vater zu Jesus hatte, damit die Liebe des Vater in uns ist.[74]

Das herausragendste an Jesu Lehre über das Gebet ist, daß er seine Jünger lehrte, so zu beten wie er. Wir lassen wieder Dunn zu Wort kommen: »Daß sie die Anrede ›Abba‹ gebrauchen konnten, war in einer Hinsicht abhängig von ihrer Beziehung zu Jesus; ihr ›Abba‹ war abgeleitet von Jesu ›Abba‹.«[75] Unsere Stellung als Sohn oder Tochter entspringt in der Sohnschaft Jesu; Fee sagt: »Die Gläubigen benutzen nun durch den Geist des Sohnes auch die Sprache des Sohnes.«[76]

Beim Apostel Paulus hallt diese Wahrheit wider; er sagt, der Abba-Ruf ist Beleg und Beweis unserer neuen Beziehung zu Gott (Gal 4,6-7). Das »Rufen« spricht von Spontaneität, von einer tiefen Freiheit und Zuversicht; daran gibt es nichts Erzwungenes oder Gekünsteltes – denn in Christus sind wir geliebte Kinder Gottes, nicht mehr Sklaven oder Waisen. Daß der Ruf aus unserem »Herzen« kommt, spricht von der Vertrautheit der Beziehung. Paulus betont, daß der »Geist des Sohnes« uns weit über bloße Anpassung an religiöse Pflichten und Formen hinaus von einem Leben wie unter einem Fluch zu einem Leben unter der Gnade Gottes führt.[77] Das ist der wesentliche Schwerpunkt seiner Argumentation im Galaterbrief, denn unsere Annahme als Kinder Gottes ist der höchste Ausdruck der Gnade. Sie wird hier Gehorsam gegenüber dem Gesetz, Pflicht und Leistung gegenübergestellt; in Christus sind wir keine »Sklaven«, sondern »Söhne«. Und durch den

Geist des Sohnes sind wir nicht nur Söhne, sondern auch »Erben«.

Ergänzt wird diese Lehre des Galaterbriefs durch das, was Paulus in Kapitel 8 des Römerbriefs (Verse 14-17) sagt. Er bewegt sich in denselben Bahnen und wiederholt seine Argumentation, daß Gott uns als seine Kinder angenommen hat und uns in seiner Gnade beschenkt. Er verkündet, daß unser Erbe nichts weniger als Gottes ewige Herrlichkeit ist.

Damit wir nicht zu sehr abheben, macht Paulus deutlich, daß wir unser Erbe mitten im Leiden ausleben. Wir erleben nicht immer nur Sonnenschein; wir vertreten keine Philosophie, die keine Probleme mehr kennt. Wenn wir die Verse 17 bis 27 im selben Kapitel durcharbeiten, sehen wir, daß der Apostel in seinem Glauben nicht angefochten wird: Gerade inmitten unseres Leidens offenbart der Geist Gnade und Kraft. Christus zu kennen bedeutet, sowohl die Kraft seiner Auferstehung als auch die Gemeinschaft seiner Leiden zu kennen.[78] Vor diesem Hintergrund, mitten in unserer Schwachheit, geschieht es, daß der Geist »sich unserer annimmt« und für uns bittet.

Wenn wir vor Leid und Anfechtung in verschiedener Form stehen und dabei den großen Entwurf unseres Lebens in Christus betrachten, wissen wir oft nicht, was wir beten sollen. Der Geist »tritt für uns ein«, und während wir in Sprachen beten, »erforscht« und »weiß« der Geist, was in unserem Herzen ist – die Grundlage der Gebete, die wir nicht in Worte fassen können. Man kann die Aussage aus Vers 27, »wir wissen nicht, worum wir beten sollen«, der Unterscheidung zwischen »Beten in Sprachen« und »Beten mit dem Verstand« (1 Kor 14,14-15) gegenüberstellen. Wenn man davon ausgeht, daß der Geist uns nur »assistiert«, während wir unsere schwachen Gebete formulieren, wäre es unnötig zu sagen, daß wir nicht wissen, was und wie wir beten sollen. Paulus sieht Gebet im Geist nicht als hirnlose Aktivität an, sondern als Schlüssel dafür, daß Gottes Plan für uns wirksam werden kann, daß wir »weit überwinden durch den, der uns geliebt hat«.

In Christus und durch seinen Geist haben wir Zukunft und Hoffnung – »werden reich an Hoffnung«[80]. Fee ist sehr überschwenglich in seinem Kommentar: »Menschen, die so zukunftsorientiert sind, leben in der Gegenwart anders als der Rest … sie sind sich der Zukunft so gewiß, daß sie sich ganz in die Gegenwart hineingeben können. Sie können ganz loslassen, sind voller Freude und voller Frieden, weil nichts in der Gegenwart sie letztlich unterkriegen kann. Solche Menschen machen aus dem christlichen Glauben eine wirklich attraktive Alternative.«[81] Diese Tatsache wird in unserem Kapitel mit Zeugnissen noch mehrfach verdeutlicht.

Paulus läßt zwar einiges im unklaren, wovon wir uns wünschen würden, er hätte es aufgehellt. Doch einen Punkt will er sehr deutlich machen: Liebe ist das einzige legitime Ziel für alle Manifestationen der Kraft und der Gegenwart des Heiligen Geistes. Der eigentliche Grund, aus dem Gott den Gläubigen Gaben schenkt, ist die Auferbauung der Gemeinde, was auch genau das Ziel der Liebe ist. Er beginnt mit seiner korrigierenden Unterweisung in Kapitel 12 des 1. Korintherbriefs. Wie gesagt, das Problem bestand darin, daß einige in Korinth sich so aufführten, als sei ihre Fähigkeit, in Sprachen zu beten, Beweis für eine höhere Stufe der Geistlichkeit. Paulus bezeichnet im 13. Kapitel ihre Fähigkeit als »Sprachen der Engel«. Dabei spielt er auf eine Hypergeistlichkeit an, die herumstolziert, als habe man es bereits geschafft. Paulus will das nicht zulassen. Das Sprachenreden ist nicht an Menschen, an andere gerichtet. Es ist auch keine Ekstase. Paulus lehrt, ausgehend von seiner eigenen Erfahrung, daß es sich an Gott richtet. Der Geist Gottes betet durch den eigenen Geist, ohne daß das eigene Ich sich einmischen kann. Er nimmt diese Gabe als gnädige Hilfe für seine Schwachheit an. Und so sind diese Gebete im Geist »der reine Wille Gottes«, weil sie die Bitten des Geistes und nicht seine eigenen sind.

Das Sprachenreden ist kein Kennzeichen höherer Geistlichkeit, sondern Gottes Kraftquelle für menschliche Unfähigkeit. Paulus erkennt unsere Schwachheiten offen an, »wobei das Sprachenreden als Zeichen unserer Hilflosigkeit den Höhepunkt darstellt«[82].

Es wird ziemlich viel darüber diskutiert, wie man am besten übersetzen kann, was Paulus im Römerbrief, Kapitel 8, Vers 26 meint: Wissen wir nicht, »was« wir beten sollen oder »wie« wir beten sollen? Beide Übersetzungen sind für die Auslegung problematisch. Wenn er von »seufzen, das wir nicht in Worte fassen können«[83] oder »unaussprechlichen Seufzern«[84] spricht, versucht er damit zu sagen, daß es unmöglich oder daß es nicht erlaubt ist, es in Worte zu fassen? Ist es eine Frage der Demut oder der Unfähigkeit? In bezug auf die Situation in Korinth läßt sich in jedem Fall aber sagen: Was die Enthusiasten als Beweis für ihre »Vollendung« ansahen, sieht Paulus als Beleg dafür, daß noch eine Menge fehlt.[85] Im Zusammenhang mit dem Gebet in den Briefen des Paulus sagt Dunn, das, was immer wieder deutlich werde, seien »die zwei Seiten des charismatischen Bewußtseins: das Bewußtsein der menschlichen Unfähigkeit und das Bewußtsein der göttlichen Kraft in der Schwachheit.«[86] Unser Seufzen und Stammeln, sogar unser Gebet in Sprachen, sind nicht das Zeichen, daß wir es schon geschafft haben. Vielmehr stellen sie ein Rufen nach noch mehr Gnade und Freiheit dar.

Diese Erkenntnis führt zu einer Reihe heikler Fragen im Zusammenhang mit dem Fürbittegebet. Es war ein großartiges Vorrecht für mich, mit dem Seelsorge-Team in der *Toronto Airport Vineyard*-Gemeinde und anderen Teams in Gemeinden an anderen Orten der Welt zusammenzuarbeiten. Diese Männer und Frauen haben bezeichnenderweise Herzen so groß wie die ganze Welt. Doch man muß auch gleich einräumen, daß sie kein Leben in vollkommenem Frieden, vollkommener Freiheit oder vollkommener Gesundheit leben. Dieser letzte Punkt ist besonders problematisch. Fee spricht diese Frage offen an:

> *»Wie kann es sein, daß zwar Wunder durch einen geschehen, aber keine Wunder für einen selbst? Wie kann man sich in der Kraft der Auferstehung und im Leben des Geistes rühmen und dies nicht für sich selbst beanspruchen, wenn es um physische Schwächen und Leiden geht? ›Arzt, heil dich selbst‹ war nicht nur ein Wort an Christus. Das ist immer das Endergebnis für diejenigen, die meinen, Gottes Kraft kann sich nur in sichtbarer und außergewöhnlicher Weise manifestieren, die sich nicht vorstellen können, daß größere Herrlichkeit sichtbar wird, wenn sich Gottes Gnade und Kraft durch die Schwachheit des menschlichen Gefäßes manifestieren, eben damit dieses nicht mit der Quelle verwechselt wird!«*[87]

Als Verfechter des Geistes besteht Paulus darauf, daß wir zwar als Gefangene »im Siegeszug Christi mitgeführt« werden, aber gleichzeitig die herrliche und triumphierende Gemeinde sind. Er berichtet von den Höhepunkten seiner geistlichen Verzückungen und den verschiedenen Offenbarungen, die er im Geist empfing. Danach geht er schnell zu einer viel ausführlicheren Betrachtung des Kampfes über, den er in bezug auf den »Stachel im Fleisch« gekämpft hat. Hier im 2. Korintherbrief (Kap. 12) wie im Römerbrief (Kap. 8) ist der Apostel ganz unverfroren: Schwachheit ist weder unvereinbar mit dem Leben im Geist noch widerspricht es ihm. Vielmehr soll in Schwachheit, Zerbruch und Versagen, sogar im Tod, »das Leben Christi sichtbar werden«.[88] Paulus formuliert es so deutlich wie möglich: Wir sterben, und Christus lebt in uns.

Paulus weigert sich zu folgern, daß Schwachheit ihn weniger geistlich sein läßt. Ebensowenig vermindert sich das Wirken und die Autorität des Geistes in seinem Leben. Aber er überläßt dem Leiden auch nicht das letzte Wort. Paulus ist in der Lage, in der »radikalen Mitte« zu leben, wie es eine Mehrheit von Christen nicht kann oder nicht will.[89]

Es bleibt jedoch die Frage: Wie kann man die Spannung zwischen Zeichen und Wundern und einer bemerkenswerten Ausgießung göttlichen Segens einerseits und Leid und Schmerz in scheinbar unbarmherzigem Maß andererseits aushalten? Man neigt zu einem Entweder-Oder-Extrem. Es hat Bewegungen in beide Richtungen gegeben – daß das Leiden festzuhalten, ja zu suchen ist, weil »das Fleisch bestraft werden muß«; oder daß man alles (Gesundheit, Wohlergehen, etc.) nur in Anspruch nehmen muß, und wir es nur darum nicht haben, weil wir nicht bitten.

Es scheint, daß die Aussage: »Sie haben aufgrund des Glaubens Königreiche bezwungen ... sie sind stark geworden, als sie schwach waren ... Andere haben Spott und Schläge erduldet ... Gesteinigt wurden sie, verbrannt, zersägt ... notleidend, bedrängt, mißhandelt« (Heb 11,32-38) im Licht dieser Spannung geschrieben wurde. Beide, Sieger wie Besiegte, werden gelobt und als Vorbilder des Glaubens und der Treue herausgestellt. Die Gegenwart und die Kraft des Geistes zeigen sich in beidem, sowohl durch Zeichen und Wunder als auch durch tiefe Freude mitten in größten Schwierigkeiten.

An beiden Fronten »beten wir im Geist«. Im Epheserbrief (6,18) wird diese Ermahnung in den Kontext des geistlichen Kampfes und geistlicher Deckung gestellt. Die Gläubigen sollen ihre Stärke nicht in ihrer eigenen Fähigkeit und Kraft finden, sondern in der »Kraft und Macht des Herrn«.[90] Wir erinnern uns daran, daß wir nicht wissen, wie oder was wir beten sollen (Röm 8,26). Aus diesem Grund müssen wir »im Geist beten«. Nur so können wir die Stärke des Herrn erkennen und gegen alle Kräfte bestehen, die uns überwinden wollen.

In den nächsten Versen im Epheserbrief hören wir vom Ziel und vom Zweck, den Gottes Ruf für unser Leben haben soll: Paulus macht deutlich, daß geistlicher Kampf nicht dieses Ziel ist, sondern vielmehr der Ruf zur Mission und zur Evangelisation. Im Geist und in seiner Kraft stellen wir uns nicht nur gegen den Feind; durch die Gnade Gottes sind wir freimütig, bevollmächtigt und mit Kraft ausgerüstet, um Christus bekanntzumachen.

Eines Nachts hatte der dänische Philosoph und Theologe Sören Kierkegaard einen Traum. Er dient sehr gut als Abschluß unserer Betrachtungen in diesem Kapitel. Er illustriert sehr schön, was es heißt, in Christus zu sein und in der Kraft des Geistes als Männer und Frauen der Auferstehung zu leben und zu beten. Kierkegaard hat ihn so aufgeschrieben:

»Etwas Wunderbares ist mit mir geschehen. Ich wurde in den siebten

Himmel entrückt und stand direkt in der Gegenwart Gottes. Durch besondere Gnade wurde mir das Vorrecht gewährt, einen Wunsch zu äußern.
›Was möchtest du haben – Jugend, Schönheit, Macht, das schönste Mädchen der Welt oder irgendeine andere Herrlichkeit? Wähle, aber nur eine Sache.‹
Für einen Augenblick wußte ich nicht mehr weiter. Und dann kamen die Worte:
›Mein Herr und mein Gott, ich wähle dieses, daß ich immer die Lacher auf meiner Seite habe.‹
Es war still. Kein Wort wurde gesagt; ich fragte mich, ob ich schlecht gewählt hatte.
Dann kam Gottes Antwort: Er lachte.
Ich erkannte, daß mir mein Wunsch gewährt worden war. Und während er lachte, entdeckte ich etwas über Gott – nämlich wie unpassend es gewesen wäre, hätte er ernst und würdevoll geantwortet: ›Dein Wunsch sei dir gewährt.‹«[91]

Kapitel 4

Diese Liebe ist wie ein großes Feuer

»In der Liebe verwurzelt und auf sie gegründet, sollt ihr zusammen mit allen Heiligen dazu fähig sein, die Länge und Breite, die Höhe und Tiefe zu ermessen und die Liebe Christi zu verstehen, die alle Erkenntnis übersteigt« (Eph 3,17-19).

In seinem klassischen Werk *The Varieties of Religious Experience* [»Die Verschiedenheit der religiösen Erfahrung«] folgert William James:

»Unser normales Wachbewußtsein, das rationale Bewußtsein, wie wir es nennen, ist nur eine besondere Art des Bewußtseins. Denn um es herum liegen, nur durch allerdünnste Schleier getrennt, weitere, völlige andere potentielle Formen des Bewußtseins ... Die Frage ist, wie man sie zu betrachten hat – denn zwischen ihnen und dem gewöhnlichen Bewußtsein besteht gar keine Kontinuität. Obwohl sie uns keine Regeln und Formeln bieten, können sie doch Einstellungen bestimmen. Sie können uns ein neues Gebiet eröffnen, ohne allerdings eine Landkarte zur Verfügung zu stellen. In jedem Fall verbieten sie es uns aber, unsere Gedanken zur Realität vorschnell abzuschließen.«[1]

Johannes, Lukas und Paulus haben es uns mit ihren Schriften und Gedanken ermöglicht, einen Blick hinter diesen dünnen Schleier zu werfen. Sie haben uns gezeigt, daß sich im Zusammenhang mit dem Leben im Geist wesentlich mehr abspielt als das, mit dem viele von uns zufrieden gelebt haben. Es ist aber so, daß nicht alle Visionen, Botschaften, Stimmen und Erkenntnisse von Gott sind. Wie unterscheiden wir, was von Gott offenbart ist, was aus unserer eigenen Phantasie stammt und was einer dunkleren Quelle entspringt? In Versammlungen, die vom »Toronto-Segen« geprägt sind, geschehen auch so viele subjektive und von persönlicher Erfahrung geprägte

Dinge, daß viele beunruhigt sind. Um es mit dem Apostel zu sagen: Wie steht es damit, »verwurzelt und gegründet« zu sein?

Wir tun gut daran, wenn wir von der Weisheit und dem Verständnis der Christen lernen, die uns vorangegangen sind. Was uns heute so neu vorkommt, läßt sich in der reichen Erfahrung der Kirche nachweisen und aus ihr heraus begründen. Doch es erfordert von uns die Offenheit, uns mit scheinbar unbekanntem Gelände zu befassen. Zum Beispiel las ich 1985 für meine Doktorarbeit die Klassiker über das geistliche Leben des Christen, und einer dieser Texte war die Autobiographie der Teresa von Avila. Jetzt, nach zehn Jahren, habe ich das Buch wieder vom Regal geholt und ihre Lebensgeschichte noch einmal gelesen, und zwar mit einer ganz neuen Wertschätzung. Vieles von dem, was ich ursprünglich für ziemlich außergewöhnlich, für verrückt, sogar für das Ergebnis von Täuschung gehalten hatte, sah ich nun als aufschlußreich und scharfsinnig an. Vor dem Hintergrund all dessen, was im Jahr davor geschehen war und was ich in der *Toronto Airport Vineyard*-Gemeinde erlebt hatte, las ich Teresas Beobachtungen über das Leben im Geist mit neuem Verständnis. Es geht uns ja um das Beten inmitten von all dem, was wir durch den »Toronto-Segen« erfahren haben. Und dazu können Teresas Schriften auf den folgenden Seiten nicht als Autorität zur Beglaubigung, sondern als Rat und Ausrichtung angeführt werden.

Teresa spricht Aspekte ihrer geistlichen Erfahrung an, die auffallende Parallelen zu den Erfahrungen der »Toronto-Gesegneten« aufweisen. Wir sollten gleich zu Beginn festhalten, daß Teresa über ihre persönlichen und gewöhnlich privaten Begegnungen mit Gott schreibt. Dann können uns ihre Berichte und Gedanken als hilfreicher Rat im Zusammenhang mit den Erfahrungen dienen, die viele sowohl in öffentlichen Veranstaltungen als auch allein mit Gott machen. Einige Berichte Teresas werden für manche sogar als Prüfstein für die Wirklichkeit dienen können, nämlich für diejenigen, die Schwierigkeiten haben, all das zu verarbeiten, was sie sehen, hören und fühlen. Bei meinen Reisen werde ich häufig am Ende einer Versammlung zur Seite genommen und gefragt, was ich von einer bestimmten geistlichen Erfahrung halte. Nach meiner Lehre hoffen diese Leute, daß ich ihnen vielleicht Hilfe geben kann. Zum Beispiel erzählte mir ein Mann, daß er wiederholt Engel gesehen hatte und sich fragte, ob er vielleicht langsam anfing, durchzudrehen. Er hatte versucht, seinem Pastor und verschiedenen anderen seine Geschichte zu erzählen, und sie hatten ihm das Gefühl vermittelt, er habe wirklich ein paar Schrauben locker.

Doch nun zu Teresa von Avila. Sie war eine katholische Nonne (Karmeliterin) und lebte von 1531 bis 1582 in einem Kloster bei Madrid, in dem sie später die Mutter Oberin ihres Ordens wurde. Man kann sagen, daß sie ein wunderbar ausgewogenes Leben zwischen persönlichem geistlichem Leben und Aktivität in der Kirche lebte. Der Historiker Urban Holmes lobt sie in den höchsten Tönen: »Es hat wahrscheinlich nie einen gesünderen Christen gegeben als Teresa.«[2] Das ist eine beachtliche Aussage, die durchaus nicht unbegründet ist. Zum Beispiel führte William James, den wir bereits zitiert haben, Teresa nicht in dem Kapitel »Die kranke Seele« oder »Das gespaltene Ich« an, sondern in »Der Wert der Heiligkeit«. Das liegt daran, daß man in ihrer Autobiographie ein tiefes Vertrauen zu den Menschen und zur Schöpfung selbst feststellen kann. Teresa war von einer großen Hoffnung auf Gottes souveräne Autorität über ihr eigenes Leben und über die ganze Geschichte geprägt. In diesem Glauben nahm sie anhaltend Gottes Gnade und seine unverdiente Gunst wahr, was zu dauernder Dankbarkeit führte. In gleicher Weise war sie offen und mutig, wenn es darum ging, neuen und herausfordernden Dingen zu begegnen. Sie war eine Reformerin und übte eine dauerhafte Leiterschaft innerhalb ihres Ordens, den Karmeliterinnen, aus. Genauso war sie vielen ihrer Schwestern persönliche Seelsorgerin, und das ist sie durch ihre Schriften auch unzähligen Lesern geworden.

Teresa lebte während der Zeit der Inquisition: einer langen Zeit der Unruhe, in religiöser wie politischer Hinsicht. Angst war verbreitet wie eine Seuche, überall herrschte Intoleranz, und sogar eine winzige Abweichung von der rechten Lehre und den Vorschriften der Kirche war den Großinquisitoren wie dem berüchtigten Torquemada suspekt. Zwar sah man in Teresas Zeit Berichte über Visionen, Stimmen, Verzückungen und Ekstasen nicht als etwas Unmögliches an. Doch ihre lehrmäßige und theologische Integrität wurde als fragwürdig angesehen. So wurde Teresa von ihren Vorgesetzten aufgefordert, einen Bericht über ihr Leben zu schreiben, denn die Geschichten ihrer geistlichen Erfahrungen hielt man für verdächtig.

Sie sagte, sie habe nicht die Fähigkeit zu schreiben und auch nicht den Wunsch dazu; dennoch gehorchte sie. Teresas Ziel war es, ganz offen zu beschreiben, was sie fühlte und erlebte. Sie richtete ihre Aufmerksamkeit besonders auf die Offenbarungen, die sie von Gott empfangen hatte. Dabei mußte sie den richtigen Weg finden – zwischen ihren eigenen Erfahrungen der Liebe Gottes, ihrem Verständnis der Schrift und den Lehren und Erwartungen der kirchlichen Autoritäten ihr gegenüber.

Eine der Erwartungen, auf die sie eingehen mußte, war, daß Visionen dem Auge des Körpers erschienen und daß Worte von dem tatsächlichen

Ohr gehört wurden. Teresa erläuterte Präzedenzfälle dafür, daß solche Offenbarungen nicht unbedingt »körperlich« sein müssen, sondern daß die »Augen« und »Ohren« des Geistes Dinge wahrnehmen können, die über das hinausgehen, was unseren Sinnen offenbart wird. Ihre Schriften über das Gebet sind seit Jahrhunderten Bestseller. Teresas Geschichte berichtet von einer jungen, unausgewogenen, eigenwilligen und egozentrischen Frau, die durch tiefgehende Begegnungen mit dem Geist des auferstandenen Christus verändert wurde.

Als junge Erwachsene mußte sie schwere körperliche Schmerzen ertragen. Bei einer Gelegenheit verlor sie durch einen »Krankheitsanfall« für vier Tage jegliches körperliche Gefühl. Teresa dachte, sie müßte sterben; sie empfing das Sakrament der Krankensalbung. Ihre Schwestern glaubten an ihren Tod, und auf dem Friedhof des Klosters gab es schon ein offenes Grab für sie!

Langsam erholte sie sich wieder, konnte sich aber für längere Zeit nicht bewegen. Während der folgenden drei Jahre wurde sie allmählich stärker, konnte sich aber oft nur auf Händen und Knien fortbewegen. Als sie Jahre später über diese Erfahrung schreibt, betet sie:

»Aber oh Gott! Ich verlangte nach der Gesundheit, um ihm besser dienen zu können, und gerade die Gesundheit war die Ursache meines ganzen späteren Verderbens … dennoch aber meinte ich, Gott weit mehr dienen zu können, wenn ich wieder gesund würde. So betrügen wir uns selbst dadurch, daß wir uns nicht in allem gänzlich der Führung des Herrn überlassen, der doch am besten weiß, was uns nützlich ist.«[3]

Während dieser Zeit des intensiven körperlichen Leidens kam sie mit derselben »Gnade in Schwachheit« in Berührung, von der der Apostel Paulus schrieb (2 Kor 12). Gleichzeitig vertiefte sich ihre Beziehung zum Herrn. Sie sagt: »Meine Seele erhielt, wie mir schien, große Kräfte von der göttlichen Majestät, die meine Rufe gehört und ob so vieler Tränen Mitleid mit mir gehabt haben mußte. Ich begann jetzt, mit größerer Lust mehr Zeit dem Umgang mit Gott zu widmen.«[4] Oft spürte sie unerwartet sehr stark die Gegenwart Gottes. Das war nichts, das sie herbeiführen konnte; sie erfreute sich zwar an ihrer persönlichen Andacht, doch ihre geistlichen Übungen hatten einen unverhältnismäßig kleinen Anteil an dem, was sie als »völlig von Gott geschenkt« empfing.

Wie viele »Toronto-Gesegnete« kämpfte auch Teresa mit der äußeren Anschuldigung und der inneren Angst, daß sie verführt wurde, daß ihre Erfahrungen Werke des Teufels waren. Doch als sie über diese Zeit nachdachte, hatte sie etwas gelernt: »Glauben wir es doch, daß der, der uns diese

Güter spendet, uns auch die Gnade geben wird, daß wir in dieser Versuchung zu eitler Ehre das Werk des bösen Feindes erkennen, und Stärke zu widerstehen.«[5]

Darüber, wie man Gottes Segnungen empfängt, gibt Teresa ausführliche Ratschläge, vornehmlich in ihren Lehren über das Gebet. Für ihre Lehren hierüber benutzt sie ein Bild. Sie beschreibt einen Garten in den trockenen spanischen Landgegenden – einen geistlichen Garten, der zur Freude und zur Ehre des Herrn gute Früchte hervorbringt. Sie benutzt solch eine alltägliche Illustration, weil sie spürt, daß ihre Erfahrungen nichts Außergewöhnliches sind, sondern daß jeder Christ Gottes Gaben im vollen Maß kennen und erfahren sollte. Die einzige Einschränkung, von der sie spricht, ist die Frage, ob wir soviel mehr von Gott wollen.

Wenn wir unser Leben Gott im Gebet zuwenden, beginnt der gnädige Meistergärtner, der Herr, das Unkraut in unserem Leben herauszureißen und statt dessen gute Pflanzen einzusetzen. Teresa sagt, daß wir durch Gebet mithelfen können, daß diese zarten Pflänzchen wachsen und Blüten hervorbringen. Diese Blüten erfreuen mit ihrer Schönheit und ihrem Duft unseren Herrn – so sehr, daß wir uns häufig seiner Gegenwart erfreuen können, weil er in den Garten kommt, um »sich zu ergötzen …«[6].

Sie zeigt, daß es vier Arten gibt, wie dieser Garten bewässert werden kann. Erstens kann das Wasser aus einem Brunnen geholt werden; das ist fast schon zuviel Arbeit. Zweitens könnten wir ein Rad mit Schöpfgefäßen verwenden, das mit einer Winde gedreht wird. Das ist leichter und bringt mehr Wasser herbei. Drittens könnte das Wasser mit einem Kanal von einem Fluß oder Bach in den Garten umgeleitet werden. Und schließlich könnte der Garten durch starken Regen bewässert werden – von unserem Herrn selbst, ohne Mühe unsererseits.

Teresa wendet diese vier Methoden der Bewässerung dann auf vier Stufen des Gebets an, die sie selbst so erkannt und erlebt hat. Mehr als Nebenbemerkung betet sie:

> *»Möchte er mir die Gnade verleihen, bei dieser Erklärung das Rechte zu treffen, so daß es einem von denen nütze, die mir dazu den Auftrag erteilt haben! Diesen hat der Herr in vier Monaten viel weiter gefördert, als ich es in siebzehn Jahren gebracht hatte. Er hat sich eben besser bereitet, und darum bewässert er jetzt ohne Anstrengung den Lustgarten auf alle vier Weisen. Zwar fließt ihm auf diese letzte Weise das Wasser zur Zeit nur tropfenweise zu; es steht aber so mit ihm, daß er sich mit der Hilfe des Herrn bald ganz darin vertiefen wird. Mag er*

immerhin lachen, wenn ihm meine Erklärungsweise als etwas Ungereimtes vorkommt; es wird mir dies nur angenehm sein.«[7]

Gebet auf der ersten Stufe – Bewässerung mit Eimern – ist das andächtige, disziplinierte Gebet. Wenn wir zum Beispiel über das Leiden des Herrn nachdenken, wie er für uns verraten und gekreuzigt wurde, bewegt uns das zu Mitleid. Über die unsterbliche Liebe, die der Herr zu uns hat, und über seine glorreiche Auferstehung nachzudenken, kann etwas in uns erwecken, das Teresa als »tugendhafte Freude« bezeichnet. Sie sagt, daß wir uns vorstellen können, in der Gegenwart Christi zu sein, und mit ihm reden und ihn um das bitten können, was wir brauchen. Die Seele ist in der Lage, »ihm ihre Bedürfnisse mitzuteilen, ihre Leiden zu klagen, sich mit ihm zu freuen, wenn es ihr wohlergeht«.[8]

Sie sagt: »Ich glaube, ich habe die Sache verständlich gemacht, vielleicht aber nur für mich allein.«[9]

Diese Art des Gebets betrachtet Teresa als Gebet des Intellekts, in dem der Verstand aktiv und bestimmend ist. Denen, die mit ihrem Verstand sehr aktiv sind, schlägt sie eine »Sabbatruhe« vor. Teresa kennt sich gut genug aus, um zu wissen, daß solche Menschen eine geistliche Auszeit als Zeitverlust betrachten werden. Doch sie sagt: »Ich aber halte diesen Verlust für großen Gewinn. Sie sollen sich nur, wie ich schon gesagt habe, Christum vorstellen und, ohne den Verstand zu ermüden, zu ihm reden und seiner genießen.«[10] Das darum, weil sie versteht, »wie so ganz anders man diese Dinge versteht, wenn man sie … aus der Erfahrung kennenlernt.«

Dies ist etwas, das auch in der gegenwärtigen Ausgießung des Heiligen Geistes wirksam ist. Es wird kurz und bündig ausgedrückt in einem Dankschreiben, das ich aus Kapstadt erhielt. Ein anglikanischer Pastor war auf einer *Catch the Fire*-Konferenz gewesen, auf der ich gesprochen hatte. Ich hatte für ihn gebetet und ungefähr folgendes dabei gesagt: »Duncan, predigen Sie nicht mehr, was Sie kennen, sondern wen sie kennen …« Er schrieb: »Durch Gottes Gnade habe ich mich genau dieser Sache heute abend gewidmet. Es ist jetzt fast Mitternacht, und ich bin gerade von unserem Abendgottesdienst zurückgekommen. Um es im Vineyard-Jargon zu sagen, der Herr ist heute abend wirklich ›vorbeigekommen‹. Leute fielen um wie die Kegel, weinten und lachten und zeigten jede Menge un-anglikanisches Verhalten! Bei vielen, denen ich seit langem zu helfen versuche, sind heute sehr tiefgehende Dinge passiert. So etwas ist noch nie geschehen. Es ist erstaunlich …«

Teresa sagt, daß der Garten auf der zweiten Stufe mit Hilfe eines Schöpfrades bewässert wird. So kann der Gärtner sich ein wenig ausruhen, anstatt ständig arbeiten zu müssen. Teresa bezieht diese Beschreibung auf das »Gebet der Ruhe« – so nennt sie jene innere »Sammlung«, bei der wir uns bemühen, das Lärmen in unserem Inneren zum Schweigen zu bringen, und für das Wirken des Geistes offen zu werden. Sogar diese Anfänge werden uns geschenkt, denn so etwas können wir nicht durch eigene Anstrengungen erreichen. Es geschieht vielmehr, weil der Herr Gefallen daran findet, sich uns so zu offenbaren, daß wir seine Nähe spüren können. Im Zusammenhang mit dem Garten sagt Teresa, daß durch das Schöpfrad »das Wasser der großen Güte und Gnaden« leichter zugänglich ist, weil uns die Gnade mit größerer Macht offenbart wird. Sie sagt:

> *»Der Wille allein wird hier eingenommen, so daß er, ohne zu wissen wie, gefangengehalten wird; nur gibt er seine Zustimmung dazu, daß Gott ihn in Haft halte, indem er wohl weiß, daß er ein Gefangener dessen sei, den er liebt. Oh Jesus, mein Herr, was vermag doch hier deine Liebe über uns! Sie hält die unsrige so gebunden, daß sie ihr in diesem Zustande keine Freiheit läßt, etwas anderes zu lieben als dich.«*[11]

Obwohl Teresa die Begriffe nicht gebraucht, erkennt sie sowohl die Allwissenheit als auch die Allgegenwart Gottes an, denn sie sagt: »Das eben Gesagte scheint eine unnütze Bemerkung zu sein, da wir ja ohnehin wissen, daß uns Gott allezeit gegenwärtig ist und uns hört. Dies ist unzweifelhaft wahr. Aber hier will dieser unser höchster Gebieter und Herr, wir sollen innewerden, daß er uns hört, und erkennen, was seine Gegenwart tut.« Diese Erkenntnis kommt zustande, indem er unserem Herzen eine »große innere und äußere Befriedigung« schenkt und so die Leere auszufüllen scheint, die »durch unsere Sünden in der Seele entstanden ist«. Durch dieses Geschenk wird »ein Fünklein der wahren Liebe Gottes« angezündet, und mit ihm bekommen wir ein größeres Verständnis für das Wesen der Liebe Gottes und mit dieser Offenbarung auch die Erfahrung der dazugehörenden Freude.[12]

Der dritte Weg, Wasser zu holen, erfordert noch weniger Anstrengung. Es ist nur nötig, einen Fluß oder einen Bach mit einem Bewässerungskanal umzuleiten. In bezug auf das Gebet und die dabei empfangene Gnade schreibt Teresa, daß eine glückselige Verwirrung eintritt; wir wissen nicht, ob wir »sprechen oder schweigen, lachen oder weinen« sollen. »Es ist dies eine glorreiche Verrücktheit, eine himmlische Torheit, in der man die wahre

Weisheit erlernt; es ist dies für die Seele ein überaus wonnevoller Genuß.«[13] Es klingt sehr ähnlich wie das, was Tausende während des vergangenen Jahres bezeugt haben – Teresa sagt über ihre wunderbaren Erfahrungen, daß sie oft »berauscht von göttlicher Liebe« war. Sie gibt sehr schnell zu: »Ich erkannte wohl, daß hier Gott in mir wirke; aber ich konnte nicht begreifen, wie er wirkte«.

Teresa gesteht offen ein, daß der Intellekt hier keine Hilfe ist; was aus dem Inneren emporsteigt, ist das Verlangen, das Herz in Lobpreis auszuschütten – diese Erfahrung der Liebe Gottes ist dermaßen stark, daß sie es so beschreibt: Die Seele »weiß sich nicht zu fassen und schwebt in süßer Unruhe«.[14]

Wiederholt fehlen Teresa einfach die Worte, um diese Art von Freude zu beschreiben. Aus zwei Gründen: Zum einen stellt sie fest, daß es wirklich »unsagbare Freude« ist, wie Petrus es ausdrückt (1 Petr 1,8). Zum anderen ist sie davon zu stark ergriffen, um noch andere Dinge richtig tun zu können:

> *»Durch deine Güte und Barmherzigkeit bin ich, während ich dieses schreibe, nicht ohne jene heilige und himmlische Torheit. Da du mir also ohne jegliches Verdienst von meiner Seite diese Gnade erweisest, so wolle nun auch, ich bitte dich, daß alle, mit denen ich umgehe, gleichfalls Toren deiner Liebe seien.«*[15]

Beim Nachdenken über ihre Erfahrung folgert Teresa, daß die Auswirkung dieser Liebestorheit tiefe Erfrischung ist. Denn dieses »Wasser« schenkt Leben, und sorgt dafür, daß viele reife Früchte wachsen. Diese Ausgießung der Gnade steht in auffälligem Kontrast zu trockeneren Zeiten. Teresa würde wahrscheinlich mit einem Begriff einverstanden gewesen sein, der in der *Toronto Airport Vineyard*-Gemeinde gebraucht wird, nämlich dem der »beschleunigten Gnade«. Das bezieht sich darauf, daß der Geist Gottes oft innnerhalb von Stunden Dinge vollendet, die eigentlich Jahre gebraucht hätten. Teresa schreibt: »Was die arme Seele mit ihrer Arbeit, vielleicht mit zwanzigjähriger Ermüdung ihres Verstandes, nicht erreichen konnte, das wirkt dieser himmlische Gärtner in einem Augenblicke.«[16] Auch hier spiegelt sich etwas wider, das sich heute häufig beobachten läßt, nämlich daß zu den Früchten, die unter diesen Bedingungen so schnell wachsen, tiefe Demut und Dankbarkeit gehören. Das sollte uns nicht überraschen, denn wir müssen schließlich eingestehen, daß wir nichts tun, außer die liebende Gnade des Herrn anzunehmen und zu empfangen.

Die vierte Art der Bewässerung setzt überhaupt keine Mühe unsererseits voraus. Man empfindet, so sagt Teresa, nichts als Freude. Das Wasser ist jetzt Regen vom Himmel, der den ganzen Garten durchfeuchtet und durchtränkt. Das ist die Art von Regen, der normalerweise kommt, wenn man ihn am wenigsten erwartet.

Die Seele spürt, daß sie irgendwie nahezu in Ohnmacht fällt und dabei sehr große Ruhe und Freude empfindet. Das Atmen und alle körperlichen Kräfte verlassen sie allmählich, so daß sie die Hände nur unter größten Anstrengungen bewegen kann. Die Augen schließen sich ungewollt, und wenn sie offen bleiben, sehen sie fast nichts.

Die Fähigkeit zu sprechen ist fort; die Körperkraft läßt nach, während die Stärke des Geistes zunimmt – und die äußere Freude »sehr groß und ganz unverkennbar« ist.

> *»Dieses Gebet verursacht der Gesundheit keinen Schaden, wenn es auch noch so lange dauern sollte. Mir wenigstens hat es noch nie geschadet ... im Gegenteil, ich befand mich danach weit besser. Welchen Schaden könnte aber auch ein so großes Gut bringen? Die äußeren Wirkungen dieses Gebetes sind so unverkennbar, daß man an dem Walten einer außerordentlichen Ursache gar nicht zweifeln kann; denn auf diese Weise benimmt es dem Körper unter so großem Wonnegenusse die Kraft, daß es ihm diese gestärkter wieder zurückgibt ...*
> *... aus den zurückgebliebenen Gnaden ... ist deutlich zu erkennen, wie glühend hier die Sonne der göttlichen Liebe gestrahlt hat, da die Seele so von ihr zerschmolzen ward ... Auf diese Weise können, wie dies auch wirklich geschieht, allerdings mehrere Stunden des Gebetes vergehen; denn sobald die beiden Vermögen, Verstand und Gedächtnis, von jenem köstlichen Weine zu kosten und trunken zu werden beginnen, gehen sie leicht wieder sich selbst verloren, um ein weit größeres Gut zu gewinnen.«*[17]

Während sie kämpfte, um dies in Worte zu fassen, befand sich Teresa gerade im Gebet; vorher hatte sie die Kommunion empfangen. Der Herr sprach in dieser Situation zu ihr: »Tochter! Die Seele wird völlig zunichte, damit sie besser in mich eindringe; nicht mehr sie ist es, die da lebt, sondern ich bin es; und weil sie das, was sie erkennt, nicht begreifen kann, so ist es, als wenn sie verstände und doch nicht verstände.«

Sie bemerkt dazu:

»Wer es selbst erfahren hat, der wird dies einigermaßen verstehen; denn was bei dieser Vereinigung in der Seele vorgeht, ist so dunkel, daß es nicht klarer gesagt werden kann. Ich könnte nur das eine noch beifügen: Die Seele nimmt wahr, daß sie mit Gott vereint ist, und davon bleibt ihr eine solche Gewißheit, daß sie von diesem Glauben durchaus nicht lassen kann ... Der Wille ist zweifelsohne ganz mit Lieben beschäftigt, versteht aber nicht, wie er liebt. Wenn der Verstand erkennt, so versteht er doch nicht, wie er erkennt; wenigstens kann er von dem, was er erkennt, nichts begreifen. Mir scheint aber nicht, daß er erkennt; denn, wie gesagt, man merkt nichts davon. Ich kann mir über diesen Punkt nicht klar werden.«[18]

Einige würden dieses Nicht-Verstehen und Sich-dennoch-Hingeben für anstößig, sogar skandalös halten. Schließlich hat uns der Herr in Christus einen gesunden Verstand geschenkt. Das stimmt wohl, doch wir, besonders wir im Westen, sind Erben eines Hyper-Rationalismus. Wir sind so sehr in unserer linken Gehirnhälfte verhaftet, daß wir wenig übrighaben für etwas, das wir nicht zerlegen und auf grundlegendste Prinzipien zurückverfolgen können. Eines der Lieder, die in dieser Ausgießung des Geistes geschrieben wurden, ist gerade an diesem Punkt sehr provozierend. Die erste Strophe von David Ruis *Sweet Wind* (»Es weht ein Wind vom Himmel«) sagt, daß wir nicht wissen, woher der Wind kommt und wohin er geht, aber: »Laß ihn wehen über mich!«

Viele der Besucher halten das für typisch *Vineyard* – locker vom Hocker, alles easy, leichtsinnig – und gefährlich. »Ich weiß nicht, wo er herkommt« – und wie steht es mit den Wurzeln? »Weiß nicht, wohin er geht« – was ist mit den Früchten? Solch eine unkritische Selbstvergessenheit könnte uns für jede Art von verführerischen Geistern öffnen.

Die Sache ist, David hat die Worte für sein Lied von Jesus stibitzt: »Der Wind weht, wo er will; du hörst sein Brausen, weißt aber nicht, woher er kommt und wohin er geht« (Joh 3,8).

Teresa denkt über die Auswirkungen dieser Art von selbstvergessener Begegnung mit dem Geist Gottes nach: Sie hat darin eine sehr große Zartheit und »süße Tränen« erlebt, und es »hat auch ihre Demut zugenommen«. Sie gelangt zu der Einsicht, daß keine Bemühungen unsererseits uns dazu verhelfen können, Gottes »überschwengliche, hohe Gnade« zu empfangen und zu behalten.[19] Auch hier klingt wieder Jesu Unterhaltung mit Nikodemus an: »Was aus dem Fleisch geboren ist, das ist Fleisch; was aber aus dem Geist geboren ist, das ist Geist.«

Für Teresa hat all das ein klares Ziel: Es geht nicht nur um persönlichen Segen, sondern mit diesem Wachstum in der Liebe Gottes kommt die Fähigkeit und das Verlangen, anderen das mitzuteilen, was man geschenkt bekommen hat. Dabei ist die Seele sich bewußt, daß es an himmlischen Schätzen nicht mangeln wird. Sie »bittet Gott, daß er sie nicht für sich allein reich sein lasse. Fast ohne es zu bemerken und ohne selbst etwas dabei zu tun, fängt sie nun an, ihren Nebenmenschen nützlich zu werden.«[20]

Über den Boden, auf den der Regen fällt, sagt Teresa: »Wenn das Erdreich durch Leiden, Verfolgungen, üble Nachreden und Krankheiten – Prüfungen, ohne die wenige bis hierher gelangen werden – gut umgegraben und durch gänzliche Losschälung von allem Eigennutze gehörig erweicht ist, dann dringt das Wasser so tief in dasselbe ein, daß es fast nie wieder austrocknet.« Doch wenn wir Kompromisse in bezug auf die Gnade Gottes eingehen und bewußter Sünde, Undankbarkeit und Sorglosigkeit Raum geben, dann kann es sehr wohl geschehen, daß Trockenheit kommt und unser »Garten« für verloren gehalten wird. Doch Teresa ist zuversichtlich, daß Gott äußerst barmherzig ist und Gnade für Gnade wieder neu ausgießt, wenn wir Buße tun: »Durch Tränen gewinnt man alles wieder; denn ein Wasser zieht das andere nach sich.«[21]

Auch wenn sie vielleicht mit dem Rock-Rhythmus nicht klarkäme, würde Teresa doch mit dem Text von David Ruis *Sweet Wind* übereinstimmen. Denn sie verläßt sich völlig auf Gottes Treue: »Die Seele muß darum hier weit mutvoller und entschlossener sein ..., um sich mit Hintansetzung jeglichen Bedenkens, komme was da wolle, willig den Händen Gottes zu überlassen und dahin zu folgen, wohin wir von ihm geführt werden; denn du magst wollen oder nicht, du wirst hoch erhoben.«[22]

Zumindest so, wie Teresa es sagt, waren diese Worte keine bloße Rhetorik. Sie sagt, daß sie so vom Geist »fortgetragen« wurde, daß es sich auf ihren ganzen Körper auswirkte. Das ging soweit, daß sie tatsächlich vom Boden hochgehoben wurde, und das mehr als einmal! Sie entschuldigt sich: »Letzteres indessen begegnete mir bisher nur selten. Einmal geschah es, als ich mich eben mit den übrigen Nonnen im Chore befand.«[23] Dieses Schweben bekümmerte sie und machte sie verlegen, weil es ihr »als eine Sache erschien, die sofort großes Aufsehen erregen mußte«. Da sie Priorin war, befahl sie ihren Nonnen, nicht darüber zu reden. Ein anderes Mal, während der Predigt, lag sie auf dem Boden und ließ sich von mehreren ihrer Schwestern dort festhalten, aber vergeblich. Solche »äußeren und sichtbaren Zeichen« führten sie zu der Überlegung:

»Diese Wirkungen sind außerordentlich. Fürs erste offenbart sich die große Macht des Herrn, und es zeigt sich, daß wir den Leib ebensowenig als die Seele zurückzuhalten imstande sind, wenn die göttliche Majestät auch ihn erheben will. Mag es uns auch nicht lieb sein, so erfahren wir es hier doch, daß wir nicht Herr über uns selbst sind, daß wir vielmehr einen Höheren über uns haben, von dem uns diese Gnaden gegeben werden, indes wir aus uns selbst nichts vermögen. Dadurch aber prägt sich der Seele eine tiefe Demut ein.«[24]

Diese Offenbarung der Kraft Gottes war so gewaltig, daß sie – was nicht überraschend ist – ein gewisses Maß an Ängstlichkeit bewirkte. Doch Teresa lebte eine Zeitlang mit dieser Erfahrung und entdeckte, wie Gott ihrer Angst begegnet war und sie »in die glühendste Liebe eingehüllt« hatte, »die aufs neue durch die Betrachtung jener großen Liebe entzündet wird«, die Gott zu uns hat. Und das in einem Maße, als sei er nicht damit zufrieden, nur ihren Geist zu sich aufsteigen zu lassen, sondern auch ihren Körper.[25] Besonders im Hinblick auf das Schweben untertreibt Teresa, wenn sie sagt: »Wir haben keinerlei Anteil daran, eine Verzückung zu bewirken.«

Eines der Dinge, die Teresa bei ihren Vorgesetzten Schwierigkeiten einbrachten, war, daß sie in ihrem Inneren Stimmen hörte. Sie versuchte, so genau sie konnte, zu erklären, was sie hörte. Damit zeichnete sie eine Karte, die anderen hilft, das zu beurteilen, was viele heute als Offenbarungsgaben verstehen.

Teresa lehrte, die Worte, die sie hörte, seien völlig deutlich ausgesprochen worden; sie habe sie ganz klar gehört, wenn auch nicht mit ihren Ohren. Sie behauptete sogar, sie seien deutlicher zu verstehen gewesen, als wenn sie akustisch hörbar gewesen wären. Außerdem sagte Teresa, daß es unmöglich war, sich dem Gesprochenen zu verschließen, egal, wie sehr sie versuchte, ihm zu widerstehen oder es zu ignorieren. Sie sagt:

»Wenn aber Gott zur Seele spricht, kann man es durch nichts verhindern, seine Worte zu vernehmen und zu verstehen. Auch wenn es mir zuwider ist, muß ich sie doch vernehmen, und der Verstand muß ganz auf das merken, was Gott ihm sagen will, so daß von einem Wollen oder Nichtwollen gar keine Rede mehr ist.«[26]

Obwohl sie den Begriff selten benutzt, könnte man das, was sie beschreibt, als Prophetie verstehen: »… und ist auch etwas, was mir gesagt wurde, erst zwei und drei Jahre später eingetroffen, so hat sich doch bis jetzt noch kein

Wort als unwahr erwiesen.« Mit großer Einfachheit lernte sie die Offenbarungen des Geistes von anderen zu unterscheiden: Wenn ein Wort seinen Ursprung in irgend etwas anderem als dem Herrn hatte, sagte sie, dann war es unklar und verschwommen, so als ob sie schliefe. »Die Ansprachen Gottes aber vernimmt man so deutlich, daß auch nicht eine Silbe davon überhört wird.«[27]

Teresa wollte denen helfen, die mit solchen Offenbarungen nicht vertraut waren – sowohl denen, die ihre theologische Integrität untersuchten, als auch ihren Schwestern, die größere Nähe zu Gott erfahren wollten. Dazu legt sie ein felsenfestes Fundament, um jedes »Wort« prüfen zu können: Es kommt nur dann von Gott, wenn es mit der Heiligen Schrift übereinstimmt. »Wich [die Offenbarung] aber auch nur im mindesten davon ab, so würde ich unvergleichlich fester glauben, sie komme vom Teufel, als ich jetzt glaube, daß die mir gewordenen Offenbarungen von Gott sind, so groß auch meine Gewißheit über letzteres ist.«[28]

Dieses Fundament beendete Teresas Ängste und Unsicherheiten, die ihr für längere Zeit beträchtlich zu schaffen gemacht hatten. Einige ihrer Vorgesetzten hatten behauptet, was sie hörte, sei vom Teufel. Verständlicherweise beunruhigte sie diese Ansicht sehr. Es war nichts anderes als eine Offenbarung vom Herrn, die diese Frage schließlich für sie klärte. Sie spricht ausführlich über diese Erfahrung:

»Die Worte, die der Herr zu mir sprach: ›Habe keine Angst, meine Tochter! Denn ich bin es; ich werde dich nicht ohne Hilfe lassen, fürchte dich nicht‹, diese Worte allein reichten hin, mich von jener so großen Beängstigung zu befreien und vollständig zu beruhigen. Eine Vision aber hatte ich auch damals noch nicht.
In diesem Zustande hätte man mir meines Erachtens, um mich zu beruhigen, viele Stunden lang zureden können, aber es hätte nichts genützt. Durch diese Worte des Herrn allein aber wurde ich vollkommen beruhigt und mit solcher Kraft, mit solchem Mute, mit solcher Sicherheit und Ruhe, mit solchem Lichte erfüllt, daß ich meine Seele in einem Augenblick ganz verändert sah.«[29]

Wahrscheinlich der größte Vorwurf, der gegenüber dem Dienst in der *Airport Vineyard*-Gemeinde erhoben wird, ist der, daß der ganze »Segen« auf Verführung beruhen soll – daß das Lachen und die anderen Manifestationen zusammen mit dem, was an Offenbarungen berichtet wird, nichts als List und Tücke des Bösen sind, der es darauf abgesehen hat, »wenn möglich«, auch die Heiligen irrezuführen.[30] Man fragt sich, ob Teresa nicht auch von ähnlichen Vorwürfen ermüdet wurde. Denn ganz offensichtlich wischt sie all das vom Tisch, wenn sie erklärt: »Ich begreife nicht, warum wir uns so fürchten und erschreckt rufen: ›Der Teufel! Der Teufel!‹, da wir doch ›Gott! Gott!‹ rufen und den Teufel damit zittern machen können.«[31]

Körperliche Manifestationen waren Teresa nicht fremd, wenn sie die Macht der Liebe Gottes erlebte. Oft sprach sie einfach von einem »Antrieb«. Manchmal waren die Manifestationen so stark, daß sie ihren Körper nicht mehr bewegen konnte. Mehr als einmal stellt sie fest, daß »alle natürliche Kraft dahinschwand«[32]. Am Anfang machte sie das sehr verlegen; sie berichtet darüber, wie der Herr sie durch diese Zeit hindurch leitete:

> *»Als ich nun einmal sehr darüber betrübt war, fragte mich der Herr, was ich denn fürchte? Es könne ja doch nichts anderes daraus erfolgen, als daß die Leute entweder übel über mich redeten oder ihn lobten. Dadurch gab er mir zu verstehen, daß jene, die an die Echtheit dieser Gnaden glaubten, ihn loben, die andern aber mich schuldlos verurteilen würden.«*[33]

Wie Marc Dupont von der *Airport Vineyard*-Gemeinde festgestellt hat, ist eine der Definitionen des Wortes Würde »Selbstbeherrschung«. Viele der Manifestationen bringen uns in ziemlich würdelose Positionen und Zustände. Nachdem wir gefolgert haben, daß Gottes Liebe die Quelle ist, können wir zusammen mit Teresa Freiheit in der Wahrheit finden, daß eins von zwei Dinge geschehen wird: Die Leute werden wegen unseres Verhaltens schlecht über uns reden, oder sie werden Gott preisen für das wunderbare Werk, das er in uns tut, während wir uns seiner Gnade überlassen.

Teresa wurde wiederholt von einer herrlichen Freude überwältigt:

> *»Die Glorie dieser Verzückung war überaus groß, und ich blieb während der Feiertage meistens so außer mir, daß ich nicht wußte, was ich tun sollte, noch auch wie ich der Gegenstand einer so großen Gunst und Gnade sein könnte. In dieser großen innerlichen Freude hörte und sah ich sozusagen nichts mehr.«*[34]

Über eine andere Offenbarung sagt sie:

> *»Dabei ließ er mich eine unausssprechliche Wonne kosten; denn hier werden alle Sinne in so hohem Grade und mit solcher Lieblichkeit erquickt, daß man es gar nicht aussprechen kann, weshalb ich auch am besten davon schweige.«*[35]

Wie die Mehrheit derjenigen, die von ihrer Erfahrung des »Segens« Zeugnis ablegen, sagt auch Teresa, daß mit diesem Geschenk der Freude Befreiung von Angst kam und an ihre Stelle »eine große Gelassenheit und innere Freude« traten. Als ob sie Zeugnis ablegt oder interviewt wird, so wie es in unseren Versammlungen geschieht, überlegt Teresa:

> *»War der Leib vorher auch ganz krank und voll großer Schmerzen, so ist er nachher oftmals gesünder und rüstiger als sonst; denn die Wirkung der Verzückung ist groß, und der Herr will zuweilen, daß, wie gesagt, auch der Leib diese Wirkung genieße, weil er jetzt den Wünschen der Seele so willig sich fügt.«*[36]
> [...]
> *»Und doch, was gibt der Herr durch Mitteilung seiner Wonnen auf Erden? Nur einen Tropfen von dem gewaltigen Strome jener Wonnen, die uns im Himmel bereitet sind.«*[37]

Als sie tiefer und tiefer in diesen Strom hineinkam, mußte Teresa kämpfen, um ihre Offenbarungen ausdrücken zu können: »Wenn es dem Herrn gefällt, mir so viel von seiner Größe und Majestät zu offenbaren, dann ist die Vision so stark. Ich halte es für unmöglich, sie zu ertragen, wenn der Herr der Seele nicht auf höchst übernatürliche Weise zur Hilfe kommt.« In bezug auf ihr Gesamtbefinden sagt sie einfach: »Es ist immer berauscht.«

Der Herr offenbarte sich Teresa immer mehr, und sie wurde dabei stärker und stärker von Ehrfurcht erfüllt:

> *»Es ist, wie wenn einer, der vorher nichts gelernt, nichts studiert, ja nicht einmal um lesen zu können sich bemüht hat, auf einmal findet, daß er bereits alle Wissenschaft versteht, ohne zu wissen, wie oder woher, da er sich nicht einmal bemüht hat, das ABC zu lernen ... denn die Seele findet sich in einem Augenblicke so mit Weisheit begabt, und das Geheimnis der allerheiligsten Dreifaltigkeit sowie andere hocherhabene Geheimnisse sind ihr so klar, daß es keinen Theologen gibt, dem gegenüber sie nicht die Wahrheit dieser Geheimnisse zu verteidigen sich getraute.«*[38]

Teresa besteht darauf, daß solche Offenbarungen reine Gnade sind und absolut unverdient: »Sehet doch, wie Gott in Wahrheit sich denen hingibt, die um seinetwillen alles verlassen! Bei ihm ist kein Ansehen der Person: Er liebt alle. Da ist keiner ausgenommen, so elend er auch sein mag, wie Gott dies an mir beweist, da er mich auf diese Stufe erhoben.«[39]

Ähnliche Dankbarkeitsbekundungen ziehen sich durch ihre ganze Autobiographie. Immer und immer wieder sagt sie, daß es nichts gibt, womit wir so etwas herbeiführen könnten:

»Dies ist bei allen Visionen ohne Ausnahme so; alle angewendete Mühe kann weder bewirken noch verhindern, daß man mehr oder weniger schaue, als der Herr uns zu schauen gibt. Dadurch will er uns ganz klar erkennen lassen, daß die wahren Visionen nicht unser Werk, sondern das Werk Seiner Majestät seien. Wir können darum viel weniger hoffärtig werden, vielmehr wird uns diese Erkenntnis demütig und furchtsam machen; denn wie der Herr uns die Freiheit benimmt, zu sehen, was wir wollen, so kann er uns auch diese Gaben und seine Gnade wieder entziehen und uns auch gänzlich zugrunde gehen lassen.«[40]

In allen Aufzeichnungen religiöser Erfahrungen findet man Berichte über Engelbesuche. Das gilt erst recht für die Bibel: Abraham, Jakob, Mose, Bileam, Elija, David, Daniel, Josef, Maria, Elisabet und Zacharias, die Hirten und die Apostel Petrus, Philippus, Paulus und Johannes – sie alle empfingen Offenbarungen durch Engel. Die Kirchengeschichte ergänzt das noch, und Teresa zählt auch dazu. Ihre Berichte helfen vielleicht denen, die heute ähnliches erleben:

»Ich sah neben mir, gegen meine linke Seite zu, einen Engel in leiblicher Gestalt. In dieser Weise sehe ich sie wunderselten. Obgleich mir oft Engel erscheinen, so geschieht dies doch gewöhnlich, ohne daß ich sie sehe ... Er war nicht groß, sondern klein und sehr schön. Sein Angesicht war so entflammt, daß er mir als einer der erhabensten Engel vorkam, die ganz in Flammen zu stehen scheinen ... In den Händen des mir erschienenen Engels sah ich einen langen goldenen Wurfpfeil, und an der Spitze des Eisens schien mir ein wenig Feuer zu sein. Es kam mir vor, als durchbohre er mit dem Pfeile einige Male mein Herz bis aufs Innerste, und wenn er ihn wieder herauszog, war es mir, als zöge er diesen innersten Herzteil mit heraus. Als er mich verließ, war ich ganz entzündet von feuriger Liebe zu Gott. Der Schmerz dieser Verwundung war so groß, daß er mir die erwähnten Klageseufzer auspreßte.«

Sie untertreibt in bezug auf diese Erfahrung, wenn sie sagt: »Solange dieser Zustand andauerte, ging ich umher, als wäre ich außer mir.«[41]

Dies war nicht die einzige Offenbarung dieser Art. Teresa beschreibt eine andere ihrer Visionen. Dabei wurde die Tür in den Himmel weit geöffnet, und sie sagt, sie habe den Thron Gottes, umgeben von einer großen Anzahl Engel, die »ganz zu flammen schienen«, gesehen. Die Herrlichkeit, sagt sie, »war unaussprechlich und unbeschreiblich«[42]. Diese Erfahrung ließ sie zwei Stunden lang in »Verzückung und Beseligung« verharren.

Vor kurzem äußerte sich Dr. David Hope, der Bischof von London, zu einigen der Phänomene, die Kirchen durch den »Toronto-Segen« erleben: »Ich habe nichts dagegen, wenn sie umfallen. Was ich wissen will, ist, ob sie besser sind, wenn sie wieder aufstehen!« Teresa schreibt ausführlich darüber, was das Zentrum oder das Ziel all dieser Manifestationen und Offenbarungen war:

> *»Dadurch wächst, wie mir scheint, mein Verlangen, ihm zu dienen; und meine Liebe zu ihm wird mehr entzündet ... Oftmals spricht Seine Majestät, wobei sie mir ihre große Liebe offenbart, die Worte zu mir: ›Du bist jetzt mein und ich bin dein.‹ ... ›O Tochter, wie wenige lieben mich in Wahrheit! Wenn sie mich liebten, so würde ich ihnen meine Geheimnisse nicht verbergen. Weißt du, was es heißt, mich in Wahrheit zu lieben? Es heißt erkennen, daß alles, was mir nicht wohlgefällt, Lüge ist.‹ ... so sehr ich auch nach einem solchen Liebesfeuer verlangen und bis zur Vernichtung meiner selbst mich darum bemühen mag, so kann ich doch nicht ein Fünklein davon erringen, wenn Seine Majestät es nicht geben will.«*[43]

Bei ihrem Nachdenken über ihre Erfahrungen muß sie immer wieder in Lobpreis ausbrechen: »O mein Gott, sei gepriesen in Ewigkeit! Wie klar hat es sich gezeigt, daß du mich weit mehr liebst als ich mich selbst!«[44]

Stimmen zu hören und Visionen zu sehen hat man oft als hysterische Phänomene betrachtet. Die Inquisitoren zur Zeit Teresas hielten ihre Nähe zu Gott und ihre Visionen, Stimmen, Verzückungen und Ekstasen für zweifelhaft. Nicht, weil sie sie für unmöglich hielten, sondern weil sie ihre lehrmäßige und theologische Integrität in Frage stellten. Wieviele Anfragen bezüglich des »Toronto-Segens« kamen aus einer Haltung theologischer Voreingenommenheit und persönlicher Erfahrung der Kritiker als aus irgend etwas anderem. Schließlich gehen wir ja davon aus, daß zum Beispiel die Geburt Christi durch Visionen und Begegnungen mit Engeln angekündigt wurde, ebenso seine Auferstehung. Dieselben Offenbarungen bilden die

Grundlage für die Bekehrung des Saulus und die Erkenntnis des Petrus, daß die Heiden bei der Ausgießung der Gnade Gottes mit eingeschlossen sind. Das sind die Höhepunkte in den ersten Jahren der Gemeinde Christi. Doch unser Studium über das paulinische Verständnis von Gebet und Geist hat erwiesen, daß die erste Generation von Gläubigen im Ausleben ihres Glaubens höchst charismatisch war. Visionen, Prophetie, ekstatische Rede und Anbetung waren für ihr persönliches und gemeinschaftliches Leben sowohl von zentraler Bedeutung als auch eine dynamische Kraft für die Ausbreitung des Christentums.

Egal, wie man nun zu Teresas geistlichen Erfahrungen oder ihren Gedanken darüber steht, nur wenige von uns werden wohl nicht von ihrer vertrauensvollen Demut angesteckt werden. Teresa zitiert das einfache Gebet der Hingabe des Augustinus: »Gib mir, was du bestimmst, und bestimme, was du willst.«[45] Teresa befindet sich in Gemeinschaft mit all denen, die in der *Toronto Airport Vineyard*-Gemeinde zum Gebet nach vorn kommen, die nicht nach irgendeiner speziellen Manifestation oder Erfahrung trachten, die statt dessen Gottes vollkommener Liebe und seiner gnädigen Absicht zu segnen vertrauen, die einfach sagen: »Was du willst, Herr.«

Vieles geht über unser Verständnis hinaus und liegt für die meisten von uns weit außerhalb unserer bisherigen Erfahrung. Da bietet uns Teresas Haltung dazu eine feste Grundlage für das »Mehr«, das wir zur Zeit berühren: Wenn es dem Herrn gefällt, ist sein Geben an kein Maß gebunden. Die Seele »vertraue also dem Spender der Gnaden, der auch weiß, warum er sie offenbar macht.«[46]

Wenn – oder falls – dies erkannt worden ist, bringt es eine herrliche Freiheit. Wir stehen unter Gottes souveräner Autorität, da brauchen wir nicht alle Antworten zu haben oder alle Probleme zu lösen. Das ist kein Freibrief für Nachlässigkeit und Verantwortungslosigkeit. Vielmehr bedeutet es Leben und Liebe in der Gnade des Evangeliums und erfordert, daß wir »mit ganzem Herzen und ganzer Seele, mit all unseren Gedanken und all unserer Kraft«[47] darin stehen. Mit tiefer Dankbarkeit leben wir die fortwährende Veränderung unseres Lebens aus, denn wir wissen: »Diese Liebe scheint mir auch einem großen Feuer ähnlich zu sein, das immer, um nicht zu erlöschen, etwas zu verzehren haben muß. So ist es auch mit den Seelen, von denen ich spreche; sie möchten, wenn es sie auch viel kosten sollte, stets Holz zulegen, damit dieses Feuer nicht ausgehe.«[48]

Johannes Calvin, ein Zeitgenosse Teresas, ist eine wertvolle Ergänzung zu ihren Gedanken über die Gegenwart und die Kraft Gottes. Seine kompromißlose Theologie des Gebets läßt sich als Brennstoff für das Feuer sehen, von dem Teresa gesprochen hat. Um das Bild zu wechseln, Calvins Lehre dient als Ankerpfahl in den stürmischen Gewässern dessen, was von Natur aus höchst erfahrungsbezogen und subjektiv ist. Obwohl Calvin mit den körperlichen Manifestationen des »Toronto-Segens« nichts anfangen könnte und wohl auch darüber beunruhigt wäre, kann man doch nicht sagen, welche Überlegungen er angestellt hätte, wenn seine Frau »in freudigem Entzücken herumgehüpft« oder wenn ihre »körperliche Kraft bezwungen« worden wäre. Wenn man glaubwürdige Zeugen dafür hat, erfordern alle Arten ungewöhnlichen Verhaltens Überlegungen, Verarbeitung und Beurteilung.

Zum Beispiel schrieb Jonathan Edwards 1738 seinen Kommentar zu 1 Korinther, Kapitel 13 unter dem Titel *Charity and Its Fruits* [»Die Liebe und ihre Früchte«]. Als er zu Vers 8 kam, »Die Liebe hört niemals auf. Prophetisches Reden hat ein Ende, Zungenrede verstummt, Erkenntnis vergeht«, übernahm er die calvinistische Einstellung.[49] Zu der Prophetie und zur Gnade Gottes im Bereich der Wunder merkt er an: »All das waren außergewöhnliche Gaben, die zur Einführung und Grundlegung des Christentums in der Welt für gewisse Zeit geschenkt wurden. Und nachdem dieses Ziel erreicht worden war, sollten sie alle aufhören und vergehen. Doch die Liebe sollte niemals aufhören.«[50] Er sagt, nach Abschluß und Vollendung des Kanons der Schrift »wurden die Wundergaben des Geistes nicht mehr benötigt … Gott ließ sie aufhören, weil es keine Veranlassung mehr für sie gab … Wir haben keinen Grund, sie noch zu erwarten … Als die Apostel und andere aus ihrer Zeit starben und in den Himmel gingen, verließen sie alle Wundergaben zusammen mit ihrem Leichnam.«[51]

Vier Jahre später schrieb er *Thoughts Concerning the Present Revival in New England, the Ways in Which it is to be Acknowledged and Promoted* [»Gedanken über die gegenwärtige Erweckung in Neuengland, wie sie anerkannt und gefördert werden muß«]. Auch hier nimmt er gegenüber den sogenannten prophetischen Übertreibungen seiner Zeit die kritische Haltung von jemand ein, der glaubt, daß die Gaben längst aufgehört haben. Dennoch entschuldigte oder schämte er sich nicht für die Kraftwirkungen und Ekstasen, die seine Frau Sarah in der Kraft und in der Gegenwart des Heiligen Geistes erlebte.[52] Ohne eine tiefe Demut sind theologische Vorurteile kaum auszurotten.

Wir wollen gleich am Anfang feststellen, daß es nicht viele gibt, die liebevoll an den Namen Johannes Calvin denken. Wenn der Mann überhaupt bekannt ist, dann als Karikatur von jemandem, der gegen alles Angenehme und Schöne ist. Sein Rotterdamer Porträt stellt eine asketische, harte und sehr ernste Person dar. Denjenigen, die Calvins Theologie teilweise studiert haben, werden solche Begriffe und Ausdrücke einfallen wie »völlige Verworfenheit«, »doppelte Prädestination«, »protestantische Arbeitsethik« oder sein Lebenswerk, die *Institutio religionis Christianae* [»Unterweisung in der christlichen Religion«]. Mit positiverer Erinnerung werden einige solche Themen nennen wie »die Souveränität Gottes«, »Vorsehung«, eine Rückkehr zum »biblischen Christentum« und einen »Eifer für die Frömmigkeit«, die sie für typisch calvinistisch halten.

Um die Wahrheit zu sagen, die Vorurteile Calvin gegenüber gehen mehr auf die Härte des späteren Calvinismus zurück als auf ihn selbst. Wenn man seine Schriften studiert, besonders seine Bibelkommentare und Predigten, entdeckt man die Leidenschaft des Reformators für Gott, für die Kirche Christi und für die Inspiration des Wortes Gottes durch den Heiligen Geist. Er sieht, daß das Wort Menschenleben von Grund auf verändert und ihnen Freiheit und Ganzheit bringt. Und deshalb sind Calvins Verständnis und seine Auslegung der Schrift auch für uns hilfreich, die wir versuchen, unser Leben als anbetende Gemeinschaft auszuleben – das Leben Christi, zu dem wir berufen sind. Besonders hilfreich ist, daß Calvin dem Gebet in seinen Schriften soviel Raum einräumt. Der längste Abschnitt der *Institutio religionis Christianae* ist dem Gebet gewidmet und dient als Abschluß seiner gesamten Theologie. Er gibt seinem Kapitel über das Gebet den Titel »Die Hauptübung des Glaubens, durch die wir täglich Gottes Segnungen empfangen«.

Calvin wurde 1509 geboren, und während der fünfundfünzig Jahre seines Lebens sprach er nicht gern über seine persönliche Geschichte und Erfahrung. Er schrieb keine Autobiographie, und anders als einer seiner Glaubenshelden, Augustinus, verfaßte er auch nichts Vergleichbares wie die »Bekenntnisse«; er führte kein Tagebuch. In Calvin gab es eine gewisse Scheu, eine aristokratische Neigung, sich vor dem öffentlichen Leben zu schützen. Deshalb findet man kaum persönliche Aufzeichnungen über das Wirken des Geistes in seinem Inneren. Calvin ist vielmehr ein systematischer Schreiber, und das behindert ein eingehendes Verständnis seiner Person. Aus seinen Briefen, Traktaten und anderen Schriften kann man sich den groben Umriß seines Lebens zusammensuchen, nicht mehr. Zum Beispiel öffnet Calvin das Fenster seiner Seele einen winzigen Spalt, wenn er über den Tod seines kleinen Sohnes im Jahr 1542 schreibt: »Der Herr hat mir gewiß eine große und bittere Wunde zugefügt … Aber er selbst ist auch Vater und weiß, was gut ist für seine Kinder.«[55] Damit ist das Fenster auch schon wieder geschlossen.

Wir wissen zwar wenig über das persönliche Wirken des Geistes in Calvins Leben, aber seine allgemeinen Lehren sprechen Bände. Denn er war der erste in fast eintausend Jahren, der eine längere, ausführliche Abhandlung über das Gebet schrieb, die auf der Bibel basierte und für Laien gedacht war. Calvins »Hauptübung des Glaubens« deckt das Thema Gebet sehr umfassend ab und steht in einem deutlichen Gegensatz zu den Werken, die im Mittelalter darüber geschrieben wurden. Denn diese waren von ihrem Ansatz her typischerweise mystisch gehalten und richteten sich an eine Leserschaft in den Klöstern.

Im Gegensatz dazu war es Calvins Absicht beim Schreiben über das Gebet, seinen Mitgläubigen praktische Anleitung zu geben. Er schreibt zwar als Kleriker, spricht aber die Anliegen und Nöte seiner Gemeindemitglieder in pastoraler Weise an. Seine Anleitungen richten sich nicht an »religiöse Professionelle«, sondern an die reformierte Laienschaft Mitteleuropas. Dabei spricht Calvin Anliegen an, die denen nicht unähnlich sind, die Anlaß für dieses Buch waren, nämlich: Wie kann man einem Gläubigen helfen, vor dem Hintergrund von Reformation und Erneuerung zu beten?

Teresa ist eine wichtige Quelle, indem sie über ihre Erfahrung des Geistes nachdenkt. Calvin hilft uns, indem er die soliden Fundamente für Glauben und Gebet freilegt.

Für Calvin ist dieses Fundament absolut und unbestreitbar das geschriebene Wort Gottes. Die Konzentration auf irgend etwas anderes zu richten ist für ihn Kompromiß und Ablenkung vom Eigentlichen. Er benutzt mehrere Bilder, um diese wesentliche und unzertrennliche Beziehung zu betonen:

> *»Zwischen Glaube und Wort besteht eine dauerhafte Verbindung.* [Der Apostel] *konnte das eine nicht von dem anderen trennen, genausowenig wie wir die Sonnenstrahlen von der Sonne trennen können … Der Glaube braucht das Wort genauso, wie die Frucht die lebendige Wurzel des Baums braucht* (III.2.6 und 31, S. 548, 576).*«*[54]

Für Calvin verbindet der Glaube das Gebet und das Wort. Diese drei bilden eine unauflösbare Einheit, drei Stränge in einem starken Seil. Das Wort enthält die gnädigen Verheißungen Gottes; vom Heiligen Geist, dem Initiator des Glaubens, bewegt, wird der Gläubige befähigt, auf die im Wort enthüllten Verheißungen zu antworten; dabei entsteht Glaube. Doch nur im Gebet wird dieser Glaube aktiv und lebendig, denn im Gebet ergreifen wir alles, was Gott in Christus verheißt. Aus diesem Grund betet Calvin:

»Gewähre es uns, Allmächtiger Gott, da wir nur wirklich Gewinn von deinem Wort haben können, wenn wir dir alle unsere Gedanken und Gefühle unterwerfen und als Opfer darbringen – Gott, gewähre es uns, daß wir dich durch den Klang deines Wortes alles in uns durchdringen lassen, so daß wir tot sind in uns selbst, aber für dich leben.«[55]

Außerdem sagt er es in seiner zehnten Predigt über Psalm 119 noch einmal ganz deutlich, als er feststellt, daß Gebete, die nicht auf dem Wort gegründet sind, nicht zu Gott durchdringen können.[56] Calvin läßt sich nicht davon abbringen, daß die Gebete des Gläubigen nur im klaren Licht des Wortes Gottes formuliert werden dürfen, in Übereinstimmung mit dem, was der Herr geboten hat. Man irrt sich nicht, wenn man sich »auf dem Wort und der Verheißung Gottes ausruht«[57], denn es ist »das einzige Ziel und der legitime Verwendungszweck des Gebets, daß wir die Früchte der Verheißungen Gottes ernten können«.[58]

Diese untrennbare Verbindung zwischen dem Wort Gottes und dem Gebet des Christen ist einer von Calvins Beiträgen zur Geschichte der Lehre über das persönliche Gebet. Ganz einfach würde Calvin es so ausdrücken, daß unsere Gebete Gottes Verheißungen, wie sie in der Schrift aufgezeichnet sind, widerspiegeln und durch die Kraft des Geistes zum lebendigen Wort Gottes für uns werden lassen. Wiederholt lehrt Calvin ein Fortschreiten von Gottes Verheißungen zum Glauben, zum Gebet, zur Verwirklichung dieser Verheißungen.

Der Anfangspunkt von Calvins gesamter Theologie ist die »richtige Erkenntnis Gottes«.[59] Und hier beginnt er auch mit seiner Unterweisung über das Gebet. In bezug auf die Erkenntnis erklärt Calvin in einer Predigt mit dem Titel »Das Vorrecht des Gebets«:

»Das ist die wahre Frucht des Glaubens: zu wissen, daß Gott unser Vater ist, und von seiner Liebe bewegt zu werden. Der Weg steht uns offen, wir können zu ihm hinlaufen. Es ist leicht, zu ihm zu beten, wenn wir überzeugt sind, daß seine Augen auf uns gerichtet sind und daß er bereit ist, uns in allen Nöten zu helfen.«[60]

Was wir über Gott wissen, sowohl vom Verstand als auch von der Erfahrung her, wird letztlich in Jesus geoffenbart. Diese Erkenntnis, daran hält Calvin fest, ist Gnade und nicht etwas, das wir aus uns heraus erreichen könnten: »Wir sind ihm nahe, nicht weil wir seine Gnade erwartet haben und aus uns heraus zu ihm gekommen sind, sondern weil er sich herabgelassen hat und seine Hand sogar bis zur Hölle ausgestreckt hat, um uns zu erreichen.«[61] Zur Bitte Jesu: »Ich bitte für alle, die ... an mich glauben« (Joh 17,20) äußert sich Calvin so:

»Das ist mit Sicherheit eine bemerkenswerte Grundlage für unsere Zuversicht ... Dieses Gebet Christi ist ein sicherer Hafen, und wer auch immer sich dorthin zurückzieht, ist geborgen vor jeder Gefahr des Schiffbruchs. Denn es ist so, als hätte Christus feierlich geschworen, alle Sorgfalt und Mühe für unsere Rettung aufzuwenden.«[62]

Wie bereits gesagt, haben wir viele unserer Gebete gesungen, und *Vineyard*-Songwriter wie Brian Doerksen und Cindy Rethmeier haben Calvins Lehre in Noten gefaßt:

»Ich will Dich kennen,
Herr, Dich erkennen.
In Dir will ich stehen, Herr,
gekleidet in Wahrheit vor Dir.
So schaue ich auf zu Dir,
ich will Dich sehen.
Herr, ich vertraue Dir,
mein Leben ist in Dir.
Ich will Dich kennen,
ich will Dich lieben,
ich will Dich kennen, Herr,
Jesus, Jesus.«[63]

In der Einleitung zu Calvins Lehre über das Gebet, wie man sie in der *Institutio* findet, wird die gute Nachricht von Jesus Christus ganz deutlich als Grundlage unserer Gebete verkündet:

»In Christus bietet uns [Gott] *alles Glück statt unserer Traurigkeit an, allen Reichtum statt unserer Bedürftigkeit. In ihm öffnet er uns die himmlischen Schätze. Deshalb soll unser ganzer Glaube seinen gelieb-*

ten Sohn betrachten, unsere ganze Erwartung sich auf ihn richten und unsere ganze Hoffnung an ihm festhalten und in ihm ruhen. Der Glaube hat uns gelehrt, daß alles, was wir brauchen und was uns mangelt, in Gott und in unserem Herrn Jesus Christus ist. Da bleibt uns nur noch, in ihm das zu suchen und im Gebet das von ihm zu erbitten, was in ihm zu finden ist. Wenn wir nämlich Gott als den Meister und Geber aller guten Dinge kennen, der uns einlädt, sie von ihm zu erbitten, und doch nicht zu ihm gehen und ihn darum bitten würden – das wäre von genauso geringem Nutzen, als wenn jemand auf einen Schatz hingewiesen wird, der in der Erde vergraben ist, ihn aber einfach dort liegen läßt« (III.20.1, S. 850).

Das ist das Felsenfundament, auf dem Calvin seine Lehre über das Gebet errichtet. Er sagt kategorisch: »Wir formulieren unsere Gebete ohne Zögern oder Ängstlichkeit, wenn wir uns auf das Wort dessen verlassen, dessen Majestät uns sonst erschrecken würde, den wir aber Vater zu nennen wagen« (III.20.19, S. 868).

Damit wir überzeugt sind von diesem geöffneten Weg zu Gott, zitiert Calvin ganze Listen von Bibelabschnitten, die vor allem erklären, »wie sanft Gott uns zu sich zieht« (III.20.14, S. 868). Die folgenden Texte sollen in unseren Ohren immer widerklingen, damit wir uns die Verheißungen der Schrift aneignen können: »Rufe mich an am Tag der Not; dann rette ich dich, und du wirst mich ehren« (Ps 50,15). »Schon ehe sie rufen, gebe ich Antwort, während sie noch reden, erhöre ich sie« (Jes 65,24). »Wenn ihr mich ruft, wenn ihr kommt und zu mir betet, so erhöre ich euch. Sucht ihr mich, so findet ihr mich« (Jer 29,12-13). »Jeder, der den Namen des Herrn anruft, wird gerettet werden« (Röm 10,13). »Werft alle eure Sorge auf ihn, denn er kümmert sich um euch« (1 Petr 5,7).[64]

Verstreut über seine Kommentare zu diesen und ähnlichen Texten sind Aussagen wie: »Wer wird seinen Mund öffnen, wenn er sich der väterlichen Gnade nicht sicher ist?«[65] »Wenn wir nicht überzeugt sind, daß Gott alles, was wir erleiden, besonders beachtet, ist es unmöglich … zuversichtlich zu beten.«[66] »[Wir] werden mit solcher Sanftheit zu ihm eingeladen, daß nichts [uns] daran hindern kann, voller Vertrautheit und Zuversicht zu ihm zu gehen.«[67] »Was hier gelehrt wird, ist, daß [Gott] den Charakter des allerbesten Vaters hat, der sich daran freut, seine Kinder zärtlich zu umsorgen und sie reichlich zu ernähren.«[68] »Wenn der Glaube sich ins Gebet Bahn bricht, dann dringt er hindurch zu den Schätzen der Gnade Gottes.«[69] »Gott ist nur zu bereit, den früheren Segnungen neue hinzuzutun, ohne Ende oder Grenze

… so ist Gebet mit Zuversicht und Gewißheit in bezug auf die Liebe Gottes zu uns verbunden.«[70] Mit diesem Verständnis ausgerüstet, können wir mit viel größerer Hoffnung, Ehrfurcht, Zuversicht, Gewißheit und Freiheit dieses einfache Gebet sprechen: »Mehr, Herr.«

Wenn es um das eigentliche Gebet geht, sind wir nicht uns selbst überlassen. Zu Beginn seiner Lehre in der *Institutio* nennt Calvin den Geist das »Heilmittel«, das uns in unserer natürlichen Unfähigkeit helfen soll, das Leben des Glaubens zu leben. Er ist uns im Gebet als Lehrer gegeben worden, »um uns zu sagen, was richtig ist und unsere Gefühle zu mäßigen« (III.20.5, S. 855). In seinem Kommentar zu der entsprechenden Stelle im Römerbrief fügt Calvin hinzu, daß der Geist unserem Geist Zeugnis gibt (Röm 8,16), daß er uns sicher macht, als Kinder Gottes angenommen worden zu sein, daß er uns die Zuversicht schenkt, Gott als Vater anrufen zu können. »Wenn der Geist unserem Herzen nicht Zeugnis ablegte von der Vaterliebe Gottes, wäre unsere Zunge stumm und könnte keine Gebete hervorbringen.«[71]

Wenn davon die Rede ist, daß der Geist unserer Schwachheit zur Hilfe kommt (Röm 8,26), versteht Calvin den entsprechenden griechischen Ausdruck *synantilambanetai* (συναντιλαμβανεται) als Bild: als die Hilfe, die man Kindern gibt, die nicht allein stehen oder laufen können. Das ist genau die Hilfe, die der Geist uns bietet, »denn wie die Erfahrung zeigt, werden wir bald von zahllosen Übeln überwältigt, wenn Gottes Hand uns nicht stützt.«[72]

Die Fürbitte des Geistes, von der hier die Rede ist, versteht Calvin so, daß der Geist uns die »Art, richtig zu beten« zeigt; »… niemand kann aus sich selbst auch nur eine Silbe im voraus wissen, wenn Gott nicht durch den versteckten Impuls seines Geistes an unserer Tür klopft und so unser Herz für sich öffnet.«

Eine Zusammenfassung seiner Lehre über das Wirken des Geistes beim Gebet des Glaubens findet man in Calvins Kommentar zu »Betet in der Kraft des Heiligen Geistes« (Jud 20). Dort sagt er:

> *»Niemand kann richtig beten, wenn er nicht durch den Geist Gottes angespornt wird; … niemand wagt es, Gott seinen Vater zu nennen, außer durch die Lehre desselben Geistes; denn von ihm kommt alle Abgeschiedenheit, von ihm kommt Leidenschaft, von ihm kommt Eifer, von ihm kommt die Zuversicht, das zu empfangen, worum wir bitten … Es ist also nicht ohne Grund, daß Judas uns lehrt, niemand kann so beten, wie er es soll, wenn der Geist nicht sein Führer ist.«*[73]

Nachdem dieses Fundament feststeht, sind einige weitere Gedanken Calvins für uns hilfreich, die wir inmitten der Erneuerung beten. Calvin macht deutlich, daß es Grenzen, »Zäune« gibt. Wenn wir im Gebet vor Gott treten, gilt nicht: Alles ist erlaubt. Im »Genfer Katechismus« von 1541 wird zum Gebet eine grundlegende Frage gestellt: »Können wir um alles bitten, was uns in den Sinn kommt, oder gibt es eine bestimmte Regel zu beachten?« Die Frage dient zwar als Aufhänger für Calvins Lehre über das »Vaterunser«, aber die Antwort bietet uns doch eine allgemeine Grundlage für ein Beten, das angemessen ist:

> *»Wenn wir unserer eigenen Phantasie folgten, würden unsere Gebete sehr schlecht geordnet sein. Wir sind so unwissend, daß wir nicht beurteilen können, worum zu bitten gut ist. Außerdem sind all unsere Wünsche so ungezügelt, daß wir keine lockere Herrschaft über sie ausüben dürfen.«*[74]

In der *Institutio* spricht Calvin im fünften Abschnitt »undiszipliniertes und respektloses Gebet« an. Zunächst spricht er über Ablenkungen beim Gebet und geht anschließend auf die Grenzen ein, die dem Gebet des Glaubens gesetzt sind. Denn die Schrift fordert uns zwar auf, unser Herz vor Gott auszuschütten (Ps 62,9) und alle unsere Sorgen auf ihn zu werfen (1 Petr 5,7). Doch Gott »lockert die Zügel gegenüber dummen und bösen Gefühlen nicht einfach wahllos« (III.20.5, S. 855).

In seinen Kommentaren lehrt Calvin ausdrücklich, daß Gebet in Übereinstimmung mit Gottes Willen und Gottes Wort sein muß. Ganz einfach ausgedrückt, geht Calvin von dem absoluten Grundsatz aus, daß »unsere Gebete fehlerhaft sind, soweit sie nicht auf das Wort gegründet sind«[75]. Er zitiert: »Wir haben ihm gegenüber die Zuversicht, daß er uns hört, wenn wir etwas erbitten, das seinem Willen entspricht« (1 Joh 5,14) und bekräftigt noch einmal, daß Übereinstimmung mit dem göttlichen Willen die Regel für unser Gebet sein muß. In seinem Kommentar zu Psalm 7 sagt er außerdem: »Wir können niemals im Glauben beten, wenn wir nicht zuerst auf das achten, was Gott gebietet. Unser Verstand darf nicht voreilig und nach Belieben abschweifen und mehr erwarten, als uns zu wünschen und zu erbitten erlaubt ist.«[76]

Gebet ist damit nicht so sehr eine natürliche Arbeit, die wir selbständig ausführen, nämlich daß wir unser Leben den Dingen anpassen, die im Wort Gottes definiert sind. Vielmehr ist es ein übernatürliches Eingehen auf die

»inneren Impulse des Geistes [Gottes]«. Calvin führt dies noch ein wenig weiter aus:

> *»Eigentlich gibt es drei Wege, wie Gott die Rolle unseres Lehrers übernimmt, nämlich indem er uns durch sein Wort unterrichtet, indem er unsere Gedanken durch seinen Geist erleuchtet und indem er seine Unterweisung in unser Herz einprägt.«*[77]

Auch hier sind wir nicht uns selbst überlassen. Zum Beispiel schreibt Calvin in seiner *Institutio*: »So wie wir durch den Heiligen Geist die Schrift verstehen, so werden wir hier durch ihn im Gebet geleitet« (III.20.6, S. 856). Zu der Lehre Jesu über das Gebet im Glauben (Mk 11,20-25) sagt er, daß der Geist alle unsere Gefühle »durch das Wort Gottes im Zaum hält und sie zum Gehorsam bringt«.[78] Und wenn wir »im Namen Jesu« beten, begrenzen wir unsere Wünsche auf die Regel für das richtige Gebet. Denn in seinem Namen zu beten heißt, Verlangen zu haben nach »dem Lebenssaft des Heiligen Geistes, der einen befähigt, Frucht zu bringen«.[79] In seinem Kommentar zu dem Flehen des Geistes im Betenden (Röm 8,26-27) versteht Calvin dies so, daß der Geist derjenige ist, der unsere Gebete leitet. Und in dieser Eigenschaft paßt er unseren Willen dem seinen an. Deshalb muß »in unseren Gebeten das Einverständnis mit dem Willen des Herrn an erster Stelle« stehen.[80]

Und in diesem Geist geschieht es auch, daß man von dem Seelsorge-Team in der *Toronto Airport Vineyard*-Gemeinde ermutigt wird, die »Was du willst, Herr«-Haltung einzunehmen, wenn man zum Gebet nach vorn kommt.

Wiederholt fordert Calvin seine Leser auf, »alle ihre Sorgen an Gottes gütige Brust zu werfen«.[81] Dieses »arglose Vertrauen« auf Gottes väterliche Freundlichkeit ist die »Umkehrung jener verwirrenden Sorgen, über die die Menschen zu ihrem eigenen Kummer innerlich brüten und mit denen sie sich selbst quälen, so daß sie von ihren Leiden beunruhigt anstatt von Gott geleitet werden.«[82] Calvin bezeichnet dies als »Entlastung«. In seinem Kommentar zu »Rufe zu mir, so will ich dir antworten« (Jer 33,1-6) ermahnt er: »Wenn wir uns vor Kummer verzehren oder von unseren Sorgen ermüdet werden, ist es unsere eigene Schuld, denn dann sind wir säumig und nachlässig in bezug auf das Gebet.«[83] Denn es ist Sache unseres Gebets, daß wir »uns von unseren Sorgen entlasten, indem wir sie Gott an die Brust legen, ... und in der Vorsehung Gottes ausruhen.«[84] In seinem Kommentar zum 1. Petrusbrief drückt er es noch deutlicher aus: »Wir sind mehr als geisteskrank, wenn wir bewußt den Weg durch das Gebet in die Gegenwart Gottes verschließen, denn das ist die einzige Zuflucht zu unserer Rettung.«[85]

Calvin selbst waren harte, sogar hoffnungslose Zeiten nicht fremd, und so schreibt er ausführlich über die Dinge, die unsere Ausdauer erhalten, nämlich Hoffnung und Geduld. Er zählt verschiedene Zeugen aus der Schrift auf, die sich dazu entschieden haben, auf den Herrn zu warten, wobei der Prophet Habakuk einen besonderen Platz einnimmt: »Ich will auf meinem Wachturm stehen, ich stelle mich auf den Wall und spähe aus, um zu sehen, was er mir sagt.«[86] Calvin kommentiert:

> *»Das einzige Mittel, durch das wir in unseren Schwierigkeiten den Sieg davontragen können, ist, daß trotz aller Dunkelheit unsere Hoffnung in uns leuchtet und daß wir aufrechterhalten werden, indem wir auf die Gnade Gottes warten.«*[87]

In seinem Kommentar zum Philipperbrief Kapitel 4, Vers 7 spricht er weiter über den Frieden in Gedanken und Herz, der Frucht der Hoffnung ist: »Er hängt nicht von der gegenwärtigen Erscheinung der Dinge ab und beugt sich auch nicht den verschiedenen Wandlungen in der Welt, sondern er gründet sich auf das feste und unwandelbare Wort Gottes.« Und dieser Friede übersteigt jedes Verständnis, denn:

> *»Nichts ist dem menschlichen Verstand fremder, als in tiefster Verzweiflung doch ein Gefühl der Hoffnung zu hegen, in tiefster Armut Überfluß zu sehen, und in tiefster Schwachheit nicht nachgeben zu wollen und schließlich sich selbst zu versprechen, daß uns nichts fehlen wird, auch wenn wir völlig mittellos dastehen. All das ist allein durch die Gnade Gottes möglich, die man nur durch das Wort und den inneren Ernst des Geistes erkennen kann.«*[88]

An anderer Stelle rät Calvin, sich einfach »auf der Vorsehung Gottes auszuruhen«.[89]

In der gesamten *Institutio religionis Christianae* hat Calvin zwei Brennpunkte vor Augen: erstens die Erkenntnis Gottes und zweitens die Selbsterkenntnis (I.1.1, S. 35). Dasselbe allgemeine Verfahren wendet er auch bei seiner Unterweisung über das Gebet an. Was wir bisher betrachtet haben, baut gewissermaßen auf der Erkenntnis der Vaterliebe und vorsehenden Fürsorge Gottes auf. Wenn sich dann die Aufmerksamkeit von Gott zu dem Betenden hin verlagert, muß eine ganz neue Zusammenstellung von »Regeln« ausgegeben werden, wobei das Schuld-Bekenntnis die erste und wichtigste ist. So sagt Calvin im siebten Abschnitt geradeheraus: »Rechtmäßiges Beten setzt Buße voraus« (III.20.7, S. 858). Der neunte Abschnitt seines Kapitels über das Gebet macht dies sehr deutlich:

> *»Um es zusammenzufassen: Der Beginn und sogar die Vorbereitung des richtigen Betens ist die Bitte um Vergebung, verbunden mit einem demütigen und aufrichtigen Bekenntnis der Schuld ...* [denn Gott kann] *nur denen gegenüber günstig gesonnen sein, denen er auch vergeben hat. Dementsprechend ... öffnen die Gläubigen sich die Tür zum Gebet mit diesem Schlüssel«* (III.20.9, S. 860).

Diese Lehre ist gewiß nicht auf die *Institutio* beschränkt. Die Psalmen enthalten viele Gebete des Sündenbekenntnisses, was Calvin häufig Gelegenheit gibt, seine Lehre zu verdeutlichen. Manchmal sagt er einfach: »Wer auch immer Nutzen ziehen möchte aus der Übung des Betens, muß notwendigerweise mit der Vergebung seiner Sünden anfangen.«[90] Bei anderen Gelegenheit macht er sich Vergleiche zunutze, so wie bei seinem Kommentar zu »Denk nicht mehr an meine Jugendsünden« (Ps 25,7):

> *»Unsere Sünden stehen wie eine Mauer zwischen uns und Gott und hindern ihn daran, unsere Gebete zu hören und seine Hand auszustrecken, um uns zu helfen ... Die Menschen beten falsch und vergeblich, wenn sie nicht damit anfangen, um Vergebung für ihre Sünden zu bitten. Die richtige Ordnung des Gebets besteht darin, daß wir direkt zu Beginn darum bitten, daß Gott uns unsere Sünden vergibt.«*[91]

Es überrascht nicht, ähnliche Aussagen in Calvins Kommentar zum Gleichnis vom Pharisäer und vom Zöllner (Lk 18,9ff.) zu finden. Er definiert, was »annehmbares Gebet« ist, und stellt fest, daß Demut die Grundvoraussetzung ist, um in die Gegenwart Gottes kommen zu können. Er warnt, daß keine Krankheit gefährlicher ist als Hochmut. In der *Toronto Airport Vineyard*-Gemeinde wird dies häufig angesprochen und als absolute Grundbedingung angesehen, um den Segen Gottes erfahren zu können. Vielleicht wird dies nicht in jeder einzelnen Predigt oder Lehreinheit ausgedrückt. Doch es wäre ganz außergewöhnlich, wenn dieser Gedanke nicht mindestens während der Anbetung zum Vorschein käme: Wenigstens singen wir unser Bekenntnis, und viele bringt es dazu, daß sie weinen, sich hinknien oder sogar auf den Boden werfen, um Vergebung für ihre Sünde zu suchen. Das geschieht oft in einer Tiefe, die vorher nie erreicht wurde; und der Heilige Geist offenbart tiefsitzende Schuld wie Götzendienst, Angst, Mißtrauen oder Kontrolle.

Im »Genfer Katechismus« spricht Calvin im Zusammenhang mit »dem Weg des Gebets zu Gott« ähnliche Fragen an. Er fordert sowohl unser Verständnis als auch unser Gefühl heraus, indem er festhält: »Da Gott Geist ist, fordert er immer das Herz, und das besonders im Gebet, denn hier treten wir ja in Verbindung mit ihm. Deshalb verspricht er, denen nahe zu sein, die ihn in Aufrichtigkeit anrufen« (Ps 145,18).[92]

Wie bei Teresa ist auch Calvins Verständnis eines Lebens im Gebet von Dankbarkeit geprägt. Er sagt in seinem Kommentar zu Psalm 50, Vers 14 bis 15 und Vers 23, sie ist die »Grundlage jedes Gebets ... die simpelste Übung des Glaubens«.[93] Er vertritt die Auffassung, daß die aufrichtige Verherrlichung der Güte Gottes die »Hauptaufgabe der Frömmigkeit« ist, und deshalb sollen Gebete der Anbetung und des Lobes unser alltägliches Leben bestimmen. Danksagung ist die wahre und richtige Anbetung Gottes, denn es liegt an seiner Großzügigkeit und vorausschauenden Fürsorge, durch die wir alles Gute bekommen. Ein ähnlicher Gedanke wird in der *Institutio* ausgedrückt, allerdings mit größerer Leidenschaft:

> *»Gott hört nicht auf, Wohltat auf Wohltat zu häufen, um uns zur Dankbarkeit zu nötigen, auch wenn wir darin langsam und faul sind. Kurz gesagt, wir werden von einer derart großen und reichlichen Ausgießung von Wohltaten schier überwältigt, von so vielen und mächtigen Wundern, wohin man auch schaut. So mangelt es uns nie an Gründen und Gelegenheiten, Gott zu preisen und ihm zu danken.«*[94]

Außerdem gehören Dank und Bitte als die zwei Pole des Gebets zusammen. Auf der einen Seite bitten wir Gott um Hilfe, auf der anderen preisen wir ihn für sein gnädiges Eingreifen. Deshalb, sagt Calvin, verbindet die richtige Form des Gebets diese beiden Gebetsbewegungen miteinander, »weil die Hoffnung uns den Hafen ganz in der Nähe sehen läßt und uns erfrischt, auch wenn wir gerade Schiffbruch erleiden«.[95]

Diese Zuversicht findet ihre Grundlage in solchen biblischen Aussagen wie: »Er aber, der ... unendlich viel mehr tun kann, als wir bitten und uns ausdenken können ...« (Eph 3,20), was Calvin zu dem Kommentar veranlaßt: »Egal, zu welchen Erwartungen wir in bezug auf Gottes Segnungen kommen, die unendliche Güte Gottes wird all unsere Wünsche und all unsere Gedanken übersteigen.«[96]

Solch eine Lehre bietet uns eine feste Grundlage, anhand derer wir die Zeugnisse im folgenden Kapitel prüfen und beurteilen können.

Kapitel 5

Sieben offene Fenster

»Wenn dein Angesicht nicht mitgeht, dann führ uns lieber nicht von hier hinauf! Woran soll man erkennen, daß ich zusammen mit deinem Volk deine Gnade gefunden habe? Doch wohl daran, daß du mit uns ziehst. Und dann werden wir, ich und dein Volk, vor allen Völkern auf der Erde ausgezeichnet werden« (Ex 33,15-16).

Berichte über die Erweckung im Jahr 1904 in Wales wurden mit ähnlichen Anklagen aufgenommen, wie sie auch gegenüber der *Great Awakening*, der »Großen Erweckung«, vorgebracht worden waren. Man meinte: »Viel Lärm um nichts« – hier käme nur hemmungslose Gefühlsduselei zur Auswirkung. Ein Kongregationalisten-Pfarrer, Reverend Peter Price, kann als führender Sprecher der Gegner angesehen werden. Wie Charles Chauncy vor ihm bezeichnete er die Erweckung als Produkt fleischlichen, nicht himmlischen Feuers. Er sagte, die Besucher von außerhalb sähen nichts außer einer »seichten, lärmenden, exhibitionistischen Erweckungsveranstaltung«.[1] Die Gottesdienste, die zum Teil bis drei oder vier Uhr morgens dauerten, waren für einige sicherlich provozierend: »Ordnung wich der Konfusion. Einige schrien: ›Aufhören, Herr Jesus, sonst sterbe ich!‹ Der Klang von Weinen, Singen und Lobpreis, der Anblick vieler, die ohnmächtig geworden waren oder, von Sünde überführt, voller Agonie auf dem Boden lagen – es war genauso unglaublich, wie es auch noch nie dagewesen war.« In diesen Versammlungen lachten viele »aus reiner Freude, waren aufgestanden oder stellten sich auf die Sitzbänke«. Bei einer Gelegenheit spürte Evan Roberts, der Leiter, den Impuls, ein besonderes Opfer für die Außenmission einzusammeln: »Das Geld konnte nicht gezählt werden, weil die Versammlung von mächtigen Eindrücken überwältigt wurde.«[2]

Dies sind Ansichten und Einschätzungen von Leuten, die außerhalb standen, von Zuschauern. Diejenigen, die sich innerhalb befanden, sahen die Dinge in einem ganz anderen Licht. Ein Baptistenpastor, Reverend

R. B. Jones, wurde von »der großen Notwendigkeit, mit dem Heiligen Geist erfüllt zu werden«, überführt. Er tat sich mit einigen Leitern der Erweckung zusammen, weil er glaubte: »Gott hat Flut angeordnet. Wenn wir von dieser Flut erfaßt werden, wird unser Werk mit großem Erfolg gesegnet sein.« Nach drei Wochen Teilnahme an den Versammlungen verfaßte er dieses Zeugnis über den großen Segen, den er 1904 in Llandrindod (Wales) persönlich erfahren hatte:

> *»Ich bin jetzt, Gott sei Dank, bei Euch draußen im Licht. Schließlich kann ich jenen einfachen Glauben, dieses Vertrauen auf Gottes Verheißungen und seine Wahrheit, selbst üben. Mir ist diese Kraft gegeben worden, um zahlreiche Versuchungen zu überwinden. Oh, wie herrlich ist es zu beten! Welch ein wunderbares Buch ist die Bibel geworden! Früher war sie eine Sammlung von Texten, jetzt ist jedes Wort darin voll mit einer Botschaft an mich persönlich. Wohin man sich auch wendet nach dieser Erfahrung – man kann nur staunen über die Wunder. Und ist es nicht das größte Wunder überhaupt, wenn man überlegt, daß man so lange ohne all das zufrieden war, und wie wunderbar einfach es ist – Jesus lebt in mir? Nachdem ich mich ihm ausgeliefert habe, bin ich sein und er ist mein ... Ich muß einfach seine Verheißung wiederholen, mich darauf berufen und ihm vertrauen, daß er mich sicher führt – und, siehe, es ist geschehen! ... Ich warte auf mehr, und es gibt mehr, mehr und mehr. Oh, ich möchte durch und durch abhängig vom Herrn und seinem Willen treu sein!«*[3]

Man kann an solch einem Zeugnis nur schwer etwas auszusetzen finden, denn es geht um Dinge des Herzens, um zentrale Werte und Prioritäten des Christseins. Eine ähnliche Ausrichtung findet man bei Iain Murray, der die Erweckungsgeschichte erforscht hat. Er beschäftigt sich mit Zeugnissen aus der Zeit der zweiten *Great Awakening* fünfzig Jahre zuvor. Obwohl eine gewisse Zeit dazwischen liegt, läßt sich seine Einschätzung nicht nur auf die Zeugnisse aus Wales, sondern auch auf die aus unseren Tagen anwenden:

> *»Sie erwachten zu einem neuen Leben, das zwar nicht in seiner Art, aber in seiner Tiefe neu war. In aller Wahrheit und Nüchternheit öffneten sich für unsere Kirche und unser Land neue Aussichten. Wenn Erweckung bedeutet, daß der Kirche die Gnade, die sie bereits besitzt, vermehrt geschenkt wird – eine Erhöhung des Normalzustandes –, dann*

folgt daraus: Die Belege, anhand derer sich Erweckungen beurteilen lassen, sind dieselben, die auch sonst immer Belege wahren Christentums sind. In der Liste des Neuen Testaments steht dabei die Liebe zu Gott und zu Menschen an oberster Stelle.«[4]

Ausgehend von Murrays Beurteilung wollen wir uns nun einigen Menschen zuwenden, die das Wirken der Gnade beschreiben, das sie in dieser Geistesausgießung erlebt haben. Dabei sollen ihre Erfahrungen in bezug auf Gebet und das Gebet für andere besonders herausgestellt werden. Wie in »Der Toronto-Segen« sind die folgenden Zeugnisse Berichte in der ersten Person; sie wurden höchstens im Satzbau ein wenig bearbeitet. Alle Zeugnisse werden mit Erlaubnis der Betreffenden veröffentlicht. Drei der ursprünglichen Zeugnisse aus »Der Toronto-Segen« werden auf den neuesten Stand gebracht; seit dem ersten Bericht ist ungefähr ein Jahr vergangen.

Belma Vardy

Belma hat einen sehr fruchtbaren Tanz- und Anbetungsdienst. Sie reist sehr viel, arbeitet mit Erwachsenen, Teenagern und Kindern aus den verschiedensten Denominationen. Sie lehrt darüber, wie man mehr von Gottes Nähe und mehr Freiheit in seiner Gegenwart erleben kann. Sie hat vier Videos über Anbetung und Tanz veröffentlicht.

In »Der Toronto-Segen« habe ich etwas davon berichtet, wie ich die Kraft der Liebe Gottes in meinem Leben erfahren habe. Es geschahen viele weitere Dinge, die ich nicht berichtet habe und damals auch nicht berichten konnte. Es ist eine Ehre und ein Vorrecht, auf diesen Seiten nun mehr von Gottes Gnade in meinem Leben erzählen zu können.

Wochenlang war ich bereits zu den Gottesdienstes in die *Airport Vineyard*-Gemeinde gegangen. Überall um mich herum manifestierte sich die Gegenwart und die Kraft des Heiligen Geistes in verschiedenster Art und Weise. Nur mit mir schien nichts zu geschehen. Ich wollte unbedingt das haben, was die anderen auch bekamen. Ich betete und betete. Nichts geschah. Ich fing an, mich wirklich komisch deshalb zu fühlen. Ich begann Gott Fragen zu stellen: »Was stimmt denn mit mir nicht? Warum berührst Du mich nicht? Hast Du mich vergessen?« Ich saß während der Gottesdienste einfach mäuschenstill da und ließ alles auf mich wirken, wobei ich mich manchmal wirklich auf einige Manifestationen konzentrierte. Ich fuhr fort mit dem Besuch der Versammlungen, beobachtete, wartete und stellte Fragen. An einem Abend ließ ich während der Anbetung einfach meinen Kopf hängen und betete in Sprachen. Ganz plötzlich fühlte ich etwas, das man nur so beschreiben kann, daß etwas wie flüssige Wärme aus meinem Inneren aufstieg. Durch all die Musik und das Singen hörte ich Gottes Stimme, die mir mit lautem Flüstern sagte: »Ich möchte, daß du mich anbetest. Ich möchte, daß du mich suchst.« Ich hob meine Hände und spürte, wie mich seine Gegenwart umgab. Ich tat Buße darüber, daß ich nicht zuerst ihn gesucht hatte, sondern die Manifestationen. An diesem Abend entdeckte ich ein wenig davon, was es bedeutet, Gott von Angesicht zu Angesicht zu begegnen.

Am nächsten Tag ging ich durch ein Kaufhaus. Gleichzeitig betete ich leise. Ich dankte dem Herrn für die Zeit der tiefen, persönlichen Nähe, die wir während der Anbetung gemeinsam genossen hatten. Plötzlich stellte ich fest, daß ich mitten in der Spielzeugabteilung gelandet war. Meine instinktive Reaktion war wegzulaufen, so wie ich es vorher schon oft tun wollte. Doch statt dessen merkte ich, daß ich am Boden festklebte. Ich stand still da und schaute mich um. Ich war schockiert! Ich merkte, daß mein Herz nicht mehr unruhig war. Der tiefe Schmerz, den ich sieben lange Jahre getragen hatte, war weg! Ich war so verwundert, daß es mir den Atem verschlug. Tränen begannen mein Gesicht herunterzurollen.

Das bedarf ein wenig der Erklärung, die mit meiner Vergangenheit zusammenhängt. Nach zwölf Jahren Ehe verließ mich mein Mann. Das warf mich um, zerriß meine Gefühlswelt. Ich war niedergeschlagen, untröstlich und von Trauer überwältigt. Es traf mich noch schlimmer, als ich einige Monate später herausfand, daß er mit einer anderen Frau zusammenlebte und daß sie von ihm schwanger war! Das schaffte mich völlig. Hoffnungslosigkeit, Verzweiflung, Tage voller Angst wechselten sich ab mit einsamen Nächten und endlosen Stunden des Weinens. Der Schmerz schlug tiefe Wurzeln und wurde schließlich zum Ärger; aus Ärger wurde Bitterkeit, und eine dunkle Depression setzte ein.

Unterschiedliche Phantasien spielten sich in meinen Gedanken ab. Eine Zeitlang wollte ich meinen Ex-Mann und seine Freundin Noreen[5] umbringen, ihr Baby entführen und weglaufen. Eigentlich sollte das mein Baby sein.

Als ich hörte, daß sie noch ein Kind bekamen, fühlte ich mich wie am Rand eines Nervenzusammenbruchs. Ich schauderte bei jedem Gedanken an Noreen; Ärger und Haß wurden stärker und quälten mich fast sechs Jahre lang.

Deshalb war es für mich in Spielzeugläden so unerträglich gewesen. Babykleidung, Babyspielzeug, Windeln, usw. – das alles entfachte einen Schmerz, den ich kaum ertragen konnte.

Doch nun stellte ich auf einmal fest, wie ich mitten in dieser Spielzeugabteilung stand und keinen Schmerz, keinen Kummer, keine Traurigkeit spürte. Ich fragte mich: »Wo ist das alles hin?? Es ist weg!« Allmählich ging es mir auf, daß niemand als der Herr diese Heilung bewirken konnte. Das war wirklich ein Wunder Gottes! Er hatte meinen Schmerz völlig weggespült.

Ich stand dort, meine Füße klebten am Boden fest, und ich begann, ihm zu danken und ihn zu preisen. Dabei fühlte ich, wie Freude aus meinem Inneren heraufsprudelte. Dasselbe Gefühl von flüssiger Wärme ergoß sich wieder ganz über mich und brachte völligen Frieden mit sich. Mir kam der Gedanke: »Herr, ich will nur Dir folgen und dem, was Du für mich hast. Für andere hast Du vielleicht das Zittern und das Lachen. Aber bei mir hast Du Dich entschieden, anders zu wirken, und ich akzeptiere es.«

Einige Tage vergingen. Als ich in meiner persönlichen Gebetszeit im Geist betete, spürte ich das Verlangen, für Noreen zu beten. Das schockierte mich wirklich. Ich empfand es als außerordentlich seltsam, weil ich das niemals vorher getan hatte. Doch ich empfand Liebe und Mitgefühl für sie, die nur vom Herrn kommen konnten. Als ich anfing, für sie zu beten, wurden diese Empfindungen stärker und realer. Wieder fühlte ich diese flüssige Wärme!

Während der folgenden Tage fühlte ich mich weiterhin gedrängt, für Noreen zu beten, und einmal hörte ich eine leise Stimme. Sie schien aus dem tiefen Inneren meiner Seele zu kommen, aber gleichzeitig den Raum zu erfüllen. Die Stimme sagte: »Ruf Noreen an.« Zuerst dachte ich, das bildete ich mir bloß ein. Ich betete weiter, nun in Sprachen, und versuchte, die Stimme zu ignorieren. Sie wurde lauter, und ich spürte einen Stoß in meinem Herzen. Trotzdem war ich überzeugt: »Das ist einfach nicht möglich.«

Ich wartete. Zwei Wochen vergingen. Ich rief nicht an. Doch dieser Impuls in meinem Herzen hielt an und ging nicht mehr fort. Ich brachte einfach nicht den Mut auf, anzurufen. Ich ging meine Entschuldigungen durch, und das Beste, was mir einfiel, war: »Was soll ich ihr denn überhaupt sagen?« Eines Morgens, als ich wieder im Gebet mit diesem Gedanken rang, antwortete der Herr: »Ich werde dir die Worte geben. Vertrau mir.«

Einen Monat später betete ich wieder – und fühlte, wie ich von seiner Gegenwart überwältigt wurde. Ich nahm den Hörer ab und wählte die Nummer. Ich fing an, nervös zu werden, und wollte wieder auflegen, bevor sie abnahm. Noreen ging ans Telefon. Ich gab mich nicht zu erkennen, sondern teilte ihr nur einige Dinge mit, die auf meinem Herzen waren. Noreen hörte zu und dankte mir anschließend. Ich wollte schon auflegen, als sie sagte: »Warten Sie! Wissen Sie, wie ich Belma erreichen kann?« Ich fühlte, wie ich mich innerlich anspannte, und fragte sehr kurz: »Warum?« Noreen antwortete: »Weil ich ihr sagen muß, daß es mir so leid tut!«

Ich fühlte, wie mein Herz völlig weich wurde und zerschmolz. Tränen liefen meine Wangen hinunter. Plötzlich spürte ich die Gegenwart des Herrn noch intensiver – er floß durch die Telefonleitung. Ich gab mich zu erkennen, und das anschließende Gespräch dauerte an diesem Abend noch dreieinhalb Stunden! Am nächsten Tag redeten wir noch einmal drei Stunden! Während der folgenden zwei Wochen riefen wir uns fast täglich gegenseitig an. Ich empfand eine Liebe und ein Mitgefühl für diese Frau, wie nur Gott sie mir geben konnte. Sie war nun nach dem Weggang ihres Mannes mit ihren Kindern allein und mußte um ihren Lebensunterhalt kämpfen. Ich konnte ihr meinen Glauben an Gott mitteilen. Noch ein Wunder Gottes.

Vier Wochen vergingen, und obwohl ich aufgehört hatte anzurufen, betete ich weiter täglich für Noreen. Wieder einmal spürte ich diesen Stoß in meinem Herzen. Während einer meiner Gebetszeiten sah ich, was der Herr als nächstes von mir verlangte. In meinem Geist sah ich mein Auto, wie es mit Lebensmitteln, Kleidung und Spielzeug für Noreen und ihre Kinder gefüllt war. Ich glaubte, daß dieses Bild nur von Gott sein konnte, deshalb machte ich mich ans Einkaufen. Ich brauchte sechs Wochen, um alles zusammenzubekommen. Ich fühlte, wie ich völlig von Liebe dabei geleitet wurde. Ich betete wegen jedes einzelnen Artikels. Als alles bereit war, rief ich Noreen an und vereinbarte ein Treffen mit ihr.

Wir trafen uns an einem Sonntagmorgen auf dem Parkplatz einer Kirche. Zuerst fühlten wir uns etwas verlegen, wir schienen beide ziemlich nervös zu sein. Ich betete leise. Plötzlich spürte ich wieder die Wärme und die Gegenwart Gottes bei uns. Von diesem Augenblick an war eine Atmosphäre des völligen Friedens da, und ich wußte, daß dieses Zusammentreffen Gottes vollkommener Wille war! Ich bat Noreen dann, ihren Kofferraum zu öffnen. Ich begann, ihn mit Lebensmitteln zu füllen. Noreen fing an, den Wert der einzelnen Tüten zusammenzurechnen, und sagte: »Das muß ich dir alles zurückzahlen.« Ich sagte: »Nein, ich möchte nichts zurückhaben. Nimm es einfach als Geschenk.« Weiter wanderten die Tüten in ihren Kofferraum, bis er ganz voll war. Noreen half mir, weitere Tüten auf den Rücksitz und den Beifahrersitz zu laden. Schließlich war das Auto so voll, daß wir nichts mehr hineinbekamen. Noreen fing an zu weinen und sagte: »Das hat noch nie jemand für mich getan. Warum tust du es?« Ich antwortete ihr: »Weil es mir auf dem Herzen liegt, es zu tun.« Sie fragte: »Aber was soll ich meinen Kindern erzählen?« Ich antwortete: »Sag ihnen einfach, daß Gott für sie sorgt.« Noreen schüttelte bloß noch den Kopf und sagte: »Ich fühle mich, als wäre ich in einer anderen Welt.«

Schließlich standen wir dort auf dem Parkplatz und unterhielten uns noch eine Stunde – das erste Mal, daß wir uns persönlich gesprochen haben. Am Ende gab ich Noreen ein christliches Video für ihre Kinder, und wir verabschiedeten uns. Ich spürte, wie sich ihr Herz öffnete, als sie mich lange umarmte. Ich fühlte, wie wir von soviel Liebe umgeben und eingehüllt waren. Von der Liebe Jesu.

Als ich wegfuhr, sprudelten aus mir die Dankgebete über dieses Wunder nur so heraus. Plötzlich fühlte ich, wie eine Wärme das Auto füllte, und in meinem Geist sah ich ein Bild. Noreen, ihre Kinder und ich standen im Thronraum Gottes vor dem Vater. Jesus stand hinter uns; seine Arme hatte er uns beiden auf die Schulter gelegt, und etwas, das aussah wie Flügel, schwebte als Schutz über den Kindern. Deutlich hörte ich, wie ein lautes Flüstern mein Auto füllte: »Diese Kinder gehören nicht Noreen, sie gehören mir. Und was du für sie getan hast, das hast du für mich getan.« Ich begann, zu weinen und um ihre Errettung zu beten. Ich wußte, daß Gott seine Hand auf ihnen hatte.

Gott hat mein zerbrochenes Herz geheilt und wiederherstellt. Er hat meine Trauer, Hoffnungslosigkeit und Verzweiflung, meinen Ärger und meine Bitterkeit weggenommen und alles durch seine bedingungslose Liebe und seinen Frieden ersetzt. Ich weiß, wenn wir Ärger und Bitterkeit hegen, zerstören wir nur uns selbst und bauen Mauern auf, die uns daran hindern, von Gott zu empfangen. Ich habe herausgefunden, daß ich auf Gottes Verlangen im Gebet eingehen und es in Vertrauen und Gehorsam praktisch umsetzen muß. Dann fallen die Mauern, die ich aufgebaut habe, langsam in sich zusammen. Wenn das geschieht, bin ich mehr und mehr in der Lage, deutlich Dinge von Gott zu hören. Ich sehe es als Vorrecht und als Ehre an, daß Gott mich auf diese Weise gebrauchte, um Noreen gegenüber meine Vergebung und Gottes Liebe zu zeigen.

Ich gehe weiterhin zu den abendlichen Gottesdiensten in die *Airport Vineyard*-Gemeinde. Ich sitze einfach da und lasse mich von Gottes Gegenwart durchdringen. Immer noch gibt es keine größeren äußeren Manifestationen. Doch wenn die anderen um mich herum zittern und lachend zu Boden fallen, dann lächle ich über all das, was sich im Inneren meines Herzens manifestiert. Wenn ich allein zu Gott bete, ihn liebe und ihn suche, wird er mir so sehr real und zeigt mir seine Gedanken und seine Führung. In diesen Zeiten erkenne ich, wie tiefgehend Gott an der Veränderung meines Herzens gearbeitet hat. Vor kurzem merkte ich, daß ich durch all das die Gelegenheit bekommen habe, aufgrund der Aussage Jesu zu handeln: »Und ich, wenn ich über die Erde erhöht bin, werde alle zu mir ziehen« (Joh 12,32).

An zwei Abenden in der Woche arbeite ich im Seelsorge-Team der *Toronto Airport Vineyard*-Gemeinde mit, und auch das ist für mich ein Vorrecht und eine Ehre. In meinem Herzen sind Liebe und Erbarmen in solch großem Maße gewachsen. Und ich habe dadurch erkannt, wie sehr Menschen nach Gott hungern und wie kaputt die Welt wirklich ist. Der Gedanke, daß Gott mich gebrauchen will – für Menschen aus Nationen von überall auf der Erde zu beten –, läßt mich ganz demütig werden.

Der Glaube dieser Menschen, die zu uns nach Toronto kommen, ist über alle Maßen groß und bestärkt mich selbst in meinem Glauben. Ich sehe, wie sie in der Gebetsreihe stehen, das Gesicht nach oben gerichtet, die Hände ausgestreckt, voller Sehnsucht nach einer Berührung des allmächtigen Gottes. Dann empfinde ich in meinem Herzen das tiefe Verlangen zu sehen, wie sie heil und ganz werden. Ich beobachte dann, wie Gottes Kraft, seine Liebe, seine Gnade und seine Barmherzigkeit sich über sie ergießen. Jedesmal werde ich von Ehrfurcht ergriffen.

Mir fällt eine Frau ein, die so nervös war, als ich sie fragte, ob ich für sie beten solle. Sie sagte, sie sei noch nie »vom Geist niedergestreckt« worden und wollte es auch auf keinen Fall erleben. Ich versicherte ihr, sie müssen nicht unbedingt unten auf der Erde liegen, um das zu empfangen, was Gott für sie habe. Sie könne auch im Stehen empfangen. »Gut«, sagte sie, »denn ich möchte bei all dem stehenbleiben.« Ich begann, für sie zu beten. Ich stand mindestens vierzig bis fünfzig Zentimeter von ihr entfernt; ich berührte sie auf keinen Fall mit meinen Händen, sondern betete nur für sie. Kaum war ein Satz von meinen Lippen gekommen, da schrie sie auch schon kurz auf und ging zu Boden! Sie lag dort und bewegte keinen Muskel!

Ich betete noch eine Weile weiter für sie und ging dann zu anderen, die Gebet wünschten. Später kam ich zurück, um zu sehen, wie es ihr ging. Sie berichtete mir, daß sie von solch einer gewaltigen Kraft getroffen wurde, so etwas hatte sie noch nie erlebt! Und so lag sie da, flach auf dem Rücken!

Während sie dort lag, zeigte ihr der Herr, daß es so ähnlich war wie in einem Krankenhaus. Sie lag auf dem Operationstisch, und auch all die anderen wurden operiert. Sie sah das Seelsorge-Team als die Ärzte und Krankenschwestern, und der Chefarzt, Jesus, legte jedem Anwesenden seine heilende Hand auf. Ich stand nur da, völlig erstaunt über das, was Gott ihr gezeigt hatte.

Es ist solch ein Vorrecht zu hören, was Gott im Herzen der Menschen tut! Es versetzt mich in Staunen, es ist so aufregend! Es segnet mich so sehr zu beobachten, wie andere gesegnet werden. Dann will ich noch mehr beten!

Was mich weiterhin erstaunt, ist, daß hier so viele verschiedene Kirchen und Gemeinden aus den unterschiedlichsten Denominationen zusammenkommen. Sie stehen vor Gott als ein Leib, beten ihn an, lernen, einander zu lieben und einander zu dienen. Es ist so aufregend, daß in der *Toronto Airport Vineyard*-Gemeinde Baptisten predigen können, Pfingstler oder Anglikaner oder ... Und auch im Seelsorge-Team ist es so, daß nicht nur Mitglieder der *Toronto Airport Vineyard*-Gemeinde mitarbeiten. Die Leute kommen aus den unterschiedlichsten kirchlichen Hintergründen. Es ist so wertvoll, Teil des Seelsorge-Teams zu sein und zu sehen, wie Gott mehr und mehr Menschenherzen durch seine Liebe zusammenwachsen läßt.

Bei all dem kommen mir zwei Bibelverse immer und immer wieder in den Sinn. Der eine ist aus dem Johannesevangelium: »Er muß wachsen, ich aber muß kleiner werden« (Joh 3,30). Der andere ist aus dem Kolosserbrief: »Dadurch sollen sie getröstet werden; sie sollen in Liebe zusammenhalten« (Kol 2,2).

Alan Wiseman, Mai 1995

Alan ist der Sohn von Missionaren und wuchs in Südafrika auf. Er ist Kirchenmusiker von Beruf und hat Musik an der University of Western Ontaria *und Theologie am* Ontario Theological Seminary *studiert. Zur Zeit ist er musikalischer Leiter in der* Grace Presbyterian Church *und außerdem verantwortlich für die Ausbildung des Gebetsteams dieser Gemeinde. Als Komponist beschäftigt er sich zur Zeit mit dem hohenpriesterlichen Gebet Christi (Joh 17).*

Seit meinem ersten Besuch in der *Airport Vineyard*-Gemeinde ist mehr als ein Jahr vergangen. Damals hatte ich keine Vorstellung davon, welche Auswirkungen dieser Besuch für mein Leben haben würde. Heute, nach fünfzehn Monaten, schaue ich auf diesen Tag zurück als den Anfang eines herrlichen Erdrutsches, der die geistliche Landschaft meiner Seele dramatisch verändert hat – und preise Gott für jeden Kieselstein, den er bewegt hat! In »Der Toronto-Segen« habe ich von diesem neuen Wirken Gottes in meinem Leben berichtet, das zu dem Zeitpunkt erst einige Monate alt war. Nun bin ich dankbar für die Gelegenheit, auf das Rückschau zu halten, was seine Gnade das ganze Jahr 1994 hindurch und ins Jahr 1995 hinein weiter an mir gewirkt hat – das Feuer brennt weiter!

Wenn ich über das vergangene Jahr zurückschaue, sehe ich eine Menge an Veränderungen. Doch diese Veränderungen sind nicht von der Art, wie ich es in der Schule erlebte, wenn ich neue Gedanken gelernt hatte. Diese Veränderungen haben nicht in erster Linie in meinem Verstand, sondern in meinem Herzen stattgefunden. Ich habe nicht so sehr etwas Neues gelernt, sondern bin jemand Neuer geworden. Nachdem man zum ersten Mal in der *Airport Vineyard*-Gemeinde für mich gebetet hatte, fühlte ich mich, als hätte ich mich einer Art geistlicher Operation unterzogen. Wie es bei einem chirurgischen Eingriff so ist, hatte ich vom eigentlichen Vorgang dieser Operation nichts mitbekommen. Doch ich wußte, daß der Eingriff erfolgreich gewesen war, denn jetzt »funktionierte ich besser«.

Ich entdecke immer wieder neu, welch ein geschickter Chirurg der Herr ist, besonders wenn ich neue Fähigkeiten und Freiheiten in mir finde. All das unterscheidet sich enorm vom Lernen neuer Lektionen, die man sich aneignen muß. Sogar die Art und Weise, wie ich jetzt lerne, ist viel subjektiver und mehr an Beziehungen orientiert. Ich werde tiefer und tiefer in das Geheimnis der Menschwerdung Christi hineingeführt; die Realität Christi muß ich nicht lernen, sondern sie wird in mir »geboren«.

Vor einem Jahr, nach meinen ersten Erfahrungen in der *Airport Vineyard*-Gemeinde, schrieb ich ein Lied, das etwas von meiner neuen Erfahrung mit der Gnade Gottes ausdrückte. Darin beschrieb ich meine Entdeckung, daß die Geschichte meines Lebens eigentlich nicht meine Suche nach Gott, sondern seine Suche nach mir ist – es war nicht mein Lied der Einladung an ihn, sondern vielmehr sein Lied der Einladung an mich. Ich nannte es *Come Love of Mine* [»Komm, mein Geliebter«]. Darin drückte ich eine Lektion aus, von der ich dachte, ich hätte sie gelernt. Doch im Januar 1995 machte ich eine sehr schwere Zeit durch. Es war eine Zeit, in der ich von Menschen enttäuscht wurde, eine Zeit, in der ich mich sehr einsam und mir selbst überlassen vorkam, eine Zeit, in der ich meine eigene Unfähigkeit erkannte, aber gleichzeitig keine menschliche Hilfe finden konnte. Ich kam an einen Punkt, an dem ich keine Initiative mehr aufbringen konnte. In dieser Zeit geschah es, daß ich noch viel intensiver erfuhr, daß Jesus mich suchte, auch wenn ich überhaupt keine Kraft hatte, ihn zu suchen. Ich lernte, daß es enorm wichtig war, auf seine Initiative zu reagieren – nämlich darauf, daß er mich liebte. Das war viel wichtiger, als daß ich zu beweisen versuchte, wie sehr ich ihn liebte. Durch diese sehr schmerzhafte Zeit erkannte ich, daß die Wahrheit des Liedes *Come Love of Mine* zu dem Zeitpunkt, als ich es schrieb, gerade erst in meinem Geist gezeugt worden war. Es hatte einige Zeit gebraucht, bis diese Wahrheit auch in meinem Leben Frucht brachte.

Im Februar brachte meine Frau unseren zweiten Sohn zur Welt; wir nannten ihn Andrew. Kurz nach seiner Geburt hielt ich ihn auf dem Arm und sang ihm *Come Love of Mine* vor. Mir kam der Gedanke, daß ich dieses Lied nie für unseren ersten Sohn gesungen hatte; dann erinnerte ich mich schnell daran, daß es ja noch gar nicht geschrieben war, als Peter geboren wurde. Ich dachte dann noch über die Umstände nach, unter denen dieses Lied entstand. Langsam dämmerte es mir, daß das Lied zur selben Zeit beendet worden war, als Andrew gezeugt wurde. Wie wunderbar war die Erkenntnis, daß Andrews Empfängnis, sein Heranwachsen im Mutterleib und seine Geburt genau mit Gottes Botschaft von seiner Liebe zu mir zusammenfielen. Ich hatte ein Lied von seiner Liebe empfangen, neun Monate damit gelebt und dann Frucht getragen (oder »geboren«, wie man im Englischen sagt). Gleichzeitig hatte meine Frau ein Kind empfangen, es in ihrem Leib ernährt und schließlich einem wunderbaren kleinen Jungen das Leben geschenkt.

Ich teile diese persönlichen Geschichten hier sehr bewußt mit. Denn ich glaube, daß es für jeden wichtig ist, folgendes zu erkennen: Wenn Gott uns in einer Zeit der Erneuerung seinen Segen schenkt, dann ist das nicht so, als ob etwas Neues zu unserem Besitz hinzugetan wird. Es ist keine Trophäe, die wir ins Regal unseres Lebens stellen, um jedem zu erklären: »Schau, ich habe Gottes Segen empfangen.« Die besten Gaben Gottes werden uns nicht geschenkt, sondern vielmehr in uns geboren. Es sind keine statischen Besitztümer, sondern lebendige Schätze, die wir hegen und pflegen müssen. Andrew ist für uns ein wunderbares Liebesgeschenk und bereitet uns unglaubliche Freude. Genauso ist Gottes Geschenk der Liebe große Freude für mich, bringt aber auch echte Verantwortung mit sich.

Das Erwachen meiner lebendigen Beziehung zu Gott, wie ich es erlebt habe, ist eine fortwährende Antwort auf das Liebeslied gewesen, das er in meinen Geist hinein gesungen hat. Ich habe dabei eine Menge gelernt und entdeckt, wie unsere Beziehung aufgebaut ist. Er ist der Liebende; ich bin der Geliebte. Er übernimmt die Initiative; ich muß darauf eingehen. Während ich seinem Lied zuhöre, werde ich mehr und mehr verändert, das Feuer der Liebe Gottes brennt sich tiefer in meine Seele hinein, das Leben Christi wird mehr und mehr Fleisch in mir.

Die Wirklichkeit des Evangeliums wirkt sich auf alle möglichen praktischen Arten aus. Zum Beispiel war ich vor einigen Monaten bei einem Freund. Wir hatten vor, ein wenig gemeinsam zu beten, doch sofort fing ich an, Selbstgespräche zu führen: »Ich habe doch nichts zu geben ... Ich liege selbst am Boden ... Ich glaube nicht, daß ich den Glauben habe, jetzt für jemand anderen zu beten ... Oh Herr, hilf mir.« Dann erfüllte mich plötzlich die Erkenntnis, daß Gott meinem Freund jetzt dienen wollte. Ich fühlte sein Verlangen, das zu tun. Und genauso sicher, wie ich wußte, daß Gott meinem Freund dienen wollte, genauso sicher wußte ich, daß ich im Augenblick der einzige weitere Anwesende war – also würde Gott mich gebrauchen müssen! Meine Perspektive änderte sich völlig! Sie war nun nicht mehr auf meine Fähigkeit zu beten und zu glauben ausgerichtet. Sie war auf Gottes Verlangen und Fähigkeit zu segnen ausgerichtet. Ich ging auf seine Liebe ein und betete für meinen Freund – aus dem Glauben, der nun in mir emporstieg. Dabei erkannte ich deutlicher, wie Gott meinen Freund segnen wollte, und betete dementsprechend. Während ich die Dinge aussprach, die der Geist offenbarte, sah ich, wie Gott mehr und mehr im Leben meines Freundes ausrichten konnte. Diese Dinge wurden zuerst in meinem Herzen geboren und dann durch mein Gebet Realität im Leben eines anderen! Welch ein Wunder – wir können tatsächlich die Liebe Gottes weitergeben, die in uns geboren wird!

Diese Offenbarung ist aber nicht ohne Kämpfe zustande gekommen. Eines der Dinge, die mich daran hinderten, diese Wahrheit zu verstehen, war eine Aussage, die ich hörte, als ich aufwuchs: »Gott liebt dich und hat einen wunderbaren Plan für dein Leben.« Natürlich stimmt das, aber leider sah ich diesen Plan immer als eine Art Bauplan. Gottes Wille für mich war so etwas wie eine Blaupause, die alle möglichen spezifischen Ereignisse, Daten und Entscheidungen enthielt. Gottes Wille war ein äußerer Plan, und ich mußte mein Bestes leisten, um die Einzelheiten dieses Plans zu erkennen. Nur so konnte ich sicher sein, daß ich diesem Plan entsprach, daß ich Gott gefallen konnte. Dieses statische Verständnis des Willens Gottes hat sich für mich als problematisch erwiesen. Denn ich gelangte zu der Überzeugung, daß es Gott mehr um die Erfüllung der einzelnen Punkte seines Plans ging als darum, daß mein Herz in Freiheit auf seine Liebe eingehen konnte.

Heute sehe ich, daß Gott als Liebender, nicht als Bauunternehmer zu uns steht. Er möchte uns einfach haben, viel mehr als alles, was wir tun. Ja, natürlich will er, daß wir in einer bestimmten Art und Weise leben und bestimmte Dinge tun. Doch das ist nur darauf ausgerichtet, uns noch besser lieben zu können und im Gegenzug mehr von unserer Liebe zu erhalten. Das Ziel ist Gemeinschaft und nicht so sehr Dienst. Es ist wirklich so, wie Jesus sagte: »Ich nenne euch nicht mehr Knechte, sondern Freunde.«

Um ein anderes Bild zu benutzen – ich sehe Gottes Willen jetzt wie einen großen Fluß. Das ist kein Plan, keine Landkarte mit einem festgelegten Verlauf. Es ist mehr wie die Kraft, die in einem großen Verlangen steckt, das auf ein bestimmtes Ziel ausgerichtet ist. Und wie ein Strom fließt dieses Verlangen unaufhaltsam seinem Ziel entgegen. Gottes Wille ist genau wie ein Fluß geradezu souverän, da nichts ihn davon abhalten kann, das Meer zu erreichen. Zwischendurch mag er auf einige Hindernisse stoßen; doch sie können höchstens den Verlauf ändern, niemals aber das Ziel. Ich sehe mich selbst mitten in diesem großen Strom. Ich kann mich entscheiden, ob ich ein Hindernis für Gottes Verlangen sein will oder ob ich mich von seinem Strom mittragen lasse.

Ich habe ihm öfter widerstanden, als ich zugeben möchte. Aber Gott hat mir in seiner Güte immer wieder die Gelegenheit gegeben, von meiner Dummheit umzukehren und mich dann wieder »in den Fluß zu werfen«. So bin ich mit diesem Fluß noch nicht so weit gekommen, wie es möglich gewesen wäre. Aber jetzt will ich nicht mehr zurückbleiben. Ich möchte nicht am Flußufer herumtrödeln und ganz nach Lust und Laune meines unbeständigen Herzens rein- und rausspringen. Ich möchte mich in die Tiefen werfen und ein Teil der Wogen von Gottes liebevollem Willen werden. Ich möchte die Reise seines Verlangens miterleben, wie es souverän auf sein Ziel zufließt.

Beim Waten hinaus in diesen Fluß habe ich nicht nur Gottes Verlangen nach mir, sondern gleichzeitig auch sein Verlangen nach anderen entdeckt. Diese Leidenschaft hat mein Gebetsleben drastisch verändert. Vor kurzem habe ich gebetet: »Herr, steig in meine Gefühlswelt hinab und füll mich mit deinem Verlangen; verändere mein ganzes Wesen, bis ich damit übereinstimme.« Zwei Tage später ging ich eine größere Straße im Zentrum von Toronto entlang. Als ich die Menschen an mir vorbeigehen sah, wurde ich von Liebe zu ihnen erfüllt. Ich sah jeden einzelnen als unglaublich einzigartig und wertvoll an. Seitdem diese Ausgießung des Geistes begonnen hat, zittere ich öfter in »außergewöhnlicher Epilepsie«. Als ich diese Menschen auf der Straße sah, begann ich heftig zu zittern in dem Verlangen, mit ihnen in Verbindung treten zu können. Auch wünschte ich mir für sie sehr, daß sie untereinander ebenso in Verbindung treten könnten. Ich mußte meine Augen schließen, damit das Zittern nachließ.

Und dann fiel ich am selben Nachmittag in eine alte Gewohnheitssünde zurück. Ich konnte nicht verstehen, was über mich gekommen war. Warum diese plötzliche Wendung von einem Extrem zum anderen? Ich ging im Gebet zum Herrn und bekam bald meine Antwort: Ich hatte Angst vor seinem Verlangen. Es war nicht seine heilige Leidenschaft, die mich in Sünde geführt hatte. Es ging mir wie Jona im Alten Testament: Gottes Ruf auf meinem Leben fühlte sich so groß, so tief an, als würde er mich überwältigen. Mein Sünde wurzelte in meiner Furcht vor der Leidenschaft, die hinter dieser Berufung stand. Ich vertraute mir selbst in diesem Punkt nicht, und deshalb vertraute ich Gott nicht. In meiner Angst war ich vor ihm geflohen, aber vor der Leidenschaft, die er mir gegeben hatte, konnte ich nicht fliehen. Und als ich vor ihm floh, hatte ich die Liebe, die er mir zu anderen geschenkt hatte, genommen und daraus etwas Häßliches und Egoistisches gemacht.

Als ich aufwuchs, kämpfte ich mit vielen Leidenschaften und Sehnsüchten. Die Mehrzahl von ihnen waren mit Sicherheit nicht im Sinne Gottes! Die meiste Zeit habe ich versucht, mich mit großer Disziplin selbst zu beherrschen. Ich beurteilte alles, was ich fühlte, und wenn ich etwas Verführerisches erkannte, tat ich mein Bestes, um es zu unterdrücken. Diese ständige Selbstüberprüfung ließ mich sehr befangen werden; ich hatte nicht die Freiheit, mich anderen gegenüber natürlich zu geben. Heute weiß ich, daß ich es dem Heiligen Geist überlassen muß, der Richter meiner innersten Gedanken zu sein. Ich muß es zulassen, daß er mich darin unterstützt, wenn ich in ihm lebe, und daß er mich überführt, wenn ich auf mich konzentriert lebe. Ich muß auf ihn hören, anstatt mich selbst zu beobachten. Denn meine Analyse, die mich so gehemmt hat, ist eine subtile Form von Stolz. Sie soll sicherstellen, daß andere meine Sünde nicht sehen können, und hat nur dazu geführt, daß ich einen Teil meiner Sünde und ihrer Folgen verstecken konnte. Jetzt weiß ich, daß dieses gehemmte Verhalten auch mein Leben mit Gott beherrscht! Ich habe versucht, die Arbeit des Heiligen Geistes zu tun – und dabei kläglich versagt.

Anstelle all die starken Gefühle zu unterdrücken, bitte ich nun den Heiligen Geist, sie zu reinigen. Gott verbindet seinen Willen mit Verlangen, mit Sehnsucht, nicht einfach nur mit Gedanken. Ich weiß nun, wenn ich in seinen heiligen Strom hineinkomme, werde ich etwas von seinen Gefühlen mitbekommen! Ich werde nicht einfach nur neue Gedanken und Ideen haben, die ausgeführt werden sollen. Ich werde neue Leidenschaften haben, auf die ich eingehen muß. Das ist das Wunder Christi in mir!

Vor einiger Zeit betete ich mit einer Gruppe von Freunden. Eine Freundin, die ich Elizabeth nennen werde, hatte sehr unter Depression und negativen Gedanken zu leiden. Wir stellten uns um sie herum und begannen zu beten. Ich wußte nicht, wo ich anfangen sollte, deshalb bat ich den Heiligen Geist, uns zu lehren, wie wir beten sollten. In der Stille, als wir die ersten paar Sekunden auf Gott warteten, fühlte ich auf einmal ganz starke Emotionen. Sie waren so intensiv, daß ich zunächst gar nicht darüber reden konnte. Meine Schultern hoben und senkten sich, als ich zu schluchzen begann. Ich sah Elizabeth als kleines, neugeborenes Baby. Ich erlebte mit, wie sie um ihr Leben kämpfte. Gleichzeitig spürte ich das Verlangen Christi, daß sie leben sollte, und ich wußte, daß sie leben würde, weil er dieses Verlangen hatte. Ich erlebte ihre Angst, sein Verlangen und gleichzeitig auch ihre Dankbarkeit. Dabei wußte ich, daß ich gerade Christi heilendes Wirken an ihrem Herzen mitbekam.

Als ich später mit Elizabeth redete, konnte ich ihr versichern, daß ihr Überleben kein glücklicher Zufall war. Sie lebte nicht, weil eine Krankenschwester im richtigen Moment zur Stelle war, sondern weil Christus eingegriffen hatte, weil er sie durch seine Liebe ins Leben gerufen hatte. Ich konnte ihr aus erster Hand vermitteln, wie machtvoll seine Liebe war, die sie ins Leben gerufen hatte. Ich wußte, daß diese Liebe, die bei ihrer Geburt anwesend war, heute noch genauso stark war. Und daß diese Liebe sie aus ihren negativen, sinnlosen Gedanken herausrief.

Gott liebt uns alle ins Leben hinein. Als ich es zuließ, daß er mit seiner Liebe die Initiative ergriff, und meine Rolle als Geliebter annahm, veränderte sich meine Art zu leben. Ich weiß mittlerweile so viel mehr darüber, wie er seine Kinder liebt – weil ich es nicht nur mit dem Verstand erkannt habe, sondern weil ich es fühlen kann. Und ich finde es viel leichter, seinen Willen zu kennen, weil er in meinem Herzen Offenbarung schenkt und nicht nur in meinem Verstand. Das veränderte die Art und Weise, wie ich lebe und arbeite.

Zum Beispiel habe ich immer damit zu kämpfen gehabt, daß ich Dinge aufschob – eigentlich sollte ich wahrscheinlich einfach von Faulheit sprechen! Ich finde es sehr schwierig, hart oder ausdauernd zu arbeiten, wenn ich nicht durch äußeren Druck nachhaltig dazu gezwungen werde. Oft setze ich mir selbst diese äußeren Termine, weil ich weiß, daß ich ohne sie fast gar nichts zustande bringe. In Wirklichkeit erkenne ich damit nur an, daß meine Motivation zu arbeiten nicht von innen heraus kommt. Ich brauche jemanden oder etwas, der oder das auf mich angewiesen ist, sonst kann ich nichts leisten. Diese Haltung trifft auch auf meine geistliche »Arbeit« zu.

Die Arbeit, die ich für den Herrn tue – Gebet und Dienst –, erfordert eine Menge Druck, damit ich treu darin bin. Wenn viele Menschen in meiner Umgebung darauf angewiesen sind, daß ich »geistlich« bin und sie führe, fällt es mir sehr leicht, motiviert zu sein. Doch wenn der Druck weg ist … nun, dann wird die Arbeit langsamer … und schließlich … steht sie still. Ich kämpfe, um mich selbst dazu zu zwingen, daß ich aus Liebe zum Herrn arbeite. Doch damit habe ich nicht viel Erfolg. Vor kurzem ist mir jedoch ein Licht aufgegangen!

Der Herr zeigte mir die Motivation in meinem Herzen: Ich arbeite in erster Linie, um anderen zu gefallen. Ich möchte ihre Bestätigung, ich möchte ihr Lob, und ich möchte ihre Bezahlung! Bei meinem persönlichen Gebet und bei meinem geistlichen Einsatz sah ich Gott wie einen Chef, der mich bei sich angestellt hat. Ich arbeitete, um ihm zu gefallen. Dann offenbarte er mir, daß es mir wirklich unmöglich ist, ihm mit meiner Arbeit zu gefallen. Allein Christus konnte Gott gefallen. Er zeigte mir, daß ich nicht mehr versuchen sollte, ihm mit meiner Leistung zu gefallen. Für ihn hatte die Arbeit niemals diesen Zweck. Es geht nicht um Mühe, sondern um Beziehung.

Die Gelegenheiten zu dienen, die Gott uns gibt, sind nicht dazu da, daß wir ihm damit gefallen. Sie sind vielmehr dazu da, daß wir mit ihm Gemeinschaft haben können! Wir dienen ihm, damit wir an dem beteiligt sind, was er tut. Wir dienen ihm, damit wir dort sind, wo er ist. Wir engagieren uns in seinem Willen, damit wir nicht außerhalb bleiben. Gott zeigte mir, daß ich ihm nicht damit gefalle, wie gut ich meine Arbeit tue, sondern damit, wie gut ich mich an seiner Arbeit beteilige. Ich gefalle Gott, wenn er mich in Christus findet. Und da Jesus immer das tat, was er den Vater tun sah, bedeutet »in ihm zu sein«, daß wir uns um die Dinge des Vaters kümmern. Was die Motivation angeht, ist das ein himmelweiter Unterschied. Gott zu gefallen, das muß ich leider sagen, schien niemals ein so starkes Motiv zu sein, daß ich deshalb wirklich hart gearbeitet hätte. Doch die neue Leidenschaft, die ich für ihn empfinde, ist genug – sie treibt mich dazu, nach mehr Gemeinschaft mit ihm zu streben. Seine Gegenwart ist mehr als genug.

Dieses neue Verständnis hat mir etwas verdeutlicht, was mich während der vergangenen Monate verwirrte. Früher war es so: Es fiel mir tatsächlich schwerer, für Jesus zu arbeiten, während ich mich mehr und mehr in ihn verliebte. Der Grund dafür war, daß ich mich durch die Arbeit aus eigener Kraft eigentlich mehr und mehr von seiner Gegenwart entfernte. Und so wurde die Arbeit wirklich eine Last. Doch welche Freude ist es, nun zu wissen: Er will meine Arbeit für ihn gar nicht. Er will Gemeinschaft mit mir haben, und da er sich ständig um sein Werk kümmert, kann ich am besten Zeit mit ihm verbringen, wenn ich tue, was er tut!

Das Ziel meines Lebens ist nicht: mehr Dienst, nicht einmal: mehr Dienst für Gott. Das Ziel ist: Gemeinschaft. Wenn ich Gemeinschaft zum Ziel meines täglichen Lebens mache, verändert und leitet diese meine Arbeit in eine neue Richtung, hinein in die Gegenwart Gottes.

Sogar Gebet ist jetzt keine geistliche »Arbeit« mehr. Jetzt ist es die offene Tür zur Gemeinschaft mit Gottes Liebe. Es ist das Mittel, durch das ich an dem teilhabe, was Gott tut. Wenn ich über das bete, was er tut, tue ich es mit ihm! Und wenn ich etwas mit Gott zusammen tue, habe ich Gemeinschaft mit ihm. Mit Gott im Gebet zusammenzuarbeiten bringt mich nicht nur in Gemeinschaft mit ihm, in der ich mehr von seiner Liebe empfangen kann. Es bringt mich auch mit seiner Liebe zu anderen in Berührung, mit denen ich Gemeinschaft in einer Fülle erfahren kann, die ich mir vorher niemals hätte träumen lassen. Wenn ich im Gebet mit meinem Vater zusammenarbeite, weiß ich, daß ich ihm gehöre und daß er mir gehört. Ich weiß auch, daß jeder andere ihm genauso gehört. Dann beginne ich zu erkennen, daß ich eins bin mit all denen, die ihn erkennen. Sie sind meine Brüder und Schwestern. Sie gehören mir und ich ihnen. Ich habe niemals solch eine Liebe kennengelernt, wie man sie im Willen des Vaters finden kann.

Melanie Morgan-Dohner, 21. Mai 1995

Melanie und ihr Mann Dennis sind Mitglieder des Pastorenteams der *Vineyard*-Gemeinde in Hopkinsville (Kentucky, USA). Sie arbeiten außerdem als Psychotherapeuten in einem christlichen Beratungszentrum mit. Melanies Tochter heißt Monica – schon im Kindergartenalter hat man bei Monica eine Lernbehinderung festgestellt.

Es ist jetzt ein Jahr vergangen, seitdem unsere Mädchen von Legasthenie geheilt wurden! Heather Harvey, die Tochter unserer leitenden Pastoren, Graham und Mary Harvey, wurde während ihres Aufenthalts in der *Toronto Airport Vineyard*-Gemeinde geheilt. Sie kam zurück und betete für unsere Tochter Monica um Heilung. Unser Leben hat sich völlig verändert! Wir haben gesehen, wie die Mädchen erstaunliche Dinge fertiggebracht haben, und so wie sie sich verändert haben, haben auch wir selbst uns verändert. Gottes heilende Berührung erreicht so viele verschiedene Richtungen.

Eine Lernbehinderung wirkt sich im Leben eines Menschen in allen Bereichen aus, und auch die ganze Familie leidet darunter. Seit Monica im ersten Schuljahr mit ihren Kämpfen anfing, arbeiteten wir mit ihr, waren wegen ihr und mit ihr frustriert und weinten wegen ihr. Als Familie hatten wir einsehen müssen, daß alle Anweisungen immer ganz langsam erklärt, Schilder laut vorgelesen und selbst die Speisekarten erklärt werden mußten. Die Untertitel im Kino mußten wir ihr leise ins Ohr flüstern, und die Hausaufgaben haben jeden Tag Stunden um Stunden beansprucht. Es gab nie eine Zeit, in der wir nicht alle irgendwie davon berührt wurden, daß Monica Symbole, Buchstaben und Zahlen nicht richtig verarbeiten konnte.

Als Heather aus Toronto nach Hause kam, war sie fest entschlossen, für andere zu beten, die unter Legasthenie litten. Die erste davon war Monica. Nachdem sie unter der Kraft des Heiligen Geistes zu Boden gefallen war, stand Monica auf und berichtete uns ziemlich genau dasselbe, was auch Heather gesagt hatte. Monicas erste Worte waren: »Ich fühle mich, als hätte ich zum ersten Mal alle Teile meines Puzzles beisammen.« Ihr Papa und ich wußten wirklich nicht, was Gott getan hatte. Wir hofften auf Erleichterung, damit das Leben nicht mehr so anstrengend war wie bisher. Doch wir hatten schon so lange mit Legasthenie gelebt und waren ehrlich gesagt darauf eingestellt, weiterhin damit zu kämpfen. Monica spürte jedoch sofort, daß etwas Einschneidendes passiert war, und das wurde in der nächsten Woche von ihrem Nachhilfelehrer bestätigt. Er hatte gerade eine Testreihe abgeschlossen, mit der das Ausmaß von Monicas Lernbehinderung festgestellt werden sollte.

Unmittelbar sichtbar wurde, daß Monicas Gehirn erfolgreich verarbeiten konnte, was ihre Augen sahen. Die Buchstaben in jedem geschriebenen Wort blieben nun für sie in der richtigen Reihenfolge. Sie konnte Wörter aussprechen, indem sie mit dem ersten Buchstaben anfing. Das war ihr vorher nicht möglich gewesen, sie sah normalerweise einen der mittleren oder den letzten Buchstaben als ersten an. Zum Beispiel sagte sie, das Wort Schiff beginne mit einem F-Laut. Sie sah die Buchstaben auch nicht mehr umgekehrt, so daß sie die Buchstaben b und d verwechselte. Und beim Schreiben zeigten alle Buchstaben ebenfalls in die richtige Richtung. Monica konnte Silben in der richtigen Reihenfolge aussprechen und zum ersten Mal beim Lesen korrekt von einer Textzeile zur nächsten übergehen.

In der Woche, nachdem Heather für sie gebetet hatte, berichtete Monica jeden Tag: »Ich habe heute verstanden, was in der Schule passiert ist!« Sie war ganz verwundert darüber. Im Laufe der Tage waren die Veränderungen so dramatisch, daß wir sie einfach nicht übersehen konnten. Sie wählte sich

Bücher aus, die sie interessierten, und benutzte sie, um richtig lesen zu lernen. Sowohl Heather als auch Monica haben noch mit einigen grundlegenden Dingen des Lesens zu kämpfen, aber zum ersten Mal können sie überhaupt lesen, weil sie endlich dem vertrauen können, was sie sehen.

Während dieses Jahres hat Monica gegen die Versuchung kämpfen müssen, den leichten Weg zu gehen: »Sag mir, was da steht.« Doch wenn man sie herausfordert, liest sie sehr gut und sagt dann oft: »Oh, das war gar nicht schwer.« Letzte Woche war sie sehr ärgerlich, als ihre Schwester sich zu ihr hinüberbeugte, um für sie den 1. Petrusbrief in der Bibel aufzuschlagen. Oft sagt sie: »Vergeßt bitte nicht, daß ich das jetzt selber kann.«

Rechnen war für Monica auch ein schrecklich schwieriges Fach gewesen. Sie konnte die Ziffern nicht richtig anordnen. Die Zahlen waren über die ganze Heftseite verstreut, so waren ihre Rechenergebnisse niemals richtig. In der ersten Woche nach dem Gebet brachte Monica eine Rechenaufgabe nach Hause, für die ich sie zur »Nachwuchs-Buchhalterin« ernannte. Reihe für Reihe war tadellos geformt, Abstand und Ausrichtung der Zahlen waren perfekt. Ich war sprachlos. Ich wußte, das war nicht geschehen, weil sich eine Veränderung in ihrem Denken oder in ihrer Überzeugung in bezug auf sie selbst abgespielt hatte oder weil ihr die Minderwertigkeitsgefühle genommen worden waren. Gott hatte weit mehr getan, als ich jemals zu hoffen gewagt hatte.

Noch vor Ende dieses Schuljahres waren wir in Monicas Schule zu einer »Autorenlesung« eingeladen. Monica hatte sich bereit erklärt, einen ihrer Aufsätze öffentlich vorzulesen! Etwas über ein Jahr davor wäre das ein unmöglicher Traum gewesen. Ja, wir haben geweint. Ja, wir haben gemerkt, wie groß Gottes Handeln an ihr war!

So gewaltig und wunderbar ihr Lesen für mich ist, Monica sieht diese Heilung nur als einen Teil von dem an, was Gott an ihr getan hat. Sie fühlte seine Hand auf sich, und zur gleichen Zeit, wie ihr Gehirn geheilt wurde, wurde auch ihr Herz für immer verändert. Sie weiß, daß Gott sie kennt, sie liebt und möchte, daß sie frei ist. Mit ihren zwölf Jahren ist sie voll mit zuversichtlichem Vertrauen auf den lebendigen Gott. Sie kennt ihn als einen Gott, der seinen Kindern helfen will, der willig und fähig ist, sie zu heilen, und der sie benutzen will, das zu tun. Monica und Heather haben die Zuversicht, Gott um Heilung für andere zu bitten. Das ist eine Frucht, die sich allerdings nicht medizinisch nachweisen läßt.

Heathers Fortschritte sind genauso erstaunlich. Im vergangenen Jahr hat sie sich in Mathematik um drei Notenstufen verbessert und im Sprachunterricht um zwei Stufen. Neben ihren Hausaufgaben für die Schule liest sie jede Woche drei Bücher. Ihre Eltern sagen, sie »verschlingt Bücher«. Sie versteht sowohl schriftliche als auch mündliche Anweisungen, was vorher für sie sehr schwierig war. Wie bei Monica haben auch bei ihr die typischen Buchstaben- und Wort-Dreher aufgehört, auch sie kann die Wörter richtig aussprechen. Sie lernt die Schreibweise schwieriger Wörter und kann sich später daran erinnern. Vor kurzem las Heather etwas, das sie interessierte, laut aus der Zeitung vor. Ihre Mutter Mary sagte, sie sei völlig überrascht gewesen. »Ich glaube, es wird noch eine Zeit dauern, bis ich mich bloß daran gewöhnt habe, daß sie lesen kann. Das war so ein großes Problem, und jetzt ist es weg!«

Mary sagt, auch in bezug auf Heathers Selbstvertrauen hat eine dramatische Veränderung stattgefunden. Als Heather noch klein war, war sie sehr entschlossen und fröhlich, sie schien durchs Leben zu stürmen. Doch ihre Eltern beobachteten, wie das zerschlagen wurde, als sie voller Schwierigkeiten zu lernen versuchte. Legastheniker haben häufig das Problem, daß etwas Gelerntes verschwindet und am nächsten Tag oder in der nächsten Woche wieder ein völliges Geheimnis ist. Für Heather war das so entmutigend, daß sie nichts Neues mehr versuchen wollte. Es schien so sinnlos zu sein. Jetzt geht sie das Leben wieder voller Begeisterung an, und Mary sieht, wie die ursprüngliche Persönlichkeit ihrer Tochter wiederhergestellt wird.

Monica und Heather haben verstanden, daß sie das, was sie empfangen haben, weitergeben müssen. Sie tun es mit Leidenschaft. Die beiden Mädchen und ihre Schwestern begannen, für jeden zu beten, der von Lernbehinderungen geheilt werden wollte. Zur Freude aller begannen wir, von Heilungen zu hören. Es sprach sich herum, und andere kamen in unsere Versammlungen, um für sich beten zu lassen. Die Mädchen begleiteten uns während des Jahres zu verschiedenen Gottesdiensten und Konferenzen. Jedes Mal, wenn sie gebeten wurden, ihre Geschichte zu erzählen, kam es dazu, daß sie den Rest des Abends mit dem Gebet für andere verbrachten.

Als ihre Geschichte im Buch »Der Toronto-Segen« abgedruckt worden war, kamen Briefe von Leuten, die nach dem Lesen plötzlich von dem Gedanken erfüllt wurden, daß auch sie geheilt werden könnten. Eltern baten uns, für ihre Kinder zu beten, die Legastheniker waren. Großeltern schrieben und baten um Gebet für ihre Enkel. Einige Briefe hatten überhaupt nichts mit Legasthenie zu tun; Eltern baten um Fürbitte für ihre Kinder, die andere medizinische und körperliche Probleme hatten. Es scheint, als hätte Gott unsere Geschichte benutzt, um Menschen überall auf der Welt Hoffnung, Glauben und Begeisterung zu schenken. Wir bekamen Briefe aus

England, Irland, Schottland, Wales, Kanada, der Schweiz, Australien, Neuseeland und Südafrika. Mittlerweile haben wir über siebzig Briefe bekommen, und Woche für Woche erhalten wir weitere.

Es war uns ein Vorrecht, für all diese Menschen zu beten. In unseren Gottesdiensten lesen wir die Briefe vor und beten für die Anliegen. Einige Briefe stammen von Pastoren, die möchten, daß Gott in ihrer Gemeinde sein Feuer entzündet. Die Mädchen beten besonders gern für diese Pastoren. Sie verstehen, was es damit auf sich hat, wenn man mehr von Gott will. Wir stellen uns zusammen hin und beten, daß der Geist Gottes sich in großer und wunderbarer Weise manifestiert, daß er Feuer entzündet und den Gemeinden Erfrischung, Erneuerung und Leidenschaft bringt. Wir beten darum, daß die Menschen, die in Gefahr sind, verloren zu gehen, von Gottes Liebe angezogen werden.

Wir konnten genau feststellen, wann »Der Toronto-Segen« in den Vereinigten Staaten veröffentlicht wurde. Denn statt Briefen bekamen wir nun hauptsächlich Anrufe! In fünf Monaten haben wir wahrscheinlich mit achtzig Leuten am Telefon gebetet. Am Anfang riefen die Menschen an und fragten, ob wir einen Namen auf unsere »Legasthenie-Gebetsliste« setzen könnten. Da wir solch eine Liste nicht hatten, sagten wir: »Können wir nicht einfach jetzt für Sie beten?« (Mittlerweile haben wir eine fortlaufende Gebetsliste und können weiterhin für diese, uns lieb gewordenen Menschen beten.)

Wir haben herausgefunden, daß es für den Heiligen Geist kein Problem ist, jemanden bei einem Telefongespräch zu erreichen. Wir konnten beim Telefonieren spüren, daß seine Gegenwart sich manifestierte und er wunderbare Dinge tat. Es ist etwas Unglaubliches, den Heiligen Geist zu spüren und zu hören, daß diejenigen, für die wir beten, ihn ebenfalls fühlen. Daß sie vielleicht anfangen, zu zittern oder zu zucken, oder daß sie Bilder von Gott empfangen. Oder daß sie zu Boden fallen. Manchmal sind die Menschen am anderen Ende der Leitung so angerührt, daß sie nicht mehr sprechen können. Wir haben gelernt zu sagen: »Wir werden jetzt aufhängen, und Sie können sich einfach im Geist entspannen.« So brauchen sie für längere Zeiten »im Geist« keine Telefongebühren zu bezahlen.

Mehr Licht! Mehr Heilung! Ein Jahr nach unserem ersten Besuch in Toronto sind das die zwei Hauptthemen unseres Gebetslebens. Vor langer Zeit lernten wir, daß es gut ist, um Heilung zu beten. Aber wir machten nur die Erfahrung, wenn wir viel darum beteten, geschah es manchmal, daß wir etwas sehen konnten. Wir hatten viel mehr Glauben für Heilung auf Konferenzen, wenn jemand mit einer besonderen Salbung bestimmte Beschwerden nannte, die Gott heilen wollte. In diesen Fällen mußte der Betreffende mit der entsprechenden Krankheit anwesend sein. In der folgenden Woche hörte man dann etwa: »Oh! Es gab einen Aufruf für Leute, die Rückenprobleme hatten. Wir wünschten, du wärest da gewesen, um für dich beten zu lassen.« (Aber weil du nicht da warst, bist du nicht geheilt worden.)

Durch diese Zeit der Erneuerung haben wir nun ein völlig anderes Verständnis für Gebet um Heilung. Es ist nicht für besondere Zeiten oder Orte gedacht und muß auch nicht von besonderen Menschen gebetet werden.

Im Oktober reisten wir als Eltern nach Toronto zur *Catch the Fire*-Konferenz. Wir erzählten den Anwesenden unsere Geschichte, und während der Gebetszeit kamen mehr als hundert Menschen auf uns zu. Sie baten um die geistliche Ausrüstung, nach Hause gehen und für andere beten zu können, die ebenfalls unter Lernbehinderungen litten. Doch die Mädchen waren nicht da – sie waren zu Hause in Kentucky geblieben –, und wir fragten uns auf einmal, ob wir überhaupt für diese besondere Ausrüstung beten könnten. Es waren immer die Mädchen gewesen, die um Heilung gebetet hatten. Nun erwarteten diese Leute etwas völlig anderes. Wir beteten (meine Gebete fingen alle an: »Herr, du weißt, daß die Mädchen nicht hier sind ...«) und stellten fest, daß der Heilige Geist sehr deutlich gegenwärtig war: Die Gebetszeiten waren sehr intensiv, Menschen fielen zu Boden, zitterten und weinten wegen all dem, was diese lernbehinderten Kinder durchmachen mußten. Sie spürten Gottes Herz für diese Kinder. Und wir lernten, daß Gott jedes verfügbare Gefäß benutzt, um seine heilende Gnade auszugießen.

Bald nach unserer Rückkehr von der Konferenz hörten wir von Ed Loughran, dem Pastor der *Vineyard Christian Fellowship* in Joliet (Illinois, USA). Er war einer von denen, die bei unserem Aufenthalt in Toronto nach einer Ausrüstung für das Heilungsgebet verlangt hatten. Er erzählte uns, daß er ein umgekehrtes Z über dem Kopf eines Mannes aus seiner Versammlung gesehen hatte. Ed dachte: »So etwas geschieht bei Legasthenie. Die Buchstaben werden umgedreht.« So betete Ed um Heilung von Legasthenie. Michael Powers, so hieß dieser Mann, sagte, während Ed betete, konnte er auf seinem ganzen Kopf unglaubliche Wärme spüren, als ob er in einem Backofen steckte.

Michael sagte, vor Eds Gebet hätte er oft Zahlen umgedreht. Er konnte Dinge, die er las, nicht behalten oder verstehen, wenn er sie nicht immer wieder las. Schließlich haßte er das Lesen, etwas, mit dem sich Monica und Heather deutlich identifizieren konnten.

Michael berichtet, daß er jetzt deutlich laut lesen kann, den Inhalt gleich beim ersten Mal verstehen und behalten kann und daß ihm Lesen Spaß macht. Die Erfahrung und die Heilung ließen die Bibel für ihn lebendig werden, und er sagt, er kann »nicht genug von Jesus bekommen!« Gott hat ihm viele Gelegenheiten gegeben, anderen die Liebe Jesu weiterzugeben. Sein Pastor bestätigt seinen Drang, die Gute Nachricht zu verbreiten. Er sagt, Michael ist »geboren für den Dienst«.

Ein Ehepaar aus einem anderen Bundesstaat kam an einem Sonntag zu unserem Gottesdienst. Sie brachten ihre zehnjährige Tochter mit, um für sie beten zu lassen (sie haben darum gebeten, daß ihr Name nicht genannt wird, freuen sich aber, wenn ihre Geschichte erzählt wird). Das Mädchen hatte hochgradige Legasthenie und war nicht in der Lage, irgendwie abstrakt zu denken. Die Kinder stellten sich um sie herum und beteten. Sie beteten, daß der Herr sie von allen seelischen Schmerzen heilte, von dem Gedanken, sie sei »dumm« oder »blöd« und könne Dinge nicht verstehen, die jeder andere verstand. Sie beteten, daß sie anderen Kinder vergeben konnte, die sie aufzogen oder hänselten. Sie beteten darum, daß die unheilen Bindungen ihrer Vorfahren, die möglicherweise für die Legasthenie verantwortlich waren, durchbrochen wurden. Sie baten den Herrn, »einfach ihr Gehirn in Ordnung zu bringen«. Heathers Schwester Alissa sah in einem Bild, wie Gott etwas in das Gehirn des Mädchens hineintat. Bald waren sie alle wieder weg, spielten und genossen das gemeinsame Essen. An diesem Abend machte sich die Familie auf den langen Heimweg. Während der Fahrt mußte die Tochter fünf Mathematik-Textaufgaben für die Schule lösen. Für sie hatten solche Textaufgaben niemals Sinn ergeben, eben weil sie Schwierigkeiten mit dem abstrakten Denken hatte. Doch zum allerersten Mal verstand sie die Aufgaben und konnte ihrer Mutter ihre Überlegungen erklären. Sie erläuterte, wie sie das Problem verstand und wie sie die richtigen Zahlen einsetzte, um es zu lösen.

Die Mutter war so erstaunt, daß sie in der folgenden Woche einen IQ-Test mit ihrer Tochter machen ließ, der die Sprachfähigkeit und die Koordination zwischen Hand und Auge überprüfte. Es zeigte sich, daß die Koordination sich gegenüber früheren Testergebnissen dramatisch verbessert hatte. Ihre Mutter berichtet, daß sie nun Dinge sehen kann, die sie früher immer verzerrt wahrgenommen hatte.

Herb und Carol Rees aus Cincinnati besuchten uns an einem Wochenende mit ihrer Enkelin Lindsey Crawford. Sie hofften, wir würden für Lindseys Lernprobleme beten, was wir auch einige Male taten. Dieses Mal übernahm unsere Jugendgruppe die Initiative. Sie benutzen einen etwas »anderen« Gebetsstil: Sie beten eine Weile als Gruppe, spielen eine Zeitlang und kehren dann zum Gebet zurück, wenn jemand von ihnen einen Gedanken oder eine Idee hatte. Das Spielen nimmt einem Kind, das sie vorher nicht kannte, eine Menge seiner Angespanntheit. Bei Lindsey baten sie Gott, zunächst zu offenbaren, ob es irgendwelche geistlichen Wurzeln für die Legasthenie gab. Sie beteten, daß Lindsey sich selbst so sehen konnte, wie Gott sie sah, nicht durch den Filter des Schmerzes. Sie brachen die Macht der Scham und wiesen alle Namen und Bezeichnungen zurück, die nicht dem entsprachen, wie Gott sie geschaffen hatte. Sie baten den Herrn, Lindsey mit Frieden zu segnen, und geboten der Angst zu weichen. Als sie zum zweiten Mal für sie beteten, fiel sie auf den Boden und spürte die Gegenwart von Engeln, die ihr dienten. Es wurde um Heilung für ihr Gehirn und von allen seelischen Verwundungen gebetet. Die Jugendlichen beteten gegen Verwirrung und baten Gott, statt dessen Klarheit zu schenken. Sie baten ihn darum, wo es nötig war, Dinge in ihrem Gehirn neu zu verbinden.

Der Großvater hat uns später berichtet, daß sich während der folgenden Monate ihre Mathe-Leistungen, ihr Lesen und ihre Rechtschreibung verbesserten und daß sie freiwillig mehr liest. Vorher war sie nicht in der Lage zu lesen, jetzt steht sie auf der Bestenliste ihrer Schule. Ihr Selbstwertgefühl und ihre Liebe zu Jesus haben eine neue, reifere Ebene erreicht.

Zu unserem Gebetsdienst gehört jetzt auch die Bitte um mehr Licht. Fürbitte um Licht ist etwas, über das Gott direkt nach unserer Rückkehr aus Toronto zu uns redete. Er sagte uns immer wieder, wir sollten beten: »Mehr Licht!« Wir versuchten immer wieder, es etwas komplexer zu machen, und er sagte immer wieder: »Betet um mehr Licht!«

Wir haben gelernt, daß sein Licht Dinge offenbart, besonders Dinge in unserem Inneren; wenn sein Licht zunimmt, vertreibt es die Dunkelheit. Ängste, Bollwerke und Sünden werden vom Lichtkegel Gottes erfaßt. Die Offenbarung »mehr Licht« ist so ähnlich wie ein heller Suchscheinwerfer, den man in einen Wandschrank richtet. Das Licht zeigt uns Sachen, von denen wir gar nichts wußten oder die wir vergessen hatten. Sachen, die wir dort verstaut hatten. Sachen, die »nicht mehr passen«. Sachen, die wir loswerden wollten, wenn wir wüßten, daß sie da sind. Dinge, von denen Gott will, daß wir sie loswerden. Dieser Wandschrank ist nicht gefüllt mit Wäsche und Kleidung, sondern er ist voll mit Einstellungen, Überzeugungen, Verteidigungen und Urteilen, die uns körperlich, seelisch und geistlich geschadet haben.

Diese nie überprüften Haltungen, Fehleinschätzungen, Ängste und vergessenen Schwüre hindern uns daran, die Nähe zu Gott zu erreichen, die er uns schenken möchte. Sein Licht offenbart, womit wir uns »kleiden«, was uns daran hindert, seine Gegenwart zu »fühlen« und ihm näher zu kommen. Heute beten wir oft: »Mehr Licht!« Und jedes Mal bekommen wir ein Wort, eine neue aufschlußreiche Einsicht oder ein Bild; Gott offenbart tiefliegende Wurzeln von Schmerzen und Ängsten. Wenn wir ihm diese Dinge im Gebet bringen, durchtrennt er, was uns gebunden hat – sowohl Dinge, die uns bewußt waren, als auch Dinge, von denen wir nichts gewußt haben.

So wird Seelsorge auf jeden Fall einfacher! Wenn wir für Menschen beten, bitten wir Gott, Licht zu schenken. Sein Licht bringt Wahrheit, und Wahrheit macht die Menschen frei. Licht offenbart auch die Dunkelheit und vertreibt sie. Es erstaunt uns immer wieder: Wenn wir in solch einer Gebetszeit »steckenbleiben«, es so aussieht, als ob nichts geschieht, und keiner weiß, wie es weitergehen soll, und wenn wir dann um mehr Licht bitten, schenkt Gott es in jedem Fall. Manchmal sagt der Betreffende, für den wir beten: »Mir ist gerade etwas eingefallen. Wahrscheinlich ist es nicht wichtig … es kommt mir ziemlich dumm vor …« Und der Herr zeigt dann, daß genau diese vergessene Sache dem Problem zugrunde liegt. Oder es kommt vor, daß ein Mitglied des Gebetsteams ein Bild oder ein Wort bekommt, das sich auf den Betreffenden tiefgreifend auswirkt und die Blockade auflöst.

Zum Beispiel kam einmal ein Ehepaar aus der Hauptstadt Washington zu uns. Der Ehemann dachte, sie seien gekommen, um für die panikartigen Ängste seiner Frau beten zu lassen. Sie dagegen wollte bloß eine Berührung von Gott; die Panikzustände hatte sie mit Medikamenten gut im Griff. Wir beteten gemeinsam über viele Aspekte ihres Lebens, und schließlich konzentrierte sich das Gebet auf die Ängste der Frau. Wir benutzten alle unsere bewährten *Vineyard*-Interviewfragen, doch wir kamen nicht weiter. Niemand wußte so recht, was zu tun war, so beteten wir schließlich um »mehr Licht«. Als wir so beteten, sagte sie plötzlich: »Oft glaube ich, es wäre besser gewesen, wenn mein Bruder nie geboren wäre.«

Sie erklärte, daß ihre Eltern ihr gesagt hätten, eigentlich wollten sie nicht noch ein Kind und ihr Bruder sei nur zur Welt gekommen, weil sie sich noch ein Geschwisterchen gewünscht hatte. Als kleines Kind hatte sie die emotionale Verantwortung für seine Geburt und sein Leben übernommen. Nun war er erwachsen, sein Leben schien völlig verpfuscht zu sein, und sie war sicher, daß er nicht errettet war. Sie trug es als Last mit sich herum, daß sie sich für sein Leben, das in der Hölle enden würde, verantwortlich fühlte. Diese Last erstickte das Leben in ihr. Sie war zehn Jahre lang bei einem Psychologen in der Therapie gewesen, aber diese Sache war niemals zur Sprache gekommen.

In der folgenden Zeit des Gebetsdienstes bekam sie viele prophetische Zusprüche: Sie sollte es Gott überlassen, daß er sich um ihren Bruder kümmerte. Sie sollte die Verantwortung für ihn in Gottes Hände legen. Es wurde ein Bild gezeigt von einer Tür, die geschlossen werden mußte. Sie sagte, sie hätte Angst, sie könnte die Tür wieder öffnen, und wollte, daß Gott die Tür abschloß. Dann sah jemand ein Bild von einem Schlüssel, der die Tür verschloß, und dieser Schlüssel war der Schlüssel zum Herzen ihres Bruders. Deshalb war es wichtig, daß er in Gottes Hand war, denn nur er würde wissen, wie man ihn richtig gebrauchte.

Fast ein Jahr später sprach ich wieder mit dieser Frau. Sie erinnerte sich kaum noch an die Einzelheiten des Gebetsdienstes. Doch sie wußte, daß sie kurz danach aufgehört hatte, Medikamente zu nehmen, und daß sie keine weiteren panikartigen Zustände mehr erlebt hatte. Sie fuhr damit fort, daß ihr Leben nun von »einer neuen Liebesaffäre mit Jesus« eingenommen war. Sie und ihr Mann sind in Brand gesetzt worden und werden von Gott gebraucht, um viele andere zur Erneuerung ihrer Beziehung mit Gott zu führen. Damit haben sie sehr viel zu tun. Sie sagte, die Beziehung zu Jesus ist »wirklich das Wichtigste in meinem Leben. Ich liebe es einfach, in seiner Gegenwart zu sein und ihn anzubeten, und ich kann es nun in einer Weise tun wie niemals vorher.«

Eine unserer ersten Lektion über »mehr Licht« bekamen wir, als wir für das Asthma unserer Tochter Autumn beteten. Sie war zum Spielen draußen gewesen, als ihr Brustkorb zu schmerzen begann. Sie kam schnell ins Haus, doch bald lag sie auf dem Boden und rang nach Luft. Wir waren alle sehr besorgt. Wir hatten oft für ihr Asthma und ihre Allergien gebetet, und ich spürte, daß wir irgend etwas dabei versäumten. Uns wurde ein Wort gegeben, daß wir es versäumt hatten, im Gebet auf das Thema »gute Leistungen« einzugehen. Es wurde gezeigt, daß sie im Vorschulalter bei allem glänzte außer beim Wettlauf, und daß sie das Asthma als Möglichkeit festgehalten hatte, sich vor Wettrennen zu drücken. Autumn spürte sofort, daß dies wahr war, obwohl wir allein schon von der Vorstellung überrascht waren. Sie wußte, daß es wahr war. Es war Licht für sie, und während wir diese Offenbarung durchbeteten, paßte nach und nach eins zum anderen.

In diesen frühen Jahren hatte ein Arzt ihr Problem so diagnostiziert, daß ihr Asthma durch körperliche Bewegung ausgelöst wurde. Jedes Jahr hatte ich alles Mögliche unternommen, um sie vom Sportunterricht zu entschuldigen. Es machte Angst zu sehen, wie sie Schwierigkeiten beim Atmen hatte. Manchmal erschreckte sie sich, wenn ihr nur einfiel, daß sie ihre Medizin nicht bei sich hatte. Wenn sie draußen spielte, mußte sie oft lange vor den anderen aufhören und hereinkommen, wobei sie dann keuchend atmete.

Als Autumn das vom Festhalten des Asthmas hörte, mußte sie weinen, weil sie erkannte, wie sehr sich das auf ihr ganzes Leben ausgewirkt hatte.

Sie sah sehr deutlich, welchen Preis sie bezahlt hatte. Sie bat Gott um Vergebung dafür, daß sie an der Krankheit festgehalten hatte, und betete, er möge sie wegnehmen. Dann hörte sie ihn sagen, er wolle sie auch von den Allergien befreien. Autumn hatte sehr allergisch auf Gräser- und Baumpollen reagiert und ständig die Taschen voll mit Papiertaschentüchern gehabt. Nach zehn Monaten sind ihre Allergien eine Sache der Vergangenheit, und sie braucht keins ihrer Medikamente mehr, die früher zu ihrem Alltag gehörten.

Allergien und Asthma sind ein weiterer »Heilungsbrennpunkt« geworden, ein Bereich, in dem wir schon für viele um Heilung gebetet haben. Eine Woche nach Autumn wurde auch ich geheilt. Ich hatte von Kindheit an unter Allergien gelitten und als Erwachsene immer verschreibungspflichtige Medikamente einnehmen müssen. Seit jenem Tag vor einem Jahr habe ich keine Medizin gegen Allergien mehr gebraucht. Wir haben gelernt, daß wir »behalten, was wir verschenken«, und weil in unserer Gegend viele Pollen in der Luft sind, fragten wir in unserer Gemeinde danach, wer Allergien hatte. Darauf reagierten viele und ließen für sich beten. Einige Monate später bezeugte ungefähr ein Dutzend Menschen, daß sie ihre übliche Medizin nicht mehr nehmen mußten und glaubten, sie seien geheilt. Eine Frau sagte, sie hätte den Unterschied ganz deutlich beim Ausfüllen ihrer Einkommens-Steuererklärung gemerkt. Sie war es gewohnt, wegen ihrer Allergien hohe Aufwendungen für Medizin als Sonderausgaben geltend zu machen. Doch sie sagt, ihre Heilung hat es ihr möglich gemacht, »von den Drogen runterzukommen!«

Nicht jeder konnte das alles genießen. Es gibt einen Preis, der für so viel Licht zu zahlen ist. Von den meisten wird die Bequemlichkeit gefordert. Früher beteten wir: »Zieh uns näher zu dir, Herr«, ohne zu merken, daß er dann auch in uns wirken wollte. Dinge, die lange, vielleicht sogar sehr lange, verborgen gewesen waren, kommen dann plötzlich an die Oberfläche und werden sichtbar oder fühlbar. Wenn das geschieht, stehen wir alle vor der Entscheidung, ob wir uns damit auseinandersetzen wollen und uns reinigen lassen (was uns Gott noch näher bringt …) oder ob wir weglaufen wollen. Bevor Autumn geheilt wurde, mußte sie sich der Wahrheit stellen, daß sie das Asthma benutzt hatte. Sie hätte auch zu dem Ergebnis kommen können, daß diese Wahrheit schmerzhafter war als das Asthma, und sich dann von dem Angebot Gottes abwenden können. Das ist leider etwas, das wir zu oft haben mitansehen müssen. Es hat wehgetan, Menschen weglaufen zu sehen. Und es war wunderbar, andere zu beobachten, wie sie sich für die Freiheit entschieden.

Manchmal ist das auch ziemlich lustig gewesen. Zum Beispiel rief einmal ein Mann aus England an, der Gebet für seinen Sohn wünschte, der Legastheniker war. Wir machten Tag und Uhrzeit aus, wann dafür gebetet werden sollte. Eine halbe Stunde vor diesem Zeitpunkt traf sich eine Gruppe und begann zu beten. Die vier Mädchen waren auch dabei. Die ausgemachte Zeit kam, nur der Anruf aus England kam nie. Schließlich beteten wir aufgrund der einzigen Information, die wir hatten (»Herr, heile den Sohn dieses Mannes«). Zwei Wochen vergingen, in denen wir uns fragten, warum sie wohl nicht angerufen hatten. Dann rief der Mann an, um zu sagen: »Dankeschön! Er ist geheilt!« Wir fragten ihn, warum er denn nicht angerufen habe. Er antwortete, das habe er gar nicht vorgehabt und auch nicht gewußt, daß wir damit rechneten. Er sagte, er habe zu dem vereinbarten Zeitpunkt mit einer Gruppe für seinen Sohn gebetet, wobei sie sich alle auch unseres Gebetes bewußt waren. Und die Auswirkungen waren so gewaltig, daß er einfach anrufen mußte, um es uns zu sagen.

Es ist ein großes Vorrecht, von Gott gebraucht zu werden und zu sehen, wie er seinen Kindern Gnade, Freude und Heilung schenkt. Wir lachen, weinen und jubeln, wenn sich sein Plan entfaltet und er Menschen freisetzt. Mögen wir alle doch mit »mehr von ihm« gesegnet werden!

Von Gott zu hören und an dem teilzunehmen, was er tut, macht mehr Spaß als alles andere, und wir sind weiterhin für Fragen und Gebetsanliegen offen.[6] Wir freuen uns, einem großen, großen Gott dienen zu können!

Mary Audrey Raycroft, Mai 1995

Mary Audrey gehört zum pastoralen Leitungsteam der *Toronto Airport Vineyard*-Gemeinde. Sie ist Mitarbeiterin im Bereich Lehre und Schulung und sieht es als ihre Berufung und ihre Freude an, Gläubige auszurüsten, ihren Platz im Leib Christ fruchtbar ausfüllen zu können. Zusammen mit sehr fähigen Helfern hat sie die Aufsicht über die verschiedenen Seelsorge-Teams der Erneuerung. Außerdem führt sie eine große Vielfalt von Ausbildungsseminaren durch und baut einen sehr lebendigen Frauendienst auf – die *Deborah Company*. Bevor sie vollzeitliche Mitarbeiterin in der *Airport Vineyard*-Gemeinde wurde, arbeitete Mary Audrey einige Jahre bei *Christian Services Association*, einer Organisation, die sich in den Bereichen Bibellehre und evangelistische Einsätze engagiert und in Kanada zu Hause ist.

In den ersten Monaten des Jahres 1994 fragten wir uns oft, warum der Herr unsere relativ unbekannte Gemeinde als sein Gefäß auswählte, durch das er seinen Geist ausgoß und Erneuerung und Erweckung schenkte. Bestimmt war das einfach seine souveräne Entscheidung, denn wir hatten nicht konzentriert gebetet, nicht gefastet, nicht gezielt evangelisiert und auch nicht leidenschaftlich nach Erweckung geschrien.

Vor kurzem nannte ich diese Tatsachen in einer Versammlung und gab dabei mit unserem mangelhaften Gebet und unserer Erwartungslosigkeit fast ein wenig an. Da schaute mich eine Frau ziemlich traurig an und sagte: »Nun, meine Liebe, vielleicht habt *ihr* Gott nicht deswegen gesucht, aber ich will dir sagen: Tausende im Leib Christi haben es jahrelang getan!« Mir wurde gründlich vor Augen geführt, wie aufgesetzt meine Demut war.

Bevor die Erneuerung »ausbrach«, fand Fürbitte mehr auf der persönlichen als auf der Gemeindeebene statt. Zum Beispiel gab es eine Handvoll treuer Leute, die täglich für die Mitglieder des pastoralen Teams betete. In den Monaten kurz vor der Ausgießung des Geistes hatten einige von uns darüber geredet, daß wir ein starkes Fürbitte-Fundament brauchten – es schien nur darum zu gehen, nicht nur »Hörer, sondern Täter des Wortes« zu werden. Einige wenige versammelten sich wöchentlich, um auf den Herrn zu warten und besondere Offenbarung für uns als Gemeinde von ihm zu empfangen. Aber sie hatten eigentlich noch nicht richtig damit angefangen. Doch als dann die Erneuerung begann, hatten wir plötzlich ein Gespür dafür, wie dringend ein solches Gebet sei. Wir befanden uns plötzlich außerhalb unserer bisherigen Erfahrung und aller vertrauten – angenehmen – Bahnen. Deshalb war uns klar, daß wir uns ganz nahe an Gott halten mußten. Wir beten jetzt nicht mehr nur an einem, sondern an vier Nachmittagen in der Woche. Dabei kommt die Mehrheit der Teilnehmer aus aller Welt – Menschen, die es viel gekostet hat, zu den Erneuerungsversammlungen zu kommen, und die entschlossen sind, an allem teilzuhaben, was Gott tut.

Es ist so begeisternd zu sehen, wie Männer und Frauen mit »Kämpfer«-Mentalität in die Fürbitte eintreten. Manchmal rufen sie spontan die Herrschaft Christi aus, manchmal beten sie mit Tränen und Flehen oder mit Ehrfurcht und Dank. Es ist so erfrischend, Teil einer Gebetsgruppe zu sein, die von mechanischen Methoden und Formeln freigesetzt wurde. Nach einer Zeit der persönlichen Überprüfung und Buße für jede Sünde, die die Gemeinschaft mit dem Herrn stören könnte, warten die Gruppen still auf ihn, um Wegweisung zu bekommen. Diese Zeiten der Stille sind so kostbar, denn dort hören die Fürbitter Gottes Reden, durch die Schrift oder durch »aktuelle« Offenbarung (die »sanfte, leise Stimme«). Wenn dann die Gebete in Worte gefaßt werden, haben Freude und Glaube freie Bahn. Gebet für

Gebet verbindet sich in Einheit miteinander mit dem einen Ziel, den Heiligen Geist mehr wirken zu lassen. Die Gebetsteams haben außerdem im Laufe ihrer Zusammenarbeit über die Monate gelernt, die konkreten Strategien des Heiligen Geistes nachzuspüren. Ob es sich um geistliche Kriegsführung, um körperliche oder seelische Heilung, um Standfestigkeit und Schutz für Leiter und Mitarbeiter oder um die allgemeine Bitte um Schutz und Segen für die Erneuerungsversammlungen handelt, das alles entscheidet über den weiteren Verlauf der Gebetsversammlung.

Eine weitere besondere Gebetszeit hat in der *Airport Vineyard*-Gemeinde eben erst begonnen: Einige Mitglieder der Gemeinde hatten den Eindruck, sie sollten eine ganze Nacht für die Fürbitte reservieren. Sie beginnen sonntags abends um zehn und beten bis sechs am nächsten Morgen. Ihre Grundausrichtung ist Anbetung und wachsende Nähe zu Jesus; sie suchen sein Angesicht, und so wie der Geist ihnen Zeugnis gibt, hören sie, was er für die Gemeinde auf dem Herzen hat.

Wenn ich mein persönliches Gebetsleben jetzt unter die Lupe nehme, bin ich so dankbar, daß Gott mir eine Gewißheit ins Herz gegeben hat: Ich weiß, daß ich von ihm völlig angenommen bin, und deshalb weiß ich auch, daß ich die Freiheit habe, voll Zuversicht in seine Gegenwart zu kommen. Ich lebe die Wahrheiten des Hebräerbriefs in diesem Punkt aus wie bisher nie in meinem Leben:

> »Da wir nun einen erhabenen Hohenpriester haben, der die Himmel durchschritten hat, Jesus, den Sohn Gottes, laßt uns an dem Bekenntnis festhalten … Laßt uns also voll Zuversicht hingehen zum Thron der Gnade, damit wir Erbarmen und Gnade finden und so Hilfe erlangen zur rechten Zeit … Wir haben also die Zuversicht, Brüder, durch das Blut Jesu in das Heiligtum einzutreten. Er hat uns den neuen und lebendigen Weg erschlossen durch den Vorhang hindurch, das heißt durch sein Fleisch. Da wir einen Hohenpriester haben, der über das Haus Gottes gestellt ist, laßt uns mit aufrichtigem Herzen und in voller Gewißheit des Glaubens hinzutreten, das Herz durch Besprengung gereinigt vom schlechten Gewissen und den Leib gewaschen mit reinem Wasser. Laßt uns an dem unwandelbaren Bekenntnis der Hoffnung festhalten, denn er, der die Verheißung gegeben hat, ist treu« (Heb 4,14-16; 10,19-23).

Der *Vineyard*-Ansatz besteht darin, Menschen das Vaterherz Gottes und den Ruf zu einem Leben in seiner Nähe zu zeigen. Das ist eine wunderbare Grundlage für unsere Gebete und unsere Gemeinschaft (= Kommunikation) mit Gott.

Ich empfinde ganz ehrlich, ohne Anmaßung, daß ich in einer »Jetzt«-Beziehung zu meinem Herrn stehe. In ihm »lebe ich, bewege ich mich und bin ich«.[7] Kommunikation mit ihm, das heißt Gebet, ist eher eine spontane Gemeinschaft, in der ich mit ihm rede, mich mitteile und von ihm höre. Es geht nicht so sehr um eine festgelegte Gebetszeit an jedem Tag, für die man eine bestimmte Disziplin aufbringen muß. Damit will ich solche festgelegten Zeiten für Anbetung und Fürbitte nicht abwerten. Ich liebe die Spontaneität, die von diesem Leben von Augenblick zu Augenblick mit Gott herrührt – das Hören auf seine Stimme und seine Gedanken; das häufige Bewußtsein, daß er warnt und »nein« sagt; die Worte der Erkenntnis und der Weisheit, die ich schneller zu erkennen lerne; die Freude zu sehen, wie diese Worte den Dienst erleichtern; die häufige Erinnerung daran, daß seine Planung weitaus effizienter ist als meine. In den vergangenen Monaten habe ich gemerkt, daß ich mich jetzt viel häufiger ihm zuwende. Ich bin mir seiner Gegenwart viel bewußter, ob ich Auto fahre, bei einer Tasse Kaffee am Küchentisch sitze oder mit meinem kleinen Hund schmuse – oder sogar wenn ich mich durch den Papierberg auf meinem Schreibtisch wühle! Ob es beim Aufwachen am Morgen ist, beim Einkaufsbummel oder beim Austausch mit Freunden, Mitarbeitern oder den Gästen in unseren Gottesdiensten – immer empfinde ich die Gegenwart des Herrn stärker und anhaltender als jemals zuvor.

Jesus Christus dient uns so offensichtlich in diesen Tagen. Da sind wir ständig herausgefordert, beständig in dem Kraftfeld seines Geistes zu leben und ihn immer mehr zu suchen. Seine Worte sind tatsächlich wahr, daß wir als seine Schafe seine Stimme besser hören als alle anderen (Joh 10,1-5). Das wird für den Leib Christi eine immer größere Realität und ist keinesfalls bloß Theorie!

Im September 1994 begannen wir mit Ausbildungstreffen speziell für diejenigen, die in den Abendgottesdiensten für andere beteten. Dies sind ganztägige Workshops für neue Mitglieder und solche, die sich für die Mitarbeit im Team bewerben möchten. Dort werden Erwartungen, Richtlinien und Hinweise für den Dienst dargestellt und durchgesprochen. Einige Leute haben bei diesen Workshops festgestellt, daß diese Art des Dienstes aus verschiedenen Gründen nicht das ist, wozu Gott sie beruft. Andere machen das ganze Training mit, und einige werden dann schließlich Mitglied des Teams.

Jeden Mittwochabend veranstalten wir während des Erneuerungsgottesdienstes im oberen Stockwerk des Gemeindezentrums fortlaufende Ausbildungstreffen. Dazu gehört ein biblisches Fundament, anhand dessen die Leute im Seelsorge-Team lernen, die Gaben des Geistes zu erkennen und mit ihnen umzugehen.

Es hat eine Weile gedauert, aber schließlich haben wir gemerkt, daß die *Airport Vineyard*-Gemeinde von Pastoren und Gemeinden auf der ganzen Welt als Vorbild angesehen wird. Sie wollen von uns lernen, wie man Erneuerungsgottesdienste richtig durchführt. Wir werden genauestens beobachtet, auch was unsere Art des Gebetsdienstes angeht. Deshalb versuchen wir, in aller Demut mit Gottes Hilfe und seinen Möglichkeiten zu dienen. Dabei bemühen wir uns, Extreme in bezug auf Verhalten oder Stil zu vermeiden.

Es wird erwartet, daß jeder, der an einem Abend zum Seelsorge-Team gehört, bereits geistlich aufgebaut ist, wenn er zum Gebet vor dem Gottesdienst eintrifft. Diese halbe Stunde vor dem Erneuerungsgottesdienst ist dazu da, daß man sich gegenseitig ermutigt und segnet – und um die Ausrüstung durch den Herrn für die Anbetungsgruppe, den Redner und diejenigen bittet, die kommen, um von Gott berührt zu werden.

Der Heilige Geist gießt die Liebe Gottes aus und schenkt denen, die Abend für Abend zu einer Begegnung mit ihm kommen, Wiederherstellung und neue Kraft. Das Seelsorge-Team ist dazu da, mit diesem Wirken des Heiligen Geistes zusammenzuarbeiten. Man hofft, daß jedes Teammitglied ein dienendes Herz hat und sich nach immer tieferer Nähe zu Gott sehnt. Der Herr hat sehr deutlich zu uns über diejenigen geredet, die sich in den Erneuerungsgottesdiensten segnen lassen. Wir haben sie zu schützen, zu schätzen, zu respektieren, für sie zu sorgen und sie aufzubauen. Wir erkennen, daß übermäßiger Enthusiasmus mit viel Gnade und Selbstbeherrschung gezügelt werden muß, in dem Bewußtsein, daß Gott das Beste für sein Volk will. Wir versuchen sicherzustellen, daß Unsensibilität, Stolz oder unachtsame Worte keinen Platz finden in dem Dienst, den die Besucher der *Airport Vineyard*-Gemeinde empfangen. Wir versuchen, den Teammitgliedern das Bewußtsein zu vermitteln, daß es ein gewaltiges Vorrecht ist, an dem teilzunehmen, was der Heilige Geist tut – kein Verdienst und kein Zeichen geistlicher Überlegenheit.

Zu diesem Zweck ermutigen wir die Mitglieder des Seelsorge-Teams, Davids Gebet bewußt auf sich selbst anzuwenden: »Erforsche mich, Gott, und erkenne mein Herz, prüfe mich, und erkenne mein Denken! Sieh her, ob ich auf dem Weg bin, der dich kränkt …« (Ps 139,23-24). Die pastorale Leiterschaft der *Airport Vineyard*-Gemeinde legt eine besondere Priorität auf einen Charakter, den man als gottesfürchtig bezeichnen könnte, mehr noch als auf alle geistliche Begabung und Befähigung.

Während der Monate haben wir in der Sensibilität der Teammitglieder Wachstum festgestellt. Sie können nun besser erkennen, was Gott für denjenigen, der Gebet empfängt, auf dem Herzen hat; gleichzeitig ist ihnen auch bewußter, in welchem Zustand sich der Betreffende befindet.

Nach all diesen Monaten des Dienstes, Abend für Abend, Woche für Woche, werden alle Teammitglieder verstärkt ermutigt, die Gegenwart Gottes reichlich in sich selbst aufzunehmen. Denn das, was sie tun, soll nicht ein Programm der »Werke« sein, sondern soll immer noch aus der Freude darüber hervorfließen, daß sie Gottes Willen tun. Genauso wird mehr und mehr dazu aufgefordert, sich von Klagen, Murren und Kritik freizuhalten, denn wir wissen, daß es wirklich die mit einem reinen Herzen sind, die eine fortwährende Offenbarung des Vater empfangen (Mt 5,8).

Um einige Einzelheiten zu erwähnen: Wir ermutigen die Teams, biblisch zu beten. Das heißt, die Gebete sollen auf dem Wort und dem Herzen Gottes gegründet sein. Dabei soll der prophetische Segen innerhalb der Richtlinien des Apostels Paulus fließen: »aufbauen, ermutigen, Trost spenden«.[8] Wir ermahnen unsere Teams, besonders darauf zu achten, daß sie die Gebetsuchenden nicht hart korrigieren oder ihnen irgendwelche Zukunftsvoraussagen mitgeben.

Die Erneuerungsgottesdienste bieten im allgemeinen nicht die Gelegenheit für einen tiefreichenden Dienst, wie er im Zusammenhang mit innerer Heilung oder Befreiung nötig wäre. Deshalb ermutigen wir die Besucher, einen derartigen Dienst bei sich zu Hause in Anspruch zu nehmen. Wir merken, daß es unmöglich ist, in diesen Fällen die angemessene pastorale Nacharbeit zu leisten. Das ist die »Regel«, aber wir stellen auch oft fest, daß der Heilige Geist souverän Wiederherstellung schenkt, wenn er Gnade in das Herz der Menschen fließen läßt. Hunderte haben davon Zeugnis abgelegt, daß sie Gottes Treue und Heilung erfahren haben, während sie in seiner Gegenwart ruhten.

Man könnte meinen, das Seelsorge-Team sei nach vielen Monaten Praxis nun ziemlich erfahren. In Wirklichkeit erkennen wir aber mehr als vorher, daß jede Situation einzigartig ist, daß jeder Mensch wertvoll und einzigartig ist und daß der Heilige Geist bei jedem einzelnen individuelle »Maßarbeit« leistet. Es ist notwendig, daß wir uns von ganzem Herzen auf ihn verlassen, und so bleiben wir auf dem Boden. Jeder Christ weiß, wir sollten uns nicht auf unser Verständnis oder unsere Fähigkeit verlassen. Hier aber trifft das wie nie zuvor zu!

Es kommen weiterhin Christen aus der ganzen Welt bei uns an. Dabei wird uns sehr deutlich, daß wir bald ausgetrocknet wären und versagen würden, wenn wir aus eigener Kraft dienten. Nur durch die beständige Erfüllung und Heilung durch den Heiligen Geist ist es möglich, daß wir Abend für Abend und Monat für Monat mit der Liebe Gottes dienen können. Nur wenn wir aus dem Überfließen des Geistes in unserem eigenen Leben dienen, können wir weiterhin geben.

Es ist auf jeden Fall ein ganz außergewöhnliches Vorrecht, hier zu sein, wo wir wirklich sehen können, wie der Herr Tag für Tag Menschenherzen berührt und dabei seine Gnade, seine Barmherzigkeit und seine wiederherstellende Liebe offenbart. Manchmal haben wir das Verlangen zu wissen, wieviel Frucht im Leben der Menschen dadurch entsteht, daß sie in seiner Gegenwart sind und Gebetsdienst empfangen. Doch wir sind sicher, daß er, der ein gutes Werk in uns allen angefangen hat, es bis zum Tag Jesu Christi weiter wachsen lassen wird (Phil 1,6).

Dwayne Heppner

Dwayne hat verschiedene akademische Abschlüsse in Theologie, Rechts- und Wirtschaftswissenschaften. Er ist Mitglied der Anwaltskammer von Ohio und hat für eine große Firma in der Werbung und im Produktmanagement gearbeitet. Dwayne und seine Familie schlossen sich im Frühjahr 1994 der *Toronto Airport Vineyard*-Gemeinde an, einige Monate nach Beginn der Ausgießung des Heiligen Geistes. Im August 1994 wurde er Mitglied des Seelsorge-Teams, und seit März 1995 arbeitet auch seine Frau Jennifer im Team mit. Sie haben drei Kinder, alle unter fünf Jahre.

Ich ging nur zögernd zu der *Airport Vineyard*-Gemeinde, denn ich setzte stillschweigend voraus, daß die Wörter *Vineyard* und Erneuerung (im selben Satz verwandt) emotionale Ausschweifungen von Verrückten bedeuten mußten. Ich war davon überzeugt, nicht auf den Boden plumpsen oder hysterisch lachen zu müssen, um mein Christenleben zu vertiefen. Allerdings konnte ich nicht leugnen, daß der Heilige Geist im Leben einiger enger Freunde beim Besuch der Erneuerungsgottesdienste deutliche Spuren hinterlassen hatte. Ich will sagen, diese Leute wurden fast über Nacht verändert – oder, besser gesagt, befreit. Im Gegensatz dazu konnten Jahre der Seelsorge derart fundamentale Veränderungen nicht in ihnen bewirken. Ich wollte nun wissen, ob dies nur ein göttlicher Zufall war oder ob Gott wirklich die *Toronto Airport Vineyard*-Gemeinde in einzigartig kraftvoller und realer Weise heimsuchte. Diese Freunde luden mich hartnäckig ein, doch mit ihnen zu kommen, und eines Abends tat ich es dann.

Das Verhalten, das ich an meinem ersten Abend dort beobachten konnte, war nur ansatzweise komisch. Einige lachten laut und ausdauernd. Andere fielen zu Boden oder rutschten vom Stuhl. Wieder andere litten unter etwas, das man für Anfälle halten konnte. Als Anwalt aufgrund von Ausbildung und Veranlagung muß ich bekennen, daß meine Gedanken sich mit der Haftung für Körperverletzung beschäftigten. In meinem Kopf lief eine Gerichtsverhandlung ab, und ich versuchte herauszufinden, ob die Gemeinde vielleicht fahrlässig körperliche Schäden verursachte. Auf der anderen Seite, der Seite der Verteidigung, fragte ich mich, ob dies vielleicht Gottes Handeln war oder zumindest ein Handeln, in das die Betreffenden einwilligten. Die Geschworenen in meinem Kopf kamen zu keiner Entscheidung.

Was mich jedoch beeindruckte, war, daß die meisten mit größerer Leidenschaft sangen, als ich es jemals im christlichen Rahmen gesehen hatte. Ich dachte in meinem Herzen, daß eine solche Manifestation der Freude der Wirklichkeit Gottes noch am ehesten angemessen war. Für mich verdient Jesus mehr Jubel und mehr Bewunderung als unsere Hockey-Mannschaft, aber ich hatte mich nie mit solcher Leidenschaft ausdrücken können. Ich hatte immer nur daran gedacht.

Mein persönliches Zeugnis von dem, was Gott durch die Erneuerungstreffen an mir getan hat (und weiterhin tut), ist lang und kompliziert, aber ich werde nicht so sehr in die Einzelheiten gehen. Als ich das erste Mal zur *Airport Vineyard*-Gemeinde ging, dachte ich, wenn überhaupt, dann müßte mein christlicher Charakter vielleicht ein wenig aufpoliert werden. Aber vor allem kam ich, um zu beobachten. Vielleicht bekam ich ja auch einen Segen ab, vielleicht, daß mir finanzieller Erfolg oder ein beruflicher Aufstieg verheißen wurde. Vielleicht würde es einfach eine nette »Erfahrung« sein, die mir noch einmal versicherte, daß ich jemand war, über dessen Adoption Gott sich nur freuen konnte. Und ohne Zweifel würde dieser Segen mit meinem Verstand und meiner Intelligenz wahrnehmbar sein und mit meiner bereits geheiligten (oder frommen) Erkenntnis von Gott übereinstimmen.

In vielerlei Hinsicht liebte ich es, die Kontrolle über mein Leben zu haben. Ich mochte es, Wahrheiten und Fakten zusammenzustellen, die meine Wahrnehmung der Realität bestätigten. Ich war stolz darauf, schlüssiges Denken anzuwenden, das sich auf knallharte Tatsachen, vernünftige Annahmen und meine messerscharfe Intuition gründete. Bei einigen Intelligenztests erreichte ich bis zu siebenundneunzig Prozent; ich verarbeitete meine Umwelt von Natur aus auf der intellektuellen Ebene. Ich sah keinen wirklichen Konflikt zwischen Glaube und Vernunft (und sehe ihn auch heute noch nicht, obwohl mein Umgang mit der Vernunft sich beträchtlich erweitert hat) – solange der Glaube nur vernünftig war. Ich meinte, Glaube sei die Zustimmung meines Verstandes zu der Tatsache, daß Gottes Wille, so wie er in der Schrift offenbart ist, vernünftig ist. Doch im Laufe meines Christseins hatte ich mich mit einem kraftlosen Gebetsleben abfinden müssen, das sich mehr als Wunschdenken ausdrückte. Ich glaubte, Gott könnte hin und wieder übernatürlich eingreifen, doch im allgemeinen ging ich davon aus, daß er am liebsten durch das Lesen der Bibel und gesunde geistige Prozesse wirkte. Um es ganz offen zu sagen, ich lebte, als hätte ich einen sehr kleinen Gott, der in einigen Gebieten meine Hilfe brauchte und mir zum Ausgleich dafür in anderen Bereichen half. Ich »wahrte den Schein der Frömmigkeit, verleugnete aber die Kraft der Frömmigkeit«. Ich hatte überhaupt keine Vorstellung davon, wie groß Gott wirklich ist. Die Größe und übernatürliche Kraft Gottes sollte ich rasch kennenlernen.

Meine erste Erfahrung mit einer körperlichen Manifestation der Gegenwart und der Kraft des Heiligen Geistes machte ich während der Anbetungszeit bei meinem dritten oder vierten Gottesdienst. Während wir sangen, fühlte ich einen Druck, der mich nach hinten bog. Das ist keine normale Körperhaltung für mich. Zu diesem Zeitpunkt betete niemand für mich, und keiner »legte mir die Hände auf«. Ich fragte mich, ob dies Gott war, aber ich bekam keine Antwort darauf. Ich ließ mich nicht unterkriegen, und das Druckgefühl ging dann weg. Als dann am Ende des Gottesdienstes jemand kam, um für mich zu beten, fühlte ich mich aber doch wieder, als ob ich nach hinten zurückgebogen würde. Für meinen Verstand gab es dabei nichts, was er verarbeiten konnte; überhaupt hatte ich für die Manifestationen keinerlei verstandesmäßige Erklärung. Der einzige Beleg dafür, daß es von Gott war, bestand darin, daß ich wußte: Es ist nicht so, daß ich etwas vortäusche oder einer Illusion verfallen bin.

Die Auswirkungen des Gebets an diesem Abend traten direkt nach dem Gottesdienst ein, denn einige Gewohnheiten begannen sich zu verändern. Zum Beispiel beobachtete meine Frau, daß sich mein Autofahren verbessert hatte. Ich wechselte nicht mehr so schnell die Fahrspuren, hielt mich an die Geschwindigkeitsbegrenzungen, und meine Wortwahl bei der Beschreibung anderer Fahrer hatte sich wesentlich verändert. (Zur Verdeutlichung: Ich hatte kein bewußtes Programm aufgestellt, um meine Fahrweise zu verbessern; es geschah einfach.)

Es dauerte noch einige Versammlungen, bis ich tatsächlich auf dem Boden lag oder lachte oder irgendwelche der anderen Manifestationen hatte, von denen immer wieder berichtet wurde. Während meiner ersten »Begegnung mit dem Teppich« blieb ich vollkommen bei Bewußtsein und klar im Kopf. Ich dachte sogar während des Falls darüber nach, ob ich das jetzt vortäuschte oder nicht.

Doch dann entdeckte ich, daß ich nicht aufstehen konnte. Ich wollte aufstehen, ich meinte, ich sollte dazu in der Lage sein aufzustehen, ich beabsichtigte aufzustehen – aber ich konnte nicht aufstehen.

Es ärgerte mich ein wenig, daß niemand mein Dilemma zu bemerken schien. Schlimmer noch, derjenige, der für mich gebetet hatte, drehte sich um und ging zu jemand anders. Es war mir überlassen, mit einem unsichtbaren Lastwagen auf meinem Brustkorb zu kämpfen, während es Gott gefiel, meinem Verstand überhaupt nichts zu erklären. Dabei konnte ich körperlich spüren, daß sich etwas in meinem Brustbereich tat, was zunächst ziemlich schmerzhaft war. Aber ich hatte niemanden, der mir das erklärte.

Die Zeit verging, und ich betete, daß Gott mich mit seinem Geist füllte und tat, was er tun wollte. So hatte John Arnott es uns geraten. Als ich so auf dem Boden lag, kam meine dreijährige Tochter. Sie ließ sich quer über meinen Bauch fallen, steckte mir einen Lutscher in den Mund und fragte: »Papa, macht Jesus dich jetzt voll?« Ich sah in ihr lächelndes Gesicht, in dem ehrliche Neugier geschrieben stand, und schaffte ein leichtes Nicken. Sie war zufrieden, holte sich ihren Lutscher wieder und ging wieder zu ihrer Schwester, die in der Nähe spielte. Gott setzte fort, was auch immer er tat; scheinbar hatte ihn die Unterhaltung mit meiner Tochter nicht unterbrochen.

Nach mehreren Stunden hatte ich ein äußerst merkwürdiges Gefühl des Friedens und der Liebe und des Betäubtseins im Inneren. Ich wollte lachen und weinen, hatte aber nicht die leiseste Ahnung warum. Dann dämmerte es mir – oder Gott sprach zu mir –, daß Gott mich wirklich mochte. Es war nicht so, daß ich mich vorher ungeliebt gefühlt hatte, aber jetzt fühlte ich Gottes Liebe intensiver. Ich merkte, daß meine Emotionen wieder angeschlossen und lebendig gemacht worden waren. Ich konnte jetzt intensive Emotionen fühlen. Ich nehme an, Operation ist das beste Wort für diese Zeit auf dem Fußboden. Vor dieser Erfahrung hatte ich meine Gefühle gewohnheitsmäßig intellektualisiert. Ich schob sie oft erst einmal in eine Pufferzone, bis sie dann verarbeitet werden konnten. Nun war ich wieder direkt mit meinen Emotionen verbunden und konnte sie deutlich fühlen. Gott war mir nun sehr intensiv bewußt, und ich sehnte mich nach ihm. Ich liebte Jesus, meine Sympathie für den Heiligen Geist nahm rapide zu, und ich wollte mehr – viel mehr.

Ich sollte noch erwähnen, derjenige, der für mich betete, hatte Gott gebeten, »mein Herz zu heilen«. Und das, obwohl ich selbst nichts davon gesagt hatte und obwohl mir überhaupt nicht bewußt war, daß dies nötig sein könnte.

Nach einigen Monaten Teilnahme an den Gottesdiensten war ich wirklich verliebt in meinen himmlischen Vater und wollte mehr von seiner Gegenwart in meinem Leben. Er ist auf dieses Verlangen eingegangen, aber das ist mit einer Bedingung verbunden. Ich muß das verschenken, was ich bereits empfangen habe. Gott machte deutlich, er wollte, daß ich anfing, für andere zu beten. Für mich bedeutete das, »ins Seelsorge-Team einzutreten«.

Deshalb fing ich damit an, Mitgliedern des Gebetsteams zu helfen. Ich stand hinter demjenigen, für den gebetet wurde. Und wenn diese Person sich dann unter der Gegenwart des Geistes »entspannte« und sich in Richtung Teppich bewegte, unterstützte ich ihn oder sie bei der Reise. Ich betete still oder ganz leise und versuchte zuzuhören, was der Betreffende aus dem Seelsorge-Team betete. Gewöhnlich waren das einfache Bitten: daß Gott die Person mit seiner Liebe füllen, sie erfrischen oder segnen möge. Hin und wieder war das Gebet eine biblische Aussage wie: »Gib ihm ein Herz aus Fleisch, nimm das steinerne Herz weg.«

Bei einer Gelegenheit assistierte ich einer Frau aus dem Gebetsteam, die für die verschiedenen Leute sehr konkret betete. Einem Mann sagte sie etwas über ein bestimmtes Erlebnis aus der Kindheit, daß Jesus jetzt da sei, um den Schmerz und das Trauma dieses Erlebnisses wegzunehmen und Vergebung zu bewirken.

Die plötzliche Auswirkung, als der Mann diese Worte hörte, war unvergeßlich. Er brach in Tränen aus, ließ einen qualvollen Schrei hören und begann dann, herzhaft, wohltuend und ansteckend zu lachen. Als ich ihn ansah, meinte ich, ich könnte sehen, wie Stahlbänder von seiner Brust absprangen. Diese Bänder waren nicht sichtbar, aber ich konnte sie doch wahrnehmen. Ich staunte über die Gaben dieser Frau und bat Gott insgeheim, ob ich nicht dasselbe tun könnte wie sie. Die Bestätigung ließ nicht lange auf sich warten.

Während die Zeit für den Gebetsdienst an diesem Abend weiterging, bekam ich immer deutlichere Eindrücke für die verschiedenen Leute, die Gebet empfingen. Ein Mann schien überhaupt nicht an der Anbetung teilnehmen zu können, weil er ziemliche Schwierigkeiten mit dem hatte, was um ihn herum ablief. Das Mitglied des Gebetsteams, für das ich den »Fänger« spielte, fragte diesen Mann, ob er Gebet wünsche, und er bejahte es. Als ich meine Position hinter ihm einnahm und sanft seinen Rücken berührte, spürte ich plötzlich Ärger und Schmerzen in meinem unteren Rücken. Das nahm noch zu, während gebetet wurde, bis ich es schließlich riskierte, etwas zu sagen. Ich lehnte mich zu dem Teammitglied hinüber und erzählte, was ich spürte. Ich sagte auch, daß dieser Mann meiner Meinung nach mit Bitterkeit zu kämpfen hatte und demjenigen vergeben mußte, der ihm Schmerzen zugefügt hatte. Das Teammitglied hörte zu, dachte darüber nach und fragte dann, ob ich für den Mann beten wollte, während sie beide zuhörten. Ich war einverstanden. Als ich dem Mann sagte, was ich empfand, schaute er etwas verblüfft und fing dann an zu weinen (etwas, das er meiner Meinung nach schon lange nicht mehr getan hatte). Wir ließen ihn ein Gebet sprechen, in dem er seine Bitterkeit bekannte und dann demjenigen vergab, der – so stellte sich heraus – ihm vor mehr als zehn Jahren eine Verletzung zugefügt hatte. Er sagte uns, seitdem hätte er immer unter Schmerzen im unteren Rückenbereich gelitten. Einige Augenblicke später verließ mich das Schmerzgefühl, und er berichtete, daß sein Rücken nun schmerzfrei sei! Er stand dort, pries Gott und legte seine ganze Dankbarkeit in die Anbetungslieder hinein.

Ich habe diesen Mann weder vor noch nach diesem Abend jemals gesehen, so kann ich nichts über eine körperliche Heilung berichten. Ich kann nur meine eigenen, starken, gedanklichen und körperlichen Eindrücke bezeugen und die entsprechenden Phänomene bei diesem Mann. Ich weiß nicht, warum das Teammitglied nicht spürte, was ich empfand. Wir hatten keine Möglichkeit, es zu besprechen; wir gingen einfach zum Nächsten weiter. Doch irgendwo, ganz tief in meinem Bewußtsein, spürte ich, daß Gott wohl damit zufrieden war. Es fühlte sich so ähnlich an wie das, was ich empfinde, wenn eins meiner Kinder bewußt und unaufgefordert etwas Richtiges gemacht hat.

Eine Zeitlang genoß ich es, einfach »Fänger« zu sein, und schaltete mich hin und wieder mit meinen Beobachtungen ein. Wenn ich überhaupt etwas sagte, teilte ich meine Beobachtungen am Anfang nur dem Mitglied des Seelsorge-Teams mit. Manchmal benutzte er oder sie, was ich sagte, manchmal nicht. Zusammen testeten wir mein »Wissen«, ob es zutreffend, genau und von Gott war. Wenn es verwendet wurde, war der Betreffende oft so freundlich, meinen Beitrag mit einer sofortigen Manifestation zu bestätigen – Weinen, Hinfallen, Lachen, Zittern, Tanzen, laute Geräusche oder sonst etwas. Zwar wurde den Leuten im Seelsorge-Team gesagt, sie sollten nicht soviel Wert auf die Manifestationen legen. Aber für mich war es schwer, deutliche Manifestationen nicht als Bestätigung für meine Gaben anzusehen. Es fühlte sich wunderbar an, zu beten und Gott direkt vor meinen Augen antworten zu sehen. Und glauben Sie mir, ich lernte, mit offenen Augen zu beten!

Die Anforderungen an Mitglieder des Seelsorge-Teams in der *Airport Vineyard*-Gemeinde sind ziemlich streng (wofür ich sehr dankbar bin).

Anfänger bekommen zunächst Hilfe und Heilung für ihr eigenes geistliches Leben, und jeder im Team wird ermutigt, so oft wie möglich für sich beten zu lassen. Ausbildung und Supervision werden nicht nur angeboten, sondern sind Bedingung für den Dienst. Ebenso benötigt man eine besondere Erlaubnis, um allein beten zu dürfen.

Nun, nicht jedes Mitglied des Seelsorge-Teams gebraucht prophetische oder Offenbarungsgaben. Diejenigen, die es tun, versuchen, weise und vorsichtig die entsprechenden Risiken einzugehen. Die *Airport Vineyard*-Gemeinde ist gesegnet mit hervorragenden Pastoren, Lehrern und einem überaus fähigen Leiter der Seelsorge-Teams. Sie alle zusammen sorgen für gesunde Lehre und ausreichenden Schutz. Diese Frauen und Männer befinden sich zwar wie alle anderen mitten in einem unglaublichen Lernprozeß. Dennoch ermutigen sie uns, mit Gott weiterzugehen und die Gaben, die der Heilige Geist schenkt, wirklich einzusetzen. Der Auftrag besteht darin, mit Gott vorwärtszustreben und das zu tun, was er will. Das bleibt nicht ohne Folgen für das persönliche Renommee, das meistens irgendwann geopfert werden muß. Wie wahr!

Für mich war Joëls Prophetie, wie Gott seinen Geist über alles Fleisch ausgießt, usw., immer ein schöner Text. Schön war er, bis ich meine erste echte prophetische Vision hatte. Natürlich mußte die Vision selbst ein wenig abgehoben sein, oder? Verrückte Dinge, mit denen etwas Ungewöhnliches geschah. Ich bekam leider kein ordentliches, klares Bild von Jesus, nein – meine Vision handelte von … Kühen, von Milchkühen, um genau zu sein.

Jetzt hatte ich ein Problem. Ich stand vor einem Mann, Zentimeter für Zentimeter ein Baum von einem Mann. Jedes Haar lag an seinem Platz. Stählerne Bizeps dehnten die Baumwollärmel seines Poloshirts. Seine Haltung war kerzengerade, und ich dachte: »Der hat wahrscheinlich einen Zug Marineinfanteristen in Vietnam kommandiert oder vielleicht auch eine Fliegerstaffel.« Er war so ziemlich der letzte, vor dem ich mich blamieren wollte, und keinesfalls wollte ich ihm zu nahe treten. Ich überlegte bei mir: Er glaubt wahrscheinlich, diese ganze Geschichte mit der *Airport Vineyard*-Gemeinde ist völlig verrückt. Und wenn er hört, was ich meine, sagen zu müssen, dann sind seine Vermutungen bestätigt. Das wär's dann. Morgen steht es in allen Zeitungen. Wir sind erledigt. Und ich habe die Wiederkunft Jesu versaut.

Meine Angst machte sich mutig auf einen Weg, den noch nie jemand vorher beschritten hatte, und ich überlegte: »Was mache ich mit den Kühen, die ich sehe? Erzähle ich ihm davon – handle ich aufgrund dieser ›Vision‹? Oder ignoriere ich es einfach? Was wird er wohl von Gott und dieser Erneuerung halten, wenn er hört, was ich zu sagen habe? Bin ich verrückt? Ist das ein Produkt meiner Phantasie … oder habe ich etwas Falsches gegessen? Ist das wahr? Ist es hier überhaupt von Bedeutung? Was ist, wenn ich mich irre? Habe ich wirklich gesehen, was ich eben gesehen habe? Was soll das überhaupt bedeuten? Habe ich schon das ganze Bild gesehen? Oh Gott, oh Gott, hilf mir! Oh Gott!«

Während ich dastand, analysierte ich dieses Nichtanalysierbare und versuchte, halbwegs bei Verstand zu bleiben. »Nein, das ist weder das Produkt meiner Phantasie noch Auswirkung einer Verdauungsstörung. Und es ist höchstwahrscheinlich auch nicht vom Feind – dafür waren die Kühe zu heiter. Es kann meinen persönlichen Interessen nicht dienen, wenn ich ihm das vorenthalte – ganz im Gegenteil! Ich werde jedoch nicht in der Lage sein, die Dinge zu beweisen, von denen ich rede, und an diesem Punkt liegt der Hase im Pfeffer.« (Ich stellte mir vor, wie der Anwalt der Gegenseite aufsprang und rief: »Das ist Hörensagen!« »Ich beantrage, daß das Beweisstück nicht zugelassen wird.« »Spekulation!« Dann beantragte er die Einstellung des Verfahrens … und der Richter ordnete an, daß ich mich psychiatrisch untersuchen ließ.)

Ich verließ den Gerichtssaal in meiner Phantasie und wandte mich wieder meinen Überlegungen zu. Da diese Vision wahrscheinlich weder von mir selbst noch vom Feind kam, mußte sie von Gott sein. Da sie kam, als ich für diesen Mann betete, mußte sie irgend etwas mit ihm zu tun haben. Da ich ihn nicht kannte und ihn wahrscheinlich auch nie wieder treffen würde (falsch!), warum sollte ich es dann nicht versuchen?

Damit stellten sich neue Probleme. Ich wußte, daß der erste Satz entscheidend sein würde. Ich suchte nach der richtigen Formulierung, beugte mich näher an sein Ohr (es war nicht nötig, daß hier jemand mithörte!) und fragte: »Haben Kühe irgendeine Bedeutung für Sie?« Gerade in diesem Augenblick hörte die Anbetungsmusik im Hintergrund auf. Ich fühlte, wie hundert Augen sich zu mir drehten. Ich stellte mir vor, wie Cassettenrecorder eingeschaltet wurden. Die Augen dieses Marineinfanteristen blieben geschlossen, während er schwermütig weiter betete … die Stille tat körperlich weh … schließlich antwortete er: »Ja, das haben sie.« Ich riskierte alles: »Ich sehe Milchkühe, viele Milchkühe, und sie … das heißt, ähm …«, und erzählte ihm den Rest meiner Vision. Er lächelte, die Augen immer noch geschlossen. Dann erschien ein breites Grinsen auf seinem Gesicht, und fast schrie er es: »Halleluja!« Überschwenglich sagte er Gott immer wieder aus ganzem Herzen »Danke«. Als er seine Augen öffnete, waren sie feucht. Er schüttelte mir die Hand, zerdrückte sie fast, und dann ging er weg und setzte sich auf einen Stuhl.

»Das war's?« fragte ich Gott. »Keine Erklärung, keine weitere Offenbarung? Du willst mich auf den Arm nehmen, oder? Hallo?«

Zwei Tage später sah ich diesen Mann wieder, und er war genauso entspannt wie meine Visionskühe unter Valiumeinfluß. Er kam zu mir herüber, zerdrückte wieder meine Hand und sagte bestimmt und sicher: »Gott ist hier in der Airport Vineyard-Gemeinde.« Außerdem sagte er: »Sie werden sich nie vorstellen können, wie wichtig das war, was Sie mir neulich gesagt haben. Das war ein Wendepunkt in meinem Leben. Übrigens, könnten Sie auch für meine Frau beten?«[9]

Meine Erfahrung mit »Fürbitte im Heiligen Geist« nimmt zu, und ich stelle fest, daß es sowohl erschreckend als auch aufregend ist. Der Heilige Geist wirkt schnell, flink und mit einer Geschwindigkeit, daß ich es als Herausforderung empfinde, Schritt zu halten. Selten gibt er mir eine vollständige Offenbarung und ausreichend Zeit zum Nachdenken. Statt dessen fordert er von mir, daß ich die Dinge mitteile, während er Schritt für Schritt weitergeht. Doch bei jedem einzelnen wirkt er mit einer individuellen Geschwindigkeit, und ich lerne, mich darauf einzustellen.

An einigen Abenden geht die Zeit für den Gebetsdienst sehr zügig vonstatten, dann gibt es viele Worte der Erkenntnis, prophetische Zusprüche, es werden viele Gaben und Heilungen freigesetzt, usw. An anderen Abenden fühle ich mich, als ob ich auf dem Trockenen sitze. An solch einem Abend betete ich allgemeine »Segne ihn/sie«-Gebete und bekam für niemanden irgend etwas Konkretes. Obwohl einige ohne Zweifel etwas von Gott empfingen, hatte ich in meinem Geist kein Zeugnis, daß Gott mich in irgendeiner Weise zu gebrauchen schien. Ich war versucht zu analysieren, was das Problem sein könnte, doch mittlerweile kannte ich das Wirken des Heiligen Geistes gut genug und wußte, daß es sich nicht mit dem Verstand durchdenken läßt. Es gab zu viele veränderliche Größen, die durch Beobachtung und Analyse nicht erfaßt werden konnten. So betete ich weiter allgemeine Gebete in der Hoffnung, daß sie irgend etwas bewirkten, bis ich vor einem Mann stehenblieb.

Er wirkte von Kopf bis Fuß wie ein englischer Pfarrer. Das war er auch. Doch das folgerte ich nicht, wie man sagen könnte, durch den Geist. Man konnte es an seinem weißen Hemd und der Krawatte, seinen Lederschuhen und dem englischen Zuschnitt seiner Kleidung erkennen. Sein Gesicht hatte den müden Ausdruck, den ich schon bei so vielen Pastoren gesehen hatte, die in die *Airport Vineyard*-Gemeinde hineingeschlichen waren. Pastoren, die nur eine Woche davon entfernt waren, ihren ganzen Dienst wegzuwerfen, um dann Lebensversicherungen zu verkaufen oder jemand anders ihre eigene Versicherungssumme einstreichen zu lassen.

Höflich hielt er die Augen geschlossen, als ich mich beim Gebet ihm zuwandte und seine Hände nahm, wobei ich den Daumen in die Handfläche drückte und mit den Fingern den Rücken seiner Hände berührte. Ich fragte, ob – oder eigentlich: sagte ihm, daß – er Pastor sei. Er antwortete mit einem »Hmm«. Ich begann zu beten, daß Jesus alle Kritik von ihm nehmen, ihn erfrischen und ihm seine Liebe zeigen sollte. Wieder machte er »Hmm«; der Seufzer verriet, daß dies wieder dieselbe alte Geschichte war. Ich wartete und starrte oben auf seine Stirn. »Gott, bitte, berühre diesen Mann«, dachte ich, »nimm den Schmerz und die Müdigkeit von ihm.« Ich schaute auf seine Schuhe; ich schaute hinter ihn zu dem Mann, der wartete, um ihn aufzufangen; ich schaute quer durch den gefüllten Raum, um zu sehen, ob der Geist an jemand anders wirkte. »Vater«, dachte ich, »bitte ...«, und wartete. Sollte ich zum nächsten weitergehen? Vielleicht müßte dieser Mann einfach eine Zeitlang »einweichen«. Ich könnte ja später zurückkommen, oder jemand anders hatte vielleicht mehr »Glück« mit ihm. Nichts da. Ich wartete. Ich erwartete teilweise, daß dieser Mann seine Augen öffnen, höflich lächeln, Dankeschön sagen und es mir leicht machen würde. Nichts da. Ich wartete.

Für solche, die nie in den ursprünglichen Räumen der *Airport Vineyard*-Gemeinde waren, ist es wahrscheinlich schwer vorstellbar, wie die Leute Schulter an Schulter gedrängt standen und warteten, bis für sie gebetet wurde. Im Hauptraum war es ständig sehr warm und meistens stickig. Die Musik war laut, man bekam die Manifestationen der anderen deutlich mit und wurde manchmal abgelenkt. Freier Platz auf dem Teppich war immer hoch im Kurs; und oft war der Teppich hinter jemandem schon wieder besetzt, bevor er oder sie dort hinfallen konnte. Die Mitglieder des Seelsorge-Teams waren oft mehr damit beschäftigt, darauf zu achten, daß Leute in Sicherheit (vor fallenden Körpern) waren, als daß sie für jemand beten konnten. Die praktischen Notwendigkeiten des Augenblicks forderten, daß die Teammitglieder schnell zu denen gehen mußten, die die dramatischsten Manifestationen hatten, und dort nach dem Rechten schauten. Danach konnten sie sich wieder anderen zuwenden, deren Manifestationen nicht so dramatisch abliefen. Daß man lange Zeit mit Gebet für eine einzige Person zubrachte, war Luxus, besonders wenn nichts geistlich Entscheidendes zu passieren schien.

Ich kann nicht sagen, wie lange ich bei diesem Pfarrer aushielt. Es fühlte sich an wie eine lange Zeit. Ich schaute ihn an und betete still. Dabei sagte ich eigentlich Gott nichts, sondern versuchte, etwas von ihm zu hören. Dann, als ich mir das Gesicht des Pfarrers anschaute, schien ich hoch über meinem Kopf etwas zu sehen. Es war irgendwo im Weltraum, eine Meile weit weg. Dann konnte ich eine Zoom-Aufnahme davon sehen. Es war eine massive, fast quadratische Struktur, die aus dem frühen Mittelalter zu stammen schien. Ein Licht blitzte aus ihr hervor oder zu ihr hin; die Mauern fielen mit lautem Getöse ein, und dann war diese Struktur praktisch dem Erdboden gleich geworden. Als nächstes sah ich Jesus, nicht deutlich, aber ich wußte, daß er es war. Und er tanzte um die Ruinen herum. An ihrer Stelle wurde eine neue Festung aufgebaut. Sie wurde ein Bollwerk der Gerechtigkeit, eine Bastion der Freude, und der Friedefürst bezog sie als seine Residenz. Die Dunkelheit in der ganzen Umgebung begann sich zu verziehen, und Kraft und Gerechtigkeit zogen von diesem Ort aus nach ganz England hinein. Die Engelwesen, die ihren Platz auf den West-, Nord- und Südmauern einnahmen, waren die größten Krieger, die ich bis dahin »gesehen« hatte.

Seit der Geschichte mit den Kühen hatte ich beträchtliches Vertrauen in die Bilder, die der Herr mir zeigte. Deshalb habe ich dem Pfarrer diese Vision mitgeteilt. (Ich habe hier vieles ausgelassen und ein oder zwei Einzelheiten verändert, um die Vertraulichkeit zu wahren.) Plötzlich war es, als ob Gott ihn genauso getroffen hätte wie die Mauern, die krachend in sich zusammenfielen. Er schoß geradezu nach hinten und überraschte uns alle mit seinem abrupten Niedergang zum Boden. Ich erzählte ihm weiter, was ich gesehen hatte und was sich noch vor meinen Augen entfaltete. Ich betete weniger, als daß ich berichtete. Ich sagte ihm, Gott würde »seinen Engeln befehlen, ihn auf all seinen Wegen zu behüten, ihn auf ihren Händen zu tragen, damit sein Fuß nicht an einen Stein stößt«. An dieser Stelle brach er in ein solch brüllendes Gelächter aus, daß die Blutgefäße fast platzten! Die Veränderung in ihm war so dramatisch, daß auch ich anfangen mußte zu lachen. Er schaffte es zu sagen: »Sie haben keine Idee, was Sie da gesagt haben, oder? Sie haben keine Idee!« Dann kugelte er sich wieder buchstäblich vor Lachen. Ich ging zur nächsten Person, da ich vermutete, daß der Herr ihn berührt hatte – ich wußte es nicht genau, aber ich hatte so das Gefühl.

Das Bild, das ich gesehen hatte, blieb mir deutlich im Gedächtnis, was ungewöhnlich ist. Nach fast einem Jahr kann ich jetzt immer noch viel von dem sehen, was sich da entfaltete. Allerdings hat es sich jetzt etwas verändert, so als ob es in einer parallelen Welt weiterentwickelt worden wäre.

Ich kann mein Zeugnis in keiner Weise belegen. Ich kann nur anbieten, was dies alles für den Pfarrer bedeutete. Als ich mich später mit ihm unterhielt, erfuhr ich, daß jedes einzelne Bild, das ich ihm beschrieb, ein Ereignis aus seiner Kirche genau widerspiegelte. Zum Beispiel hatte er vor einiger

Zeit den Abbruch einer baufälligen anglikanischen Kirche beaufsichtigt, die im Mittelalter gebaut worden war. Dabei war er über einen Stein gestolpert, war hingefallen und hatte eine Kopfverletzung erlitten, die ihn für mehr als ein Jahr behindert hatte. Außerdem hatte er starken geistlichen Widerstand gegenüber seiner Position als von Gott eingesetzter Leiter gespürt und sich gefragt, ob es überhaupt noch Hoffnung gab. Andere Einzelheiten waren prophetisch oder bildhaft und ermutigten ihn zutiefst.

Während er auf dem Boden lag, erlebte er unabhängig von dem, was ich ihm sagte, ganz wunderbar die Gegenwart Gottes. Dabei sah er Gott ganz deutlich als seinen himmlischen Vater. Der Herr begegnete ihm in sehr persönlicher Art und Weise, und als er vom Teppich aufstand, war er ein neuer Mensch. In meinen darauffolgenden Gesprächen mit ihm erfuhr ich, wie er die Dinge, die ich ihm mitgeteilt hatte, verstand. Er glaubte, Gott würde Wohnung in seinem Pfarrbezirk nehmen und ihre Gemeinde würde in diesem Wirken Gottes eine wichtige Rolle spielen. (Das hat sich wirklich bestätigt.)

Die ganze Geschichte dieser Zeit des Gebetsdienstes hat viele weitere interessante Aspekte – Traumsequenzen, Anrufe mitten in der Nacht und Geräusche im Dunkeln. Der Pfarrer und seine Frau gehören seitdem zu unseren engsten Freunden, und nur Gott weiß, was in Zukunft noch auf sie wartet.

Ich erzähle diese Geschichten hier, um zu zeigen, daß es keine Formel für Fürbitte im Geist gibt. Man muß einfach nur das aussprechen, was man als Gedanken und Worte Gottes sieht oder hört. Wenn man mit ihm übereinstimmt und segnet, was er tut, dann können die Dinge schon einmal ziemlich verrückt werden. Aber auf jeden Fall sind sie dann in einem guten Sinne »verrückt«. Und wer sind wir überhaupt, daß wir definieren wollen, was normal?!

Das alles hat wirklich etwas von mir gefordert. Manchmal empfinde ich es so, als ob die Offenbarungen mir direkt zugeschleudert werden. Manchmal habe ich Dinge ausgesprochen, die ich für »Visionen« oder »Worte« hielt, nur um zu entdecken, daß meine Phantasie sich austobte. Ich habe Dinge empfangen, von denen ich dachte, sie wären für die Person, die gerade vor mir stand, doch dabei galt es jemand anderem, vielleicht demjenigen neben ihr (das muß man sich einmal durch den Kopf gehen lassen!). Ich habe vor völlig Fremden völlig blamiert ausgesehen, mich blamiert gefühlt und war es auch (und habe trotzdem überlebt). Genauso habe ich mich unnötig gesorgt, was andere wohl über mich denken mögen. Etwas, das ich gemerkt habe: Die Leute denken gar nicht so viel über mich nach, wie ich denke, daß sie über mich nachdenken. Ich mußte lernen, mit einem größeren Maß an Unsicherheit zu leben und mußte meine Bequemlichkeit aufgeben. Aber die Belohnungen dafür waren wunderbar.

Bei all dem mußte ich meinen Verstand nicht an der Tür abgeben. Aber ich mußte meine Prioritäten ändern. Nun lasse ich meinen Geist den Verstand leiten und zwinge meinen Verstand, dem Geist zu dienen. Nach den Offenbarungen der Liebe Gottes, die ich empfangen habe, ist das völlig vernünftig, wenn auch noch nicht zur Gewohnheit geworden. Ich weiß, daß ich oft nicht das vollständige Bild kennen werde und auch nicht, welche Auswirkung oder Bedeutung es hat. Aber das darf mich nicht daran hindern, die Gabe zur Auswirkung zu bringen. Mit großer Zurückhaltung akzeptiere ich, daß ich nicht jedes Bild, jeden Eindruck, usw. den strengen Beweismethoden der Natur- oder der Rechtswissenschaft unterwerfen kann. Doch das schmälert nicht mehr die Gültigkeit dieser Erfahrungen. Ich lebe ständig mit der Mehrdeutigkeit von Zeichen, Wundern, Visionen und Manifestationen. Denn die äußeren Phänomene sind nicht immer empirische Beschreibungen des inneren Wirkens des Geistes, und genausowenig kann man für Menschen so beten, als ob sie es wären.

Der beste Rat, den ich jemals für den Umgang mit all diesen Fragen bekommen habe, ist der: »Liebe Gott mit ganzem Herzen, mit ganzer Seele und mit all deinen Gedanken und deinen Nächsten wie dich selbst.«

Jack Taylor, Mai 1995

Jack ist Pastor der *Southern Baptists* und seit dreiundzwanzig Jahren im Reisedienst. Er ist Autor von zwölf Büchern und hat eingehend die Erweckungsbewegung studiert. Während seiner Zeit als Pastor der *Castle Hills First Baptist Church* in San Antonio (Texas) Anfang der siebziger Jahre erlebte er eine wunderbare Erweckung, die dazu führte, daß Hunderte von neuem geboren und eine ganze Gemeinde erneuert wurde. All das wurde von vielen ungewöhnlichen Ereignissen begleitet. Diese Neubelebung formte viele Menschenleben und beeinflußt heute noch viele Menschen an vielen Orten. Sein erstes Buch, *The Key to Triumphant Living* [»Der Schlüssel zum Siegesleben«], ist eine Chronik dieser Zeit und berichtet in persönlichen Zeugnissen und im Zeugnis der Gesamtgemeinde darüber. Als er und seine Frau Barbara hörten, wie Gott in Toronto wirkt, waren sie sofort interessiert und wollten so schnell wie möglich sehen, was passiert.

Nachdem wir im *Time*-Magazine und anderen Zeitschriften von der Erneuerung in der *Toronto Airport Vineyard*-Gemeinde gelesen hatten, statteten wir im August 1994 der Gemeinde einen Besuch ab. Die Versammlungen fanden damals noch in den alten Räumlichkeiten an der Dixie Road statt. Bei unserer Ankunft waren wir fasziniert von all den Leuten, die draußen standen und hineinwollten. Zum ersten Mal in unserem Leben mußten wir am 23. August 1994 für einen Gottesdienst Schlange stehen.

Der Lobpreis war inspirierend, die Gegenwart Gottes deutlich spürbar, und die Botschaft – es predigte jemand anders, nicht der Pastor – hatte Inhalt, war leidenschaftlich und klar. Dann folgte der Gebetsdienst, auf den wir kaum vorbereitet waren! (Wie könnte man für so etwas vorbereitet sein mit einem traditionellen Hintergrund?)

Ich hatte schon einige Jahre »geistlicher Dehnübungen« hinter mir. Das hatte begonnen, als ich gebetet hatte, daß Gott meine Einstellung zu jedem Thema ändern sollte, bei dem er mit mir nicht einer Meinung war. Ich hatte herausgefunden, daß vieles, das ich für tiefverankerte Überzeugungen hielt, in Wirklichkeit auf Protektionismus in bezug auf liebgewonnene Traditionen beruhte. Zum Glück hielten mich die merkwürdigen Manifestationen in der *Airport Vineyard*-Gemeinde nicht von dem Segen ab, der auf mich wartete.

Am ersten Abend wurde Gebet für Arbeiter im Reich Gottes angeboten, so gingen meine Frau und ich nach vorn. Als man für uns betete, ruhten wir beiden zusammen mit vielen anderen im Geist. Während ich auf dem Bauch lag, empfing ich körperliche Heilung und einen tiefen geistlichen Segen. Sowohl Heilung als auch Segen sind seitdem völlig bestätigt worden.

Eines der Gebiete, auf dem eine Bestätigung stattgefunden hat, ist das meiner Gebetspraxis. Ich habe immer versucht, ein diszipliniertes Gebetsleben aufrechtzuerhalten. Ich habe Bücher über Gebet geschrieben, habe Gebetsfreizeiten, Gebetskonferenzen und Gebetskonzerte veranstaltet. Ich bin zutiefst davon überzeugt, daß Erweckung im Gebet geboren und durch Gebet weitergetragen wird. Was ich im August und bei weiteren Besuchen im Dezember 1994 und im März 1995 in Toronto erlebt habe, hat diese Überzeugung noch mehr vertieft.

Ich bin fasziniert von dem Wirken des Geistes, das man in der *Airport Vineyard*-Gemeinde wahrnehmen kann. Denn ich glaube, daß niemals in der Kirchengeschichte so viele Menschen für so viele Menschen gebetet haben. Was ich sehe, ist nicht der glänzende Dienst eines einzelnen »Stars« an vielen anderen, sondern ein kraftvoller Dienst von Menschen, die für Menschen beten. Seit unserem ersten Besuch in Toronto gehöre ich zu diesem wunderbaren »Seelsorge-Team« und habe in ganz Nordamerika und England gedient. Ich bekam den doppelten Segen – daß man für mich betete und daß ich für andere beten konnte. Das hat mein Gebetsleben auf verschiedene Arten berührt und verändert.

Ich achte jetzt mehr darauf, daß ich auf Gott höre, wofür ich beten soll, und bleibe nicht mehr ausschließlich bei einer festen Gebetsliste. Zu meiner Freude stelle ich fest, daß ich es mit Gottes Weisheit und nicht nur aufgrund meines Wissen tun kann, wenn ich mit einem offenen Herzen für Menschen bete.

Ich entwickle eine Mentalität, die eine positive Sicht in bezug auf Probleme fordert. Wenn Gott wirklich Gebet erhört, dann erfordert die allerschlimmste Situation vereintes, glaubensvolles Gebet und die Erwartung einer positiven Antwort. Ich stelle fest, daß ich mehr von den Verheißungen Gottes beeinflußt werde als von den anliegenden Problemen. Durch Gebet ist alles möglich, denn Gebet verbindet mich mit Gott, und bei Gott ist alles möglich.

Ich entdecke auch, daß die einfache Aufgabe des Predigens mit Gebet um die befähigende Kraft Gottes und dem Gebrauch dieser Kraft zu tun hat. Dieses Wirken Gottes erstreckt sich auf den Versammlungsort, den Zeitraum der Versammlung, die versammelten Menschen, den Lobpreis, die öffentlichen Gebete, das Predigen und die Einladung, die den Gebetsdienst eröffnet. Ich bin überzeugt, daß ich immer die Gnade Gottes an Menschen verschenke, ob ich ihnen jetzt predige oder für sie bete. Damit bedeutet mein Beten, Gnade zu empfangen, in Gnade zu leben und Gnade zu verschenken.

Ich bin mir deutlicher bewußt, daß ich nicht weiß, wie oder wofür ich beten soll, und daß der Heilige Geist in mir und um mich herum ist, um mein Gebet zu dirigieren. Manchmal geschieht es in Form von Stille und Meditation, ein anderes Mal mit Worten, die aus dem Geist geboren werden, und wieder ein anderes Mal mit »Seufzen, das wir nicht in Worte fassen können«. Obwohl ich immer noch versuche, jeden Tag eine Gebetszeit einzuhalten, ist mir während des Tages deutlicher bewußt, daß »die Leitung offen« ist. Das Bewußtsein, daß Gebet eigentlich der Atem des Geistes ist, empfinde ich wirklich als wohltuend.

Ich bin immer wieder beeindruckt von dem, was nicht nur im Leben derjenigen geschieht, für die gebetet wird, sondern auch im Leben derjenigen, die sich hingegeben haben, um für andere zu beten. Das Bewußtsein, daß ich Gottes Gnade an andere verschenken kann, die sie brauchen, ist etwas, das unser Leben verändert. Daß oft Manifestationen geschehen, wenn für Menschen gebetet wird, hat meinem Gebet zusätzlich eine frische Erwartung geschenkt. Daß der Geist Gottes »hier« und »jetzt« wirkt, vertieft das Gebetsleben, ob persönlich und privat oder öffentlich und gemeinsam. Gebet holt Gott aus dem »vor langer Zeit« und macht ihn und sein Wirken zu unseren Zeitgenossen. Es ist wirklich so, wie es im Hebräerbrief geschrieben steht: »Wer zu Gott kommen will, muß glauben, daß er ist und daß er denen, die ihn suchen, ihren Lohn geben wird« (Heb 11,6). Es scheint mir, daß viele Manifestationen zwar merkwürdig und schwer nachzuvollziehen sind, daß Gott sie aber benutzt, um die Erfahrung seiner Gegenwart realer werden zu lassen.

Unter dem Schlußstrich steht für mein eigenes Leben, daß aufgrund dieser Begegnung mit Gott meine Leidenschaft für Christus deutlicher, mein eigener Seelenfrieden tiefer und mein Gebetsleben beständiger als jemals zuvor sind. Meine Liebe zur Schrift, die immer schon tief war, ist noch tiefer geworden. Und gleichzeitig wächst auch ein Besorgtsein um die Menschheit als Ganzer. Hinzu kommt das wachsende Bewußtsein, daß ich ein Teil des ganzen, aufregenden Leibes Christi bin, dessen Glieder überall auf der Welt zu finden sind.

Dabei fällt mir die Geschichte eines kleinen Mädchens ein, das sich mit Mission beschäftigte und ermutigt wurde, Missionaren zu schreiben und ihnen mitzuteilen, daß es für sie betete. Gleichzeitig wurde sie aufgefordert zu schreiben, daß sie nicht verpflichtet waren, ihr eine schriftliche Antwort zu senden. Ihr Brief war kurz und präzise: »Liebe Missionare, wir beten für Sie … wir erwarten keine Antwort.« Viel zu oft habe ich unter diesem Übel der Erwartungslosigkeit gelitten. Doch jetzt sehe ich, was geschieht, wenn Menschen für Menschen beten. Glaube und Hoffnung werden geweckt, und meine Erwartung, eine Antwort zu bekommen, hat zugenommen.

Ich glaube, wenn diese Voraussetzungen weiter anhalten, können wir die folgenden Ergebnisse erwarten:

1. Die einzelnen Gläubigen werden feststellen, daß ihr geistliches Leben auf dieselbe Ebene steigt wie ihr Beten.
2. Gemeinden werden feststellen, daß ihr geistliches Leben auf dieselbe Ebene steigt wie das Gebetsleben der einzelnen Mitglieder.
3. Die einzelnen Gläubigen werden feststellen, daß mit dem Gebet für andere ihr eigenes Gebetsleben wächst und damit auch ihre geistliche Kraft und Autorität.
4. Wenn die Praxis des Gebets durch die Überzeugung verstärkt wird, daß es sowohl unmittelbare als auch langfristige Ergebnisse bringt, wird eine höhere Sicht des Gebets zu einer höheren Praxis und Qualität des Gebets führen.

5. Wenn Gebet in einer gesegneten Atmosphäre in dramatischer Weise erhört wird, entsteht stärkerer Lobpreis, der immer zu noch stärkerem Gebet führt.
6. Neubekehrte werden in dieser vom Heiligen Geist geschaffenen Atmosphäre beten lernen, und sie werden radikale und einsatzfreudige Jünger unseres Herrn werden.
7. Die Erneuerung wird reifen und ihr Babystadium, ihre Babylaute und ihr Babyverhalten hinter sich lassen, und wir können wohl mit der größten Ernte rechnen, die jemals in der Kirchengeschichte eingebracht wurde.

Loraine Daly, Mai 1995

Loraine ist Assistentin von Steve Penny, dem leitenden Pastor einer *Assemblies of God*-Gemeinde in Sydney (Australien), des *Christian Growth Centre*. Sie leitet und bildet ihr »Power-Team« aus und überwacht die einzelnen Frauendienste.

Mitte 1994 hörte unsere Gemeinde zum ersten Mal von dem weltweiten Wirken Gottes, das als »Toronto-Segen« bekannt geworden ist. Wir hörten von australischen Pastoren, die den ganzen Weg nach Toronto zurückgelegt hatten und dann draußen vor einer Kirche zwei Stunden warten mußten, um in den Gottesdienst zu kommen! Sie kehrten voll mit dem Heiligen Geist und mit frischem »Feuer vom Himmel« zurück. Wir begannen als Gemeinde, nach Erneuerung zu suchen, und im Oktober 1994 hielten wir eine Gebets- und Fastenwoche ab.

Diese Zeit war ein Wendepunkt für unsere Gemeinde. Jeden Abend versammelten wir uns, um Gott zu suchen. Pastor Steve Penny, unser leitender Pastor, sagte uns: »Markiert diese Woche in eurem Kalender als die Woche, die unsere Gemeinde verändert.« Gott begann, mächtig in den Gebetsversammlungen zu wirken, und viele wurden von seiner Gnade berührt. Jeden Abend reservierten wir eine gewisse Zeit, in der wir als versammelte Gemeinde zusammen beteten. Eines Abend sprach Gott zu meinem Herzen: »Du räumst mir dein Herz für eine Stunde ein, um hierher zu kommen und zu beten. Aber willst du mir dein Herz für den Rest deines Lebens geben, so daß du völlig verändert wirst?«

Ich wollte alles, was Gott mir zu geben hatte! Immer, wenn Gebet angeboten wurde, war ich die erste, die am Altar stand, und die letzte, die wieder ging. Wenn ich dann vor dem Herrn lag, betete ich: »Herr, tu heute abend dein ganzes Werk. Ich will nicht aufstehen, bevor du alles getan hast, was du hier tun willst. Herr, ich möchte anders aufstehen, als ich hier heute abend hereingekommen bin. Ich gebe mich dir hin, Herr.« Ich verbrachte mehr Zeit auf dem Boden als auf den Füßen. Alles, was ich wollte, war die Fülle Gottes. Die Bibel sagt: »Was kein Auge gesehen und kein Ohr gehört hat: das Große, das Gott denen bereitet hat, die ihn lieben.« Ich begann zu empfinden, daß Gott mich ermutigte, er habe weit mehr für uns, als ich erwartete.

Einen Monat später, im November 1994, flogen Pastor Steve und seine Frau Marion mit einem Team nach Toronto, um dort an der Prophetie-Konferenz teilzunehmen. Vorher hatte er darüber gesprochen, daß man in den Strom Gottes hineinkommen muß. Gott sprach zu mir über den Flug nach Toronto: »Wenn du hier vom Ufer aus in den Fluß Gottes hineinspringst, wirst du nie mehr dieselbe sein. Du wirst niemals wieder an diesem Ufer stehen. Ich werde dich weiterbringen.« Ich mußte mich entscheiden, ob ich in den Strom Gottes springen oder dort bleiben wollte, wo ich gerade war.

Ich selbst wollte auch von ganzem Herzen fliegen, aber ich wußte nicht, wie ich das schaffen sollte. Die andere Frage war: »Muß ich dort hin? Wenn Gottes Geist überall auf der Welt wirkt, warum muß ich mich dann zwanzig Stunden ins Flugzeug setzen?« Ich begann nachzulesen, wie König Salomo Besuch von der Königin von Saba und vielen anderen Königen aus der ganzen Welt bekam, weil Gott ihm etwas geschenkt hatte, das sie selbst haben wollten. Damit war der Fall erledigt; durch Gottes wunderbare Versorgung war ich in der Lage, in der nächsten Woche selbst nach Toronto zu fliegen.

Über eine Reihe von Jahren hatte Gott mir eine Vision davon geschenkt, was er für mich vorbereitet hatte – durch verschiedene prophetische Worte oder durch das Zeugnis seines Geistes in meinem Herzen. Doch ich hatte noch nichts davon in Erfüllung gehen gesehen. Wie Maria »bewahrte ich alles in meinem Herzen« und wußte, daß es erfüllt werden würde. Ich wußte auch, daß ich noch nicht fertig zugerüstet war für das, wozu Gott mich berief. Aber ich wartete und versuchte, mein Herz für Gottes Pläne vorzubereiten.

Während meiner »Begegnungen mit dem Teppich« in den Versammlungen begann Gott, bestimmte Dinge aus meinem Herzen zu nehmen und dafür seinen Geist hineinzulegen. Eines Abends lag ich da und spürte, wie etwas von mir genommen wurde. Ich habe keine Ahnung, was das war, aber Gott weiß es. Die Bibel sagt: »Er kennt die Geheimnisse unseres Herzens«, und an jenem Abend hat er sich ganz bestimmt mit den Geheimnissen meines Herzen beschäftigt. Als ich aufstand, fühlte ich mich wesentlich leichter und freier in meinem Geist. Je mehr Gott herausnahm, desto mehr Raum bekam er, um seine Vollmacht und Kraft in mein Leben zu gießen. Jeden Abend goß Gott ein neues Maß an Gnade in meinen Geist.

Ich rief am Samstag zu Hause an, um zu sehen, wie die Leute des Teams seit ihrer Rückkehr zurecht gekommen waren. (Zu Hause war es Sonntag nachmittag.) Ich sprach mit David Palmer, einem unserer Pastoren, nach dem Sonntagmorgen-Gottesdienst. Er erzählte mir, die Herrlichkeit Gottes sei auf die Versammlung gefallen und die Gegenwart Gottes sei so stark gewesen, daß er kaum stehenbleiben und die Versammlung leiten konnte. Menschen wurden sichtbar angerührt, und die fühlbare Gegenwart des Heiligen Geistes nahm zu. Diejenigen, die in Toronto gewesen waren, beteten für die anderen, und der Segen Gottes wurde höchst kraftvoll ausgegossen.

Ich legte auf und rief Pastor Steve in Singapur an, nur zum herauszufinden, daß die Versammlungen, bei denen er diente, zu Heilig-Geist-Versammlungen geworden waren. Er sagte, zeitweise gäbe es kaum noch genügend Platz für all die Menschen, die in der Gegenwart Gottes ruhten. Sie lagen auf den Treppenstufen, auf der Plattform, überall, wo man Platz finden konnte!

Danach machte ich mich auf den Weg zum Gottesdienst in der *Airport Vineyard*-Gemeinde. Dabei wurde mir klar, daß jederzeit und überall auf der Welt Menschen vom Heiligen Geist mit Gnade beschenkt werden konnten.

Als ich am Ende der Woche wieder nach Australien abflog, betete ich, daß dies nicht das Ende der Ausgießung des Heiligen Geistes sein würde, sondern der Anfang eines neuen Kapitels in meinem Leben. Ich wollte, daß diese Woche nicht nur eine nette Erinnerung blieb. Vielmehr wünschte ich mir, daß Gott das Werk fortsetzen möge, das er begonnen hatte.

Der Herr ist auf mein Gebet eingegangen. Bald nach meiner Rückkehr begannen wir mit Versammlungen für alle, die einfach nur kommen und sich der Gegenwart Gottes aussetzen wollten. Diese *Soaker*-Versammlungen (von *soak* = »einweichen, einziehen lassen«) fanden in der Wochenmitte statt, und viele aus Sydney und darüber hinaus sind gekommen, um von Gott zu empfangen. Bei einer Versammlung traf ich eine Freundin, die ich seit einiger Zeit schon nicht mehr gesehen hatte. Sie und ihr Mann leiten eine Gemeinde außerhalb von Sydney, deshalb hatten wir eine Zeitlang keinen Kontakt mehr miteinander gehabt. Sie hatte keine Ahnung, was mit mir in Toronto und zu Hause in Australien passiert war. Als sie mich sah, schaute sie mich lange an und sagte schließlich: »Loraine, du siehst großartig aus!

Was ist passiert?« Ich erklärte ihr kurz, was Gott in meinem Leben getan hatte. Sie sagte: »Gleich, als ich dich sah, wußte ich, daß sich etwas verändert hatte. Du siehst so aus, wie du immer schon sein solltest.«

Eine Sache, die ich im Zusammenhang mit diesem Wirken des Heiligen Geistes entdeckt habe, ist, daß es um mehr geht als nur eine wunderbare Offenbarung der Gegenwart Gottes. Es geht auch um die Zurüstung für den Dienst. Das habe ich nach meiner Rückkehr nach Australien aus erster Hand gelernt. Denn Pastor Steve bat mich, die Ausbildung für das zu übernehmen, was wir *Power-Team* nennen, diejenigen, die am Altar anderen dienen. Das sollte sich als Schritt zur rechten Zeit erweisen, denn im März 1995 veranstalteten wir die Konferenz *Spreading a Fire* [»Ein Feuer breitet sich aus«] und luden Guy und Janis Chevreau und Larry Randolph als Hauptredner ein. Die Menschen kamen aus ganz Australien und darüber hinaus. Gott goß während dieser ganzen Woche seinen Geist in hungrige Seelen aus. Das *Power-Team* hatte das Vorrecht, von Gott gebraucht zu werden, um seinen Segen mitzuteilen – seinen Segen, der auch viele, viele Male auf uns selbst herabgekommen ist.

Manchmal waren 1 200 oder mehr Besucher anwesend. Es gab nicht genug Platz. Für den Gebetsdienst mußten wir zwei zusätzliche Räume in Anspruch nehmen. Als ich von Raum zu Raum ging, um zu sehen, ob genug Mitglieder des *Power-Teams* zum Gebet da waren, hatte ich eine Erfahrung, die ich nie vergessen werde: In einem Raum war die Gegenwart Gottes wunderbar sanft spürbar, wie Regen, der vom Himmel fällt. Die Menschen lagen auf dem Boden und ruhten still vor dem Herrn. Ich ging zum nächsten Raum. Aufruhr! Sogar die Fänger fielen um vor Lachen, während sie versuchten, ihren Dienst zu versehen! In dem ganzen Raum gab es niemanden, der noch stehen konnte!

In einer der Morgenveranstaltungen ging Larry Randolph zwischen denjenigen hindurch, die Gebet wünschten. Die Menschen standen in den Gängen und konnten nicht nach vorn gelangen. Larry begann, den linken Seitengang hinauf zu gehen, und betete für diejenigen, die an den Wänden des Saals standen. Einige Minuten später schaute ich wieder in diese Richtung. Die Menschen klebten buchstäblich an der Wand, sie konnten sich unter der Kraft Gottes nicht bewegen. Gute Idee – Dienst an der Wand. Fänger wurden da nicht gebraucht.

Am folgenden Morgen sprach Guy Chevreau, und das zweite Treffen ging in einen *Soaker*-Gottesdienst über. Einige blieben unter der Kraft Gottes zurück oder warteten, weil sie noch mehr wollten. Andere gingen zum Mittagessen, um dann zur Nachmittagsveranstaltung zurückzukommen.

Diejenigen, die blieben, wurden von Gott weiterhin mächtig berührt. Große Wellen des Lachens rollten durch den Raum, bis es schien, als würde das ganze Gebäude lachen. Als mehr Leute zur 14 Uhr-Versammlung zurückkehrten, waren sie ganz verwundert, weil sie merkten, daß noch immer der *Soaker*-Gottesdienst vom Vormittag lief. Man sagte mir, sie hätten das Lachen schon beim Überqueren der Straße hören können! Um 14 Uhr trugen wir die Leute in einen anderen Raum, in dem sie weiterhin »einweichen« konnten. Dann konnten wir die Stühle wieder aufstellen und die nächste Versammlung beginnen.

Seit der Konferenz sind ständig Zeugnisse von der heilenden Kraft Gottes in unserem Büro eingetroffen. Menschen berichten, daß sie von Beschwerden geheilt wurden, unter denen sie jahrelang gelitten hatten. Leute, die geistlich trocken waren und nur noch ein bloßes Gewohnheitschristsein lebten, sind jetzt erfrischt und brennen wieder für Gott. Eine Frau schrieb uns nach der Konferenz:

> *»Für uns ist am aufregendsten, was im Inneren geschieht. Leidenschaft für Jesus und größere Liebe zum Leib Christi, den Geschwistern aus anderen Gemeinden. Ein größeres Verlangen, das Wort zu lesen, das wieder lebendig geworden ist. Wir haben eine größere Freisetzung im Bereich der Prophetie erlebt, mit mehr Visionen und Botschaften. Vielen Dank, daß Sie sich so stark in den Leib Christi investiert haben. Die Frucht dieser Konferenz wird im Leben vieler Leute in dieser Nation zur Ehre Gottes sichtbar sein. Möge er Sie alle weiter segnen.«*

Wir haben unsere *Soaker*-Gottesdienste jeden Freitag- und Sonntagabend fortgesetzt. Die Menschen reisen bis zu drei Stunden, um hierher zu kommen und die Gnade Gottes zu empfangen. Der Segen des Herrn hat auch in unserer Gemeinde viele Menschen völlig verändert.

Ein Beispiel: Eine Freundin von mir wurde in ihrer Kindheit mißbraucht und als Teenager vergewaltigt. Das führte dazu, daß sie zurückgezogen und voller Mißtrauen lebte. Sie litt unter vielen Anfällen von Depression und Krankheit. Oft beteten wir zusammen, daß Gott ihr Leben veränderte, und trotz des Schmerzes, den sie in ihrem Inneren spürte, hat sie durchgehalten. Als wir in diese Ausgießung des Heiligen Geistes »hineingerieten«, kam sie öfter zum Gebet nach vorn, und Gott hat ein mächtiges Werk in ihrem Herzen getan. Sie ist frei von Angst und Schuld wegen ihrer Vergangenheit, frei von dem Schmerz über das, was man ihr angetan hatte. Sie schrieb mir neulich:

»Sobald ich mein Herz ausschüttete und Gott meine Probleme in die Hand nehmen ließ, hob sich eine schwere Last von mir. Ich fand es immer schwierig, Gott als liebenden Vater zu sehen – als ich aufwuchs, hatte ich nie eine Vaterfigur. Doch seit ich mich öffnete und vor dem Herrn weinte, habe ich Zuversicht und Liebe zu anderen. Ich bin nicht mehr die ängstliche Person, die ich einmal war. Die Zeit kann schwer werden, doch wenn man den Herrn liebt und ihm vertraut, kann es doch gar nicht so schlimm werden. Ich kann den Herrn nun meinen Papa nennen, und er ist immer da, wenn ich ihn brauche.«

Gott hat das Leid meiner Freundin wirklich weggenommen und durch seine Liebe und Vertrauen zu ihm ersetzt. Früher saß sie immer ganz hinten im Gottesdienst, damit sie schnell rauskonnte, wenn sie sich unwohl fühlte. Doch jetzt sitzt sie ganz vorn. Manchmal, wenn sie neben mir sitzt, muß ich während der Anbetung einfach zu ihr hinübersehen. Zu sehen, wie sie dasteht und Gott in Freiheit anbetet, ihr Herz voller Liebe und Vertrauen – das ist ein Beweis für die verändernde Kraft Gottes. Ihr Gesicht leuchtet von der Herrlichkeit des Herrn, während sie ihren himmlischen Vater anbetet.

Dieser Segen ist auch nicht nur auf die Erwachsenen beschränkt. Viele unserer Kinder kommen nach vorn zum Gebet. An einem Abend kam der Sohn meiner Freundin, der fünfjährige James, um für sich beten zu lassen. Ich betete für ihn, er fiel unter der Kraft Gottes hin und lag ungefähr zehn Minuten lang ganz ruhig da. (Wenn man James kennt, weiß man, daß allein das schon ein Wunder ist!) Als er aufstand, sah ich, wie er sich mit den Händen an den Kopf faßte und ihn schüttelte, so als wollte er einen klaren Gedanken fassen. Ich fragte ihn: »James, hat Jesus dich heute berührt?«

»Ja«, antwortete er. »Als Jesus mich berührt hat, habe ich mich überall ganz komisch gefühlt.«

»Wie hat sich das angefühlt?« fragte ich.

»Als ob ich Gott jeden Tag lieben könnte!« sagte er mir ganz aufgeregt.

James hat das seiner Mutter gegenüber einige Tage später wiederholt, als er sich gerade für die Schule fertigmachte. »Weißt du, Mama, wenn sie in der Kirche für dich beten, dann liebst du Gott jeden Tag!« Später dachte ich, das ist ja eigentlich das, was es bei uns allen bewirkt. Es führt dazu, daß wir Gott jeden Tag lieben.

In unserer Gemeinde ist große Einheit untereinander entstanden. Die Menschen werden einfach zueinander hingezogen. Sie kommen Gott näher und gleichzeitig auch einander. Das wird besonders in unseren Hausgruppen während der Woche deutlich. Leute, die sich früher etwas abseits hielten, fragen ihren Gruppenleiter jetzt: »Wie kann ich mehr mit anderen in der Gruppe in Kontakt kommen?« Gesetzte, ruhige Menschen, die durch die Kraft der Liebe Gottes verändert worden sind, verändern nun ihre Hausgruppen. Andere sehen die Veränderungen in ihrem Leben. Sie öffnen sich und teilen einander mit, was in ihrem Herzen geschieht.

Auch Ehen sind angerührt worden. Viele Ehepartner, die in ihrer Beziehung zu kämpfen hatten, haben Heilung und eine frische Liebe zueinander bekommen. Wir hören immer wieder von Paaren, die ihre Liebe neu entdecken.

Auch Menschen, die weit weg sind von Gott, werden von der Gegenwart Gottes berührt, weil Gott den Gemeindemitgliedern seinen Segen geradezu mitgibt. Ich ging mit einer Freundin, die damals eine Krise erlebte, zum Essen in ein Restaurant. Auf dem Weg dorthin betete ich, daß der Herr ihr an diesem Abend Freude schenken möge. Wir kamen im Restaurant an und setzten uns hin. Ganz plötzlich begannen wir beide zu lachen. Der Kellner mußte dreimal zurückkommen, um unsere Bestellung aufzunehmen, weil wir nicht reden konnten. Beim dritten Mal zeigten wir ihm mit dem Finger auf der Speisekarte, was wir gerne hätten, denn wir hatten immer noch Probleme mit dem Reden.

Während des ganzen Essens lachten wir weiter. Der Kellner ging immer wieder bei uns vorbei und versuchte herauszufinden, was wir eigentlich taten. Schließlich kam er zu uns und sagte: »Ich weiß nicht, was das ist, aber ich hab's auch!« Wir beobachteten ihn, wie er versuchte, Kaffee einzuschenken. Seine Schultern zuckten, weil er sich bemühte, das Lachen zu unterdrücken. Später kam er wieder und erzählte uns, daß auch der Koch in der Küche am Lachen war. Dann begannen zwei Damen am Nachbartisch zu lachen. Zwischendurch machten sie ab und zu ein verwirrtes Gesicht – sie versuchten herauszufinden, worüber sie eigentlich lachten!

Wir hatten noch die Gelegenheit, dem Kellner an diesem Abend mitzuteilen, daß Gottes Geist Menschen auf der ganzen Welt in dieser Weise berührt.

Nun zu der Frage, wie diese Ausgießung des Heiligen Geistes das persönliche Gebetsleben der einzelnen verändert hat. Dabei fällt zuerst auf, daß sehr viele einen entscheidenden Durchbruch erlebt haben. Bei mir ist es so, daß der Heilige Geist jetzt eine überragendere Stellung einnimmt. Ich hatte immer Schwierigkeiten, allein eine Zeitlang zu beten, doch jetzt fällt es mir richtig leicht.

Bevor ich zu den Gebetsversammlungen vor dem Gottesdienst gehe, bete ich schon zu Hause. Hin und wieder erlebe ich solch eine schöne Zeit in der Gegenwart Gottes, daß ich denke: »Muß ich jetzt wirklich hier aufhören und zu einer Gebetsversammlung gehen?« Das erinnert mich daran, daß es beide Male dieselben Jünger waren: diejenigen, zu denen Jesus sagte: »Konntet ihr nicht einmal eine Stunde mit mir wachen?« und diejenigen, die sich nach der Erfüllung mit dem Heiligen Geist ständig zum Gebet trafen. Heute ist es eine beständige Freude, Zeit mit Gott zu verbringen. Und davon können eine ganze Reihe Gemeindemitglieder berichten.

Ein Frau aus dem *Power-Team* war nicht in der Lage, Streß richtig zu verarbeiten, und zog sich körperliche Beschwerden zu, gegen die sie täglich Medikamente nehmen mußte. Ihr Arzt schlug ihr auch vor, es einmal mit fernöstlicher Meditation zu versuchen. Als Gott ein frisches Maß an Gnade in ihr Leben ausgoß, verbrachte sie viele Stunden in seiner Gegenwart, um sich davon ganz durchtränken zu lassen (sie meditierte also richtiggehend über Gott). Während sie auf ihn wartete, zeigte der Herr ihr immer und immer wieder, daß seine Wege höher, viel höher sind als unsere Wege. Als Auswirkung der Freude und des Friedens, die Gott in ihr Leben gegeben hat, braucht sie mittlerweile keine Medikamente mehr.

Dieselbe Frau hat während der vergangenen drei Jahre regelmäßig zusammen mit einer anderen Frau gebetet. Jetzt haben sie gemerkt, daß sie gar keine Liste mit Gebetsanliegen mehr brauchen. Sie fangen leise an, den Herrn zu loben, und fragen ihn dann, wofür sie beten sollen. Sie bekommen Bilder oder Eindrücke und beten dann dementsprechend. Sie sehen, wie ihre Gebete schnell erhört werden und wie Gott im Leben vieler Leute, für die sie gebetet haben, wirkt.

Eine andere Frau aus unserer Gemeinde erlebt es, daß der Herr sie jeden Morgen um fünf Uhr zum Beten aufweckt. Gott hat ihr ein tiefes Empfinden seiner Nähe geschenkt und damit auch die Freiheit, im Geist zu »sehen«. Sie sieht spontane Bilder von den Menschen, für die sie betet. Wenn sie diese Bilder den Betreffenden mitteilt, empfangen diese Freisetzung und Segen. Für viele von uns hat Gott das Gebet des Apostels Paulus für die Epheser lebendig werden lassen:

> »Der Gott Jesu Christi, unseres Herrn, der Vater der Herrlichkeit, gebe euch den Geist der Weisheit und Offenbarung, damit ihr ihn erkennt. Er erleuchte die Augen eures Herzens, damit ihr versteht, zu welcher Hoffnung ihr durch ihn berufen seid, welchen Reichtum die Herrlichkeit seines Erbes den Heiligen schenkt und wie überragend groß seine Macht sich an uns, den Gläubigen, erweist durch das Wirken seiner Kraft und Stärke« (Eph 1,17-19).

Eine andere Frau unseres *Power-Teams* ist während ihrer eigenen Gebetszeiten zu Hause von Gott berührt worden. Am Anfang fühlte sie sich nicht wohl in bezug auf das Lachen. Es paßte nicht zu ihrer Vorstellung von Gott. Doch eines Abends begann sie zu lachen, und als sie nach Hause kam, bat sie Gott um Vergebung, falls sie ihn damit beleidigt hätte. Gott setzte weiterhin tiefe Freude in ihr frei und bestätigte ihr in seinem Wort, daß dies von ihm kam. Danach war sie nicht mehr zu halten. Gott füllte sie bis zum Überfließen mit seinem Geist und befreite sie dabei von den Schatten ihrer Vergangenheit, die von Mißbrauch gezeichnet gewesen war. Der Herr hat ihr überfließende Freude – gerade auch Freude am Leben – geschenkt, nachdem sie den größten Teil ihres Lebens immer hatte sterben wollen.

Ich habe gemerkt, daß Gott mein Bewußtsein im geistlichen Bereich beträchtlich erweitert, seit er angefangen hat, mein Leben zu berühren. Wenn ich für jemand anderen bete, warte ich oft auf den Herrn, und er beginnt, mir dann Lebensbereiche aufs Herz zu legen, in denen er dem Betreffenden begegnen will. Das haben wir vom Erneuerungsteam in Toronto gelernt. Manchmal kommt es mir so vor, als ob ich Gottes Herz diesem Menschen gegenüber spüren kann, während ich still im Gebet vor ihm warte. Ich meine zu spüren, wie Gott gegenüber Menschen mit zerbrochenem Herzen oder solchen, die um ihre Hilfsbedürftigkeit wissen, empfindet. Aber auch bei Menschen, die rein äußerlich gut zurecht zu kommen scheinen, gibt Gott mir durch ein Wort, das er mir ins Herz legt, einen Schlüssel, der die Türen ihres Herzens öffnet und Befreiung schenkt.

Manchmal kommt das auf ziemlich ungewöhnliche Weise zustande. Eines Abends kniete ich bei einer Frau, die auf dem Boden lag. Ich legte meine Hand ganz leicht zum Gebet auf ihren Kopf. Dann drehte sich meine Hand um, so daß mein Handrücken jetzt auf ihrem Kopf lag. Ich dachte: »Das hab' ich nicht gemacht!« und drehte meine Hand wieder in die übliche Gebetshaltung: Handfläche auf dem Kopf. Wieder drehte sich meine Hand um. Das passierte ungefähr fünfmal. Während dessen betete ich leise für die Frau und begann zu fragen: »Herr, was versuchst du mir damit zu sagen?« Dann verstand ich es.

Ich beugte mich vornüber und flüsterte ihr zu: »Pam, der Herr möchte, daß du weißt: Seine Hand ist nicht gegen dich gerichtet.« Ich konnte sehen, daß dies ihrem Geist etwas sagte. Gott zeigte mir mehr, und ich fuhr fort: »Wenn du Gottes Hand siehst, ist sie nicht erhoben, um dich zu schlagen. Vielmehr ist sie für dich eine Hand des Schutzes und der Versorgung.« Ich ließ mich vom Geist leiten und betete weiter in dieser Richtung.

Pam erzählte mir später, daß sie und ihr Mann in ihren Familien jeweils die einzigen Christen sind und daß ihre Verwandten ihnen das Leben schwer machten in bezug auf Gott und die Gemeinde. Sie hatte sich dafür selbst verurteilt und sagte sogar zum Herrn: »Gott, ich habe das Gefühl, daß du mich am liebsten verhauen würdest.« »Pam, der Herr möchte, daß du weißt: Seine Hand ist nicht gegen dich gerichtet.«

Welch einen gnädigen und liebevollen Vater haben wir doch!

Kapitel 6

Laß uns Deine Herrlichkeit seh'n

»Nicht durch Macht, nicht durch Kraft, allein durch meinen Geist! – spricht der Herr der Heere« (Sach 4,6).

In dem reizenden kleinen Buch *Your Word Is Fire* [»Dein Word ist Feuer«] gibt es eine Geschichte über einen frommen jüdischen Bauern. Seine Einstellung zum Gebet beweist tiefes Vertrauen auf Gottes Gnade und Güte. Dieses sichere Fundament ist der Felsen, auf dem man steht, wenn man im Geist Fürbitte tut.

»Es gab einmal einen einfachen Mann, der Gott immer so im Gebet ansprach: ›Herr der Welt! Du weißt, daß ich nichts gelernt habe, daß ich nicht einmal die heiligen Wörter in deinem Gebetbuch lesen kann. Ich kann mich nur an das Alphabet erinnern, das ich als Kind gelernt habe. Doch du, Herr, kennst wirklich alle Wörter. So nenne ich dir die Buchstaben des Alphabets, und du kannst daraus selber die Wörter bilden.‹ Und so betete er mit großer Hingabe und sagte die Buchstaben des hebräischen Alphabets auf: ›Alef, Bet, Gimel, Dalet …‹«[1]

Das aktuelle Wirken des Geistes Gottes fordert von vielen eine radikale Demut. In vieler Hinsicht erkennen wir, daß wir uns selbst einen Gefallen tun, wenn wir uns mit zu den »einfachen Leuten« rechnen. Das Beste, das wir dem Herrn im Gebet anzubieten haben, ist unsere aufrichtige Hingabe, unser Seufzen, unsere Hoffnung, daß sein Wille geschieht, und dann müssen wir den »Wörtern« Aufmerksamkeit schenken, die er uns gibt, nachdem er die »Buchstaben« unseres Stotterns angenommen hat. Durch die Kraft des Heiligen Geistes macht er aus ihnen das schöpferische Wort, das Leben entstehen läßt, in uns und für andere.

Durch prophetische Offenbarung wird mehr und mehr von Jesus hervorgebracht, nicht nur in uns persönlich, sondern in seinem gesamten Leib. Irenäus, der Bischof von Lyon, der zwischen 182 und 188 n. Chr. Lehrschriften verfaßte, beschrieb das Prophetische folgendermaßen: »Wir hören in der Gemeinde viele Geschwister, die prophetische Gaben besitzen und durch den Geist alle Arten von Sprachen reden und zum allgemeinen Nutzen das Verborgene der Menschen ans Licht bringen und die Geheimnisse Gottes verkünden …«[2] Irenäus formulierte diese Gedanken volle einhundertdreißig Jahre, nachdem der Apostel Paulus seinen ersten Brief an die Gemeinde in Thessalonich geschrieben hatte. Doch die Anweisungen, die Irenäus und Paulus geben, weisen eine starke pastorale Kontinuität auf.

Die abschließenden Ermahnungen des Apostel (1 Thess 5,16-24) dienen uns als Zusammenfassung unserer Gedanken darüber, was es bedeutet, vor dem Hintergrund dieser Ausgießung des Heiligen Geistes zu beten. Von ihrem Zusammenhang her stehen diese Verse als Abschluß zweier wichtiger Bewegungen im Leben einer jungen und charismatisch aktiven Gemeinde: zum einen ist es das Verständnis des Paulus, daß den Gläubigen fortwährend geistliche Dinge mitgeteilt werden – Gott beruft sie weiterhin in sein Reich und seine Herrlichkeit; der Herr läßt ihre Liebe weiterhin zunehmen und überfließen und Gott schenkt ihnen weiterhin seinen Heiligen Geist.[3] Zum anderen gab es in der Gemeinde in Thessalonich einige, die offensichtlich über ihre prophetische Autorität hinausgingen. Es gab einige problematische Botschaften, vor allem in bezug auf die Auferstehung und die Wiederkunft Christi. Bei einer solch starken Orientierung auf die Zukunft brachten diese Botschaften einige sehr ungesunde Auswirkungen mit sich. Einige in der Gemeinde meinten, sie könnten sich größere Freiheiten in ihrem Lebensstil erlauben. Gläubige fingen an, andere zu richten, und ein geistliches Elitedenken kam auf.

Um diese Mißstände zu korrigieren, fordert Paulus die Gläubigen in Thessalonich auf, ein Leben der Freude und des Gebets zu leben, ein Leben, das in Dankbarkeit verwurzelt ist, das Feuer des Geistes am Brennen hält und prophetische Ermutigung ehrt. Obwohl die Gabe der Prophetie Ursprung der Probleme in der Gemeinde ist, läßt Paulus nicht zu, daß ihr Mißbrauch die Gemeinde dazu bringt, ganz auf sie zu verzichten. Vielmehr ist Unterscheidungsfähigkeit nötig. Sie sollen die prophetischen Worte prüfen.

Das gilt auch für uns. Am letzten Tag der Pfingstkonferenz, die von der *Vineyard*-Gemeinde »Basilea Bern« in der Schweiz veranstaltet wurde, hatte ich das Vorrecht, in der Plenarveranstaltung am Morgen zu lehren. Mehr als 3 000 Leute aus ganz Europa hatten sich zur Konferenz versammelt. Der Herr war uns in seiner Gnade begegnet, hatte uns erfrischt, wiederbelebt und mehr von seiner Gnade freigesetzt, so wie er das überall auf der Welt tut. Später an diesem Tag war es Zeit für den Heimweg. Ich predigte über diesen Text aus dem 1. Thessalonicherbrief. Während der Predigt machte ich eine informelle Umfrage unter den Versammelten: »Wieviele glauben, daß sie in den vergangenen Tagen mehr von Gottes Herrlichkeit berührt haben?« Viele standen auf. »Ist etwas von Ihrer Leere aufgefüllt worden? Ihre Trockenheit erfrischt? Die Schläfrigkeit vertrieben? Ihre geistliche Sicht geschärft? Bei wievielen ist die Leidenschaft für das Reich Gottes neu entflammt worden? Wieviele haben mehr von Gottes Liebe, Frieden und Freude erlebt? Sind Furcht, Verzweiflung, Entmutigung, Sorge weggenommen worden?«

Wir hatten eine großartige Zeit miteinander erlebt, so waren am Ende der Fragen fast alle aufgestanden.

Nachdem wir dem Herrn im Lobpreis gedankt hatten, fuhren wir fort mit der Erkenntnis, daß es nicht einhundert Prozent »Gott« war, was wir während der Versammlungen gesehen hatten. Zu jeder Zeit, an jedem Ort sieht man im besten Fall nur unsere körperlichen und emotionalen Reaktionen auf die Gegenwart und die Kraft des Heiligen Geistes. Und deshalb ist es immer eine Mischung von Fleisch und Geist. Deshalb ermahnt uns der Apostel Paulus: »Prüft alles!«

Was er uns nicht sagt, ist das »Wie«. Wir stehen mitten in einem erneuernden, wiederbelebenden und freimachenden Wirken Gottes. Da ist es unerläßlich, daß wir um Unterscheidungsfähigkeit, um Weisheit und Verständnis beten. Denn wir müssen ständig »die Geister prüfen«. Nicht um Fehler zu finden, zu kritisieren oder zu verurteilen, sondern um mit mehr Reinheit, kraftvollerer Ausrüstung und stärkerer Autorität für das Reich Gottes Fürbitte leisten zu können. Es geht darum, Gottes Pläne in unserer Mitte und in unserer Zeit noch mehr zu erfüllen.

Dazu ist es hilfreich, zwischen *Revival* (Erweckung) und *Revivalism* (Erweckungstheorie) zu unterscheiden. Iain Murrays Werk mit dem Titel *Revival and Revivalism* ist ein eingehendes Studium dessen, was er »Entstehen und Verderben des evangelikalen Christentums in Amerika« nennt. Aus seiner Untersuchung läßt sich enorm viel entnehmen. Denn viele Kräfte, die ein Wirken Gottes ermöglichen oder verhindern können, sind weniger mit Zeit und Kultur verbunden, als vielmehr mit dem menschlichen Geist und unserer Seele.

Wenn man nur ein wenig nachdenkt, erkennt man schnell, daß es in allen Erweckungen das gibt, was frühere Generationen als »Beimischungen« bezeichneten. Wir leben mit einer Mischung aus Fleisch und Geist, die in uns allen wirkt. Es spielt keine Rolle, wie herrlich die Anbetung, wie bewegend die Zeugnisse, wie inspiriert die Predigt oder wie aufmerksam der Gebetsdienst ist. Eine gewisse Menge unseres eigenen »Zeugs« wird immer hineingemischt sein. Wie großartig auch all das ist, was sich in dieser Ausgießung des Geistes manifestiert – immer sind es unser Körper, unser Verstand und unser Geist, die auf das reagieren, was der Geist in uns bewegt und hervorruft. Keiner von uns reagiert »vollkommen« darauf. Die Dinge sind immer noch so miteinander »verheddert«, daß immer ein gewisser Anteil Kompromiß, Fehlausrichtung, sogar Verderbtheit da sein wird.

Damit das nicht ziemlich düster und bedrückend klingt, muß ich hier etwas unterstreichen: Zumindest was meine Erfahrung angeht, sind die Dinge, die die Menschen durch den »Toronto-Segen« erfahren haben, das Beste, was ich jemals gesehen habe! Ich habe sonst nie etwas gesehen, was derart getreu wiedergibt, wie der christliche Glaube und das Leben im Reich Gottes eigentlich sein sollten!

Wenn wir um Unterscheidungsfähigkeit beten, müssen wir zwei Seiten unsere Aufmerksamkeit widmen. Da sind zum einen die »ewigen« Dinge, die der Geist Gottes bewirkt, und zum anderen die Dinge, von denen die Menschen nur vorübergehend bewegt werden, die sich auf psychosozialer Ebene erklären lassen. Die Stärke der Gefühle und die äußeren Manifestationen – Umfallen, Zittern, Lachen und Weinen – sind nicht das Material, um wahres geistliches Erwachen von vorübergehender religiöser Begeisterung zu unterscheiden. Im besten Fall sind sie Hinweise, Signale auf ein tiefergehendes Werk im Inneren.

Es ist hilfreich, wenn wir einmal überlegen, was wir in bezug auf Erweckung verstehen und erwarten. Murray definiert es sehr weit und einfach: Der Heilige Geist wird in größerem Maß geschenkt, und seine Gegenwart und sein Einfluß sind stärker wahrnehmbar. Das manifestiert sich – und wird dann auch von anderen erkannt – durch ein neues »Maß an Autorität, Wärme und Freude, das vorher nicht da war«. Er sagt: »Was eine Erwekkung kennzeichnet, ist nicht, daß ungewöhnliche oder spezielle Mittel zur Anwendung kommen. Vielmehr wird den normalen Mitteln der Gnade Segen in besonderem Maß zugeteilt. Es finden keine ungewöhnlichen evangelistischen Versammlungen statt, es wird nichts Besonderes organisiert, keine Ankündigung einer anstehenden Erweckung.«[4]

Wenn man zwei »Strömungen« des evangelikalen Christentums gegenüberstellt, kommen einige Unterscheidungskriterien zum Vorschein, die für unser Verständnis und die Praxis des Gebets von entscheidender Bedeutung sind. Es ist so etwas wie eine geistliche Wasserscheide. Diese beiden Strömungen haben letztendlich verschiedene Quellen und fließen in unterschiedliche Richtungen. Wenn wir diese beiden Strömungen benennen sollten, würden wir die eine »Gnade« nennen und die andere »Werke«. Die erste ist ein offenes Annehmen von Gaben, die zweite das Hochhalten einer Methodik. Murray sagt von der ersten Strömung:

»Menschliche Bemühungen können Resultate weder sicherstellen noch garantieren. In allem Handeln Gottes liegt Souveränität. Er hat niemals verheißen, proportional zur Aktivität seines Volkes zu segnen. Erwekkungen werden genausowenig durch die Erfüllung bestimmter ›Bedingungen‹ herbeigeführt, wie die Bekehrung eines einzelnen durch bestimmte menschliche Aktionen sichergestellt werden kann. Die ›besonderen Gnadenzeiten‹ werden im Himmel festgelegt.«[5]

Im Jahr 1740 griff der Erweckungsprediger Samuel Davies genau dieses Thema in einer Predigt auf. Der Titel war »Der Erfolg des Dienstes am Evangelium – infolge eines göttlichen Einflusses«. Der Text für seine Botschaft war: »So ist weder der etwas, der pflanzt, noch der, der begießt, sondern nur Gott, der wachsen läßt« (1 Kor 3,7). Eine seiner Beobachtungen ist besonders aufschlußreich:

»Daß dieselben Gnadenmittel in unterschiedlichen Zeiten unterschiedlich viel Erfolg haben, zeigt deutlich genug, wie nötig Gottes gnädiger Einfluß ist, damit sie wirksam werden können ... nicht durch Macht, nicht durch Kraft, sondern durch den Geist des Herrn geschieht es, daß die Interessen der Religion fortgeführt werden. Unsere eigene Erfahrung und Beobachtung bietet viele Beispiele für diese große Wahrheit ... Wir haben gesehen, daß Menschen von denselben Lehraussagen, die sie schon hundertmal ohne Auswirkung gehört hatten, auf einmal ins Herz getroffen wurden. Wo könnte dieser Unterschied herkommen, wenn nicht von besonderer Gnade?«[6]

Der folgende Bericht von der Gebetserweckung in Neuengland aus dem Jahr 1858 bringt etwas Ähnliches zum Ausdruck:

»Wir sind voller Ehrfurcht wegen der spürbaren Gegenwart Gottes unter uns und wissen eindeutig, daß dies in keinem Maße durch uns geschehen ist, sondern vielmehr trotz unserer Kälte, unserer Untätigkeit

und unserer Gleichgültigkeit gekommen ist. Da ist es ganz natürlich, daß wir zum Teil Angst haben, daß unsere Hände dieses Werk nicht fördern, sondern stören könnten – aber am allerwenigsten glauben wir, daß wir seinen Fortgang dirigieren könnten.«[7]

Die zweite Strömung fließt in eine ganz andere Richtung, da sie auch woanders entspringt. Anstatt daß man auf das eingeht, was Gott tut, verlagert sich der Schwerpunkt »von oben nach unten« auf das, was die Erweckungsleiter selbst durchführen.

Zum Beispiel war während der zweiten *Great Awakening* [»Großen Erweckung«] das häufigste und typischste Phänomen das Umfallen, »ein vorübergehender körperlicher Zusammenbruch«.

»Leute fielen hin, als ob man sie erschossen hätte, sie waren nicht fähig aufzustehen und blieben dann, entweder bei Bewußtsein oder bewußtlos, eine Stunde oder viel länger am Boden liegen. Es fielen auch einige hin, die vorher allem sehr skeptisch gegenüberstanden. Viele – 150, 250, manchmal bis zu 800 – fielen auch während Lagerversammlungen zu Boden.«[8]

Ohne sorgfältige und betende Unterscheidung war man geneigt, das Umfallen, Schreien, Schluchzen, Springen oder die Ohnmacht als Trophäen zu behandeln; so als ob die äußeren Merkmale notwendigerweise mit innerer Umkehr und Veränderung gleichzusetzen waren. Derartige Schlußfolgerungen lassen sich in fast allen Erweckungen der Vergangenheit nachweisen; sie sind sogar auch heute vorhanden. Murray bringt es auf den Punkt:

»Der Verlauf einer Erweckung steht wie auch ihre Reinheit und ihre bleibende Frucht im direkten Zusammenhang mit der Art und Weise, wie solche Aufregung [wegen der körperlichen Manifestationen] *von ihren Leitern gehandhabt wird. Wenn man erst einmal den Gedanken akzeptiert, daß sich das Wirken des Geistes anhand der Stärke der Emotionen messen läßt oder daß körperliche Auswirkungen jeder Art Beweis für Gottes Handeln sind, dann muß etwas folgen, das sich zu Recht als Fanatismus bezeichnen läßt. Denn diejenigen, die solche Überzeugungen vertreten, werden davon ausgehen, daß jede Kontrolle von Emotionen oder körperlichen Phänomenen gleichbedeutend ist mit Widerstand gegen den Heiligen Geist.«*[9]

Von ihrem Ablauf her ist die zweite Strömung – *Revivalism*, Erweckungstheorie – Methodik, nicht Mysterium, Geheimnis. Einige waren wie Charles Finney so kühn zu behaupten, die pastorale Leiterschaft wäre daran schuld, wenn es keine Erweckung gab. Finney lehrte seine Studenten:

> *»Christen sind genauso schuldig, wenn sie den Geist nicht haben, wie Sünder schuldig sind, weil sie nicht Buße tun ... Gott hat dir seinen Geist zur Verfügung gestellt, und wenn du den Geist nicht hast, hat Gott das Recht, dich anzuschauen und dich für all das Gute zur Rechenschaft zu ziehen, das du sonst hättest tun können ... Du siehst, warum du keine Erweckung hast. Das ist nur so, weil du keine willst.«*[10]

Revivalism ist so deutlich vom Vorhersagbaren geprägt, daß seine Befürworter – in Vergangenheit und Gegenwart – anmaßend genug sind, im voraus anzukündigen, daß »Erweckung« stattfinden wird. Es wird ein starkes Muster an Erwartungen entwickelt und damit auch der psychologische Druck, sich diesen Erwartungen anzupassen. Nimmt man die üblicherweise durch viel Werbung groß angekündigte Person des »Erweckungspredigers« hinzu, dann hat man fast hundertprozentig garantierten »Erfolg«.[11]

Wenn wir zur Ermahnung, die »Geister zu prüfen«, im 1. Thessalonicherbrief zurückkehren, sind wir beim Beantworten der Frage »Wie?« schon ein wenig weitergekommen. Wir haben nun andere Fragen, die uns beim Unterscheiden helfen: »Welcher Geist wird in den Versammlungen sichtbar?« »Wie wird der (Gebets-)Dienst durchgeführt?« Vor allem: »Welche Einstellung wird im Gebet eingenommen?« Außerdem: »Worauf, auf was ... und letztendlich auf wen verläßt man sich? Sind die Dinge auf Gnade gegründet, oder geschehen sie als Erfüllung einer sorgfältigen Strategie und Methode? Wird man davon überzeugt, daß alles in der Spontaneität wurzelt, die nun einmal Beziehungen kennzeichnet, oder geht es mehr darum, bestimmte Techniken zu beherrschen?«

Bevor wir fortfahren, müssen wir »Richten« und »Prüfen« einander gegenüberstellen, denn diese Dinge unterscheiden sich hauptsächlich durch ein wichtiges Prinzip. Was »Prüfen« und »Unterscheiden« ausmacht und es vom »Richten« abhebt, ist das Gebet. Es funktioniert folgendermaßen: Das Richten arbeitet letztendlich, und für gewöhnlich unmittelbar, gegen den Leib Christi. Es zerschlägt, es reißt herunter, es spaltet und trennt. Prüfen und Unterscheiden jedoch streben danach, den Leib Christi aufzubauen und weitere gute Werke anzuregen. Richten ist kleinliches Suchen nach Fehlern;

Prüfen hat es auf Korrektur abgesehen. Vieles davon ist jedoch nicht auf Anhieb zu erkennen; zur Entscheidung kommt es erst beim Gebet. Eine Faustregel mag hier helfen:

»Wenn du nicht Fürbitte tust, richtest du.
Wenn du hingegen um weitere Offenbarung betest,
Segen aussprichst,
nach mehr Segen, Weisheit und Gnade rufst,
besteht eine große Chance, daß du geistliche Unterscheidung
anwendest, um den Leib Christi aufzubauen und zu ermutigen.«

Im Zusammenhang mit »Richten« und »Prüfen« ist es auch wichtig, daran zu denken: Wir alle befinden uns irgendwo auf der Skala des Christus-ähnlichen Charakters. Es ist gar nicht so hilfreich, daß wir viel Zeit und Energie darauf verwenden, andere Geister zu unterscheiden und zu prüfen. Vielmehr sollten wir uns darauf konzentrieren, unseren Geist zu prüfen. Haben unsere Erfahrungen zum Beispiel mehr Dankbarkeit hervorgebracht? Ist in uns etwas in Bewegung gekommen, daß wir nun neue Freiheit erleben und von Gottes Güte, Treue und Großzügigkeit überwältigt sind? Führt das dazu, daß schnell und leicht ein »Dankeschön« über unsere Lippen kommt? Oder wirkt da vielleicht eine neue Sorte von Stolz: »Ich war in Toronto, und ich bin gesegnet worden ...«? Hat ein subtiles Elitedenken Wurzel gefaßt: »Wenn du wirklich hungrig nach Gott wärst, würdest du alles Erforderliche tun, um nach Toronto zu fliegen ... so wie ich«? Gibt es zwei Arten von Gemeindemitgliedern – die »Gesegneten« und die »Nicht-Gesegneten«?

Demut und Extravaganz lassen sich einander gegenüberstellen. Bitten wir in der Anbetung, beim Predigen oder Beten immer wieder: »Jesus, ich möchte, daß der ›Künstler‹ in mir, der an der Anerkennung für seine Leistung interessiert ist, sich hinsetzt und daß du aufstehst«? Wen betrachten wir als unser »Publikum«? Die versammelte Gemeinde oder den Herrn? Wessen Akzeptanz und Bestätigung suchen wir? Wir haben unseren Geist zu prüfen, zu fragen: Streben wir danach, die Salbung weiterzugeben oder damit anzugeben?

Besonders Pastoren und Leiter müssen diesen Punkt klären: Überlasse ich mich voller Vertrauen allem, was der Geist bewirkt, oder sind da bestimmte Kontrollmechanismen am Wirken? Ich war in verschiedenen Kirchen, in denen der Pastor grundsätzlich einen neuen, geistlichen Aufbruch wünschte, in denen aber die verschiedenen Manifestationen dann mit einem Mal nicht mehr annehmbar schienen. Manchmal zog man eine Linie: »Das will ich in meiner Gemeinde nicht haben!« Da muß man erst einmal die Frage beantworten: »Wessen Gemeinde ist das eigentlich?«

Alle diese Vorgänge sind Dinge, die sich im Herzen abspielen, und damit sind sie nur schwer zu durchschauen. Wir erkennen nur zu schnell, daß man sehr leicht von der Gottesfurcht in die Fleischlichkeit abrutschen kann – es ist heimtückisch und geht unheimlich leicht. Ein letztes Paar entgegengesetzter »Geister« ist besonders jetzt provozierend, da einige von uns auf den zweiten Jahrestag dieses gnädigen Wirkens Gottes zugehen.

Man kann sehr leicht erkennen, daß Erneuerung und Erweckung eine wunderbare Schubkraft mit sich bringen: so viele neue Leute, die von überall her kommen, all die Bekehrungen, neue Entscheidungen, Menschen, die Wiederherstellung und Freisetzung erleben, die praktischen Bedürfnisse und Probleme, die es mit sich bringt, wenn man der Gastgeber solch eines Wirkens ist – was Räume, Mitarbeiter und Mittel angeht , die Liste wird sehr lang. Bei all dem, was geschieht, und so schnell, wie es geschieht, ist es unerläßlich, daß wir unseren Geist überprüfen, ob uns Aufmerksamkeit oder Selbstgefälligkeit bei allem motiviert.

Es ist so leicht, selbstgefällig zu werden. Hier sind die Anforderungen und die herrlichen Probleme, vor die einen die Erweckung stellt, die neuen Erfordernisse, was Zeit und Energie angeht, die Häufigkeit der fortlaufenden Versammlungen, der Reisedienst, der von Leitern gefordert wird – ganz unschuldig sieht man die eigene geistliche »Ausrüstung« als selbstverständlich an, verläßt sich auf eine frühere Predigt, eine Zusammenstellung von Anbetungsliedern oder feste Richtlinien für den Dienst. In der Eile stellen wir oft fest, daß wir einfach das tun, was schon einmal funktioniert hat.

Sehen Sie das Folgende als Gleichnis an. Wer meinen Lebenslauf am Ende des Buches liest, wird durch ihn mitbekommen, daß man mich auf dem Ontario-See beim Windsurfen finden kann, wenn es windig genug ist. Das muß etwas eingeschränkt werden, denn ich habe nicht immer Zeit zum Surfen, wenn das Wetteramt Sturmwarnungen ausgibt. Oft kann ich dann nicht meine Termine absagen, und all der gute Wind wird vergeudet. Am nächsten Tag komme ich dann am Ufer an und muß entdecken, daß der Wind nur noch flau ist.

Wenn ich es dann versuche, weiß ich, daß es große Anstrengung kostet, überhaupt in Fahrt zu bleiben. Denn es kommt keine Geschwindigkeit auf, das Brett bleibt nicht stabil, und man kann sich auf keine Windrichtung richtig einstellen.

Weil ich es verpaßt habe, als es richtig stürmte, bin ich vielleicht versucht, mit dem »Restwind« vorlieb zu nehmen, aber die Voraussetzungen sind völlig ungenügend. Oft komme ich mühsam dann tausend Meter weit in den See hinaus und muß am Ende vielleicht sogar mit dem Segel wieder zum Ufer zurückschwimmen, was überhaupt keinen Spaß macht.

Wenn ich mich dann zum Ufer durchkämpfe, murmele ich gewöhnlich: »Du kannst nicht mit dem Wind von gestern surfen.«

Diese Aussage trifft es auch ganz gut, wenn es um das Beten in dieser Ausgießung des Heiligen Geistes geht. Wir können nicht mit dem »Wind« von gestern »surfen«. Die Salbung von gestern war für gestern. Was der Geist gestern offenbarte und freisetzte, war der Dienst für gestern. Ob es die Musik von gestern, die Predigt von gestern, die Gebete von gestern sind … die Salbung darauf war für gestern.

Jetzt kommt es darauf an, für das offen zu sein, was der Herr heute segnet und worauf er heute seinen Geist ausgießt. Wenn wir uns wegen vergangener Herrlichkeit überheben und sie heute anwenden wollen, werden wir merken, daß uns »Geschwindigkeit«, »Stabilität« und »Richtung« fehlen. Vielleicht finden wir uns dann weit draußen in der Tiefe wieder und müssen um unser Leben schwimmen.

Die Anweisungen des Paulus am Ende des 1. Thessalonicherbriefs nennen die unausweichliche Spannung, die das Leben im Geist mit sich bringt: Wir haben den versammelten Leib von Gläubigen vor uns, die alle mitten im Prozeß der Heiligung stehen. In und durch diesen Leib manifestieren sich nun aktuelle Offenbarungen sowie all die verschiedenen Wirkungsweisen der Kraft des Heiligen Geistes. Wie kann man nun einerseits die Energie all dessen, was der Geist durch Gottes Gnade wirkt, fördern und darauf eingehen und andererseits seine pastorale Verantwortung wahrnehmen? Schließlich muß die Gemeinde ja korrigiert, in der Jüngerschaft trainiert und auch vor »charismatischem Mißbrauch« beschützt werden. Mit leichten Antworten werden wir nicht rechnen können.

Während der ersten Monate der Erneuerung gönnte man sich im Zusammenhang mit der Salbung Freiheit, Selbstvergessenheit, zeitweise sogar extravagante Freizügigkeit. Doch mittlerweile sind die Besucherzahlen angewachsen und einige Monate vergangen, und man hat erkannt, daß bestimmte Grenzen gezogen werden müssen. Es ist zu regeln, wer wann wie für wen betet. Einerseits sind Ausbildung und Einsetzung der Leute im Seelsorge-Team unerläßlich. Gleichzeitig haben sie ein bestimmtes Maß an Zurückhaltung, Einschränkung, zum Teil sogar Unterdrückung einiger Absichten des Geistes mit sich gebracht. Ganz heimtückisch schleicht sich eine Methodik ein, um sich über die Beziehung zu stellen.

Es geht jedoch weder um eine uneingeschränkte und ungezügelte Freiheit noch um Regeln und Verbote. Im Zentrum dieser Angelegenheit steht die Beziehung – daß wir auf das achten, »was der Vater tut«. Der Ruf ist sehr deutlich. In seinem hohenpriesterlichen Gebet (Joh 17) betet Jesus für seine Jünger und alle, die ihm zukünftig noch nachfolgen werden. In diesem Gebet werden verschiedene Themen miteinander verflochten – Offenbarung, Freude, Herrlichkeit, Wahrheit, Mission –, und zusammen ergeben sie ein Bild vollkommener Einheit; des Eins-Seins; einer Beziehung der Nähe.

> »Heiliger Vater … damit sie eins sind wie wir … Alle sollen eins sein: Wie du, Vater, in mir bist und ich in dir bin, sollen auch sie in uns sein … Und ich habe ihnen die Herrlichkeit gegeben, die du mir gegeben hast; denn sie sollen eins sein, wie wir eins sind, ich in ihnen und du in mir. So sollen sie vollendet sein in der Einheit, damit die Welt erkennt, daß du mich gesandt hast und die Meinen ebenso geliebt hast wie mich.«[12]

Es ist so leicht, unter den drängenden Anforderungen des Augenblicks das Bewußtsein zu verlieren, daß Gott gegenwärtig ist und daß bestimmte Dinge erreicht werden sollen – sogar wenn dieser Augenblick Dienst ist! So schnell verlassen wir uns auf das, was wir gelernt und geübt haben, was in der Vergangenheit gesegnet wurde. Dabei verpassen wir, was der Herr jetzt in diesem Augenblick für uns hat, was er uns und durch uns schenken will. Wir versuchen, alles anständig und ordentlich durchzuführen. Dabei ist es so leicht, zu weit zu gehen und bestimmte Kontrollaspekte einzuführen, die den Geist einschränken, sein Wirken sogar betrüben. Denn jetzt haben wir uns eine neue Schachtel für Gott angefertigt – die »Erneuerungsschachtel«. Dann sind wir wieder beim Durchziehen von Methoden, beim Beherrschenwollen neuer Techniken. Dadurch entfernen wir uns von der Gnade und von der Beziehung, die der Herr zu uns unterhalten möchte. Wieder einmal triumphieren Werke über Gnade, und wir müssen mit den grausamen Realitäten leben: »Was aus dem Fleisch geboren ist, das ist Fleisch; was aber aus dem Geist geboren ist, das ist Geist.«

Was der Herr für seine Gemeinde erbeten hat, ist nichts Geringeres als Einheit, ungebrochene, ununterbrochene Nähe, von seinem Herz zu unserem Herz, von seinem Geist zu unserem Geist. Wenn Probleme und Schwierigkeiten kommen, ob für uns als einzelne oder für die ganze Gemeinde, dann sind nicht unsere Lösungen und Methoden gefordert. Vielmehr ist es dran, daß wir um die Leitung und Überführung des Geistes bitten und um weitere Offenbarung und noch größere Freiheit beten.

Eine letzte Geschichte, ein Bild, das mehr sagt als tausend Worte:

> *»Ein Vater reiste mit seinem Sohn in einem Wagen, als sie zum Rand eines Waldes kamen. Der Vater zeigte auf einige Sträucher, die voll von Beeren waren. Aufgeregt fragte der Sohn: ›Können wir nicht anhalten und Beeren pflücken?‹ Der Vater freute sich über den Enthusiasmus seines Kindes und brachte den Wagen gern zum Stehen. Der Sohn war zu bezaubert von seinem neugefundenen Reichtum.*
> *Nach einiger Zeit wollte der Vater seine Reise fortsetzen. Doch sein Sohn war so gefangengenommen vom Beerenpflücken, daß er den Wald am liebsten nicht verlassen wollte. ›Sohn‹, rief der Vater, ›wir können nicht den ganzen Tag hierbleiben! Wir müssen weiterfahren. Komm, steig wieder auf!‹*
> *Doch sein Bitten reichte nicht aus, um den Sohn wegzulocken. Natürlich liebte er ihn wegen seines Eifers nicht weniger, und er konnte sich auch nicht vorstellen, ihn zurückzulassen – aber sie mußten wirklich weiterfahren, denn sie hatten noch eine weite Reise vor sich.*
> *Der Vater rief seinem Sohn zu: ›Du kannst noch eine Zeitlang weiter pflücken, aber achte darauf, daß ich nicht zu weit vorausfahre. Ich werde nämlich jetzt langsam weiterfahren. Rufe beim Arbeiten alle paar Minuten: ›Vater! Vater!‹, dann werde ich antworten. Solange du meine Stimme hören kannst, weißt du, daß wir noch nahe beieinander sind. Doch sobald du mich nicht mehr hören kannst, weißt du, daß du allein bist. Dann mußt du mit aller Kraft losrennen, um mich zu finden!‹«*[13]

Zur Zeit ruft Gott uns in seiner Gnade zu einer engeren Beziehung mit ihm, als viele von uns sie jemals gekannt haben. Wir nehmen aus Gottes freigebiger Hand und halten voller Freude ein Festmahl! Doch während wir seine Güte feiern, müssen wir den Regungen unseres Herzens gegenüber rücksichtslos sein. Denn es ist sehr gut möglich, daß wir so vom »Beerenpflücken« gefangengenommen sind, daß wir nicht mehr auf seine Stimme achten. Wenn wir das – in der Begeisterung des Augenblicks – getan haben, ist es nötig, umzukehren und zu bekennen: Wir waren wieder einmal mehr von den Gaben angetan als vom Geber.

Was von uns gefordert wird, ist Glaube – Glaube, daß er, der uns ruft, noch mehr hat, um uns zu segnen. Zu früh stehenzubleiben bedeutet, daß die Führung des Herrn nicht weitergeht. Wir müssen sicher sein, daß der Herr uns ständig weiterrufen wird, nicht zu einem endgültigen Ziel, sondern zu immer größerer Nähe. So wird das Gebet Jesu erfüllt werden:

> »Und ich habe ihnen die Herrlichkeit gegeben, die du mir gegeben hast; denn sie sollen eins sein, wie wir eins sind, ich in ihnen und du in mir. So sollen sie vollendet sein in der Einheit, damit die Welt erkennt, daß du mich gesandt hast und die Meinen ebenso geliebt hast wie mich.« (Joh 17,22f)

S. D. G.

ANMERKUNGEN

Kapitel 1: Inmitten der Erneuerung

1 A. A. Milne, *Pu, der Bär* – Gesamtausgabe (Cecilie Dressler Verlag Hamburg, 1989), S. 84

2 *Origen on Prayer – Classics of Western Spirituality*, engl. Übers. von Rowan Greer (New York, Paulist Press, 1979), S. 86

3 Eifon Evans, *The Welsh Revival of 1904* (Worcester, Evangelical Press of Wales, 1989), S. 17

4 *Christian Week,* 3. Januar 1995

5 In *Der Toronto-Segen*, Kap. 4 u. 6 werden einige historische Vorläufer der Manifestationen aus früheren Erweckungen beschrieben (Wiesbaden, Projektion J, 1995).

6 Thomas Merton, *Contemplative Prayer* (New York, Image Books, 1969), S. 25

7 Jak 1, 17

8 Evans, S. 194

9 Evans, S. 99

10 1 Kor 14,25

11 1 Kor 14,3

12 Hab 2,14

Kapitel 2: In Gottes Liebe wandeln und sie verschenken

1 *Faith Today*, März 1995, S. 19

2 Andrew MacRae, »The Toronto Blessing: An Experience of Renewal and Revival«, in: *The Atlantic Baptist*, Februar 1995, S. 12-13

3 John Stackhouse, »Encounters at Vineyard«, in: *Christian Week*, 20. September 1994. John ist außerordentlicher Professor für »Heutiges Christentum« im Fachbereich Religion der University of Manitoba.

4 *Toronto Star*, 3. Dezember 1994, S. 24

5 Robert McGee, *Du bist Du* (Wiesbaden, Projektion J, 1994)

6 Iain Murray, *Revival and Revivalism, The Making and Marring of American Evangelicalism* (Edinburgh, Banner of Truth Trust, 1994), S. 23 und 129

7 C. R. Keller, *Second Great Awakening in Connecticut (*New Haven, Yale University Press, 1942), S. 193
8 Murray, S. 201

Kapitel 3: Der Dienst der Offenbarung

1 Siehe Gen 18,19-33; Ex 32,30-34; 33,12-23; 2 Chron 6,12-7,2; Neh 1,4-11; Ps 80 und 85; Dan 9,3-27
2 Eph 3,16
3 Joh 1,18
4 Joh 1,32
5 Joh 3,3.6
6 Joh 3,31.34
7 Joh 4,34
8 Joh 6,63
9 Joh 7,16
10 Raymond Brown, »The Gospel According to John«, Bd. 29, in: *The Anchor Bible* (New York, Doubleday, 1966), S. 327
11 Joh 8,28.38.42.47
12 Joh 11,4
13 Raymond Brown, »The Paraclete in the Fourth Gospel«, in: *New Testament Studies*, 13 (1966-67), S. 115
14 Brown, S. 128
15 Joh 14,26; 15,26; 16,12
16 James G. D. Dunn, *Jesus and the Spirit* (London, SCM Press, 1975), S. 351
17 Joh 19,30
18 Joh 17,4
19 Charles G. Finney, *Memoirs* (New York, Flemming H. Revell Co., 1876), S. 201
20 Anthony Bloom, *Beginning to Pray* (New York, Paulist Press, 1971)
21 E. M. Bounds, *The Necessity of Prayer* (Grand Rapids, Mich., Baker Book House), S. 119
22 Apg 1,15
23 Apg 3,1
24 Apg 10,24
25 Apg 10,34
26 Apg 16,14
27 Apg 16,16
28 Kevin Prosch, *7th Time*, used by permission
29 Apg 4,23-30

30 Apg 2,17-18
31 Apg 7,59
32 Apg 9,11
33 Apg 9,17
34 Apg 16,6.7.9.10
35 Siehe auch Apg 21,4: »Auf eine Eingebung des Geistes hin warnten sie Paulus ...«
36 Apg 22,17
37 Apg 23,11
38 Apg 26,18
39 Joh 20,21
40 Gordon Fee, *God's Empowering Presence: The Holy Spirit in the Letters of Paul* (Peabody, Mass., Hendrickson Pub., 1994)
41 Fee, S. xxi
42 N. T. Wright, *The Interpretation of the New Testament 1861-1986* (Oxford, Oxford University Press, 1988), S. 203
43 Dunn, S. 188
44 Ernst Käsemann, *Perspectives on Paul* (London, SCM Press, 1969), S. 122
45 Röm 8,9. *Este, oikei, elabete, symmartyrei* stehen alle im Indikativ Präsens Aktiv, womit eine lineare, kontinuierliche Handlung bezeichnet wird.
46 Röm 8,14-15
47 Gal 5,18.25; 6,8
48 1 Thess 4,8 – *didonta*; hier wird der Geist für ein Leben immer größerer Heiligkeit und Reinheit geschenkt. Im Vergleich dazu Röm 5,5 – *dothentos* – »uns gegeben«, sowie 2 Kor 1,22 und 5,5 – *dous* –, wo Paulus auf die Bekehrung zurückkommt, deshalb der Aorist.
49 Fee, S. 721
50 Eph 1,17-23
51 Röm 15,13.19; 1 Thess 1,5; Gal 4,29
52 1 Kor 2,4; Gal 3,5; Röm 1,4; Eph 3,16; 2 Tim 1,7
53 Apg 8,14-19
54 1 Tim 1,18; 4,14; 2 Tim 1,6-7; Eph 6,19
55 Gal 3,5
56 1 Kor 2,4; 1 Thess 1,5
57 Dunn, S. 200
58 Dunn, S. 201
59 Dunn, S. 262
60 Fee, S. 389
61 1 Thess 5,20-21
62 1 Kor 14,18
63 1 Kor 14,18; 2 Kor 12,1-4.12; 2 Kor 11,24-25; Gal 1,12; 2,2; Eph 3,3; Apg 13,2

64 1 Thess 5,20; 1 Kor 11,4-5; 12,10-14,40; Röm 12,6; Eph 2,20; 3,5; 4,11, 1 Tim 1,18
65 1 Kor 14,3.24
66 Fee, S. 59
67 1 Thess 5,16-18
68 Fee, S. 655
69 Phil 4,4
70 Phil 4,5
71 Fee, S. 448
72 Dunn, S. 26
73 Dunn, S. 34
74 Joh 17,26
75 Dunn, S. 25
76 Fee, S. 411-413
77 Gal 3,13-15
78 Siehe auch Phil 3,9-10
79 Röm 8,37
80 Röm 15,13
81 Fee, S. 623
82 Krister Stendhal, *»Paul at Prayer«, Meanings: The Bible as Document and as a Guide* (Philadelphia, Fortress Press, 1984), S. 155
83 Einheitsübersetzung
84 Rev. Elberfelder Übersetzung
85 A. J. M. Wedderburn »Romans 8:26 – Towards a Theology of Glossolalia?«, in: *Scottish Journal of Theology*, Bd. 28, 1975, S. 369-377
86 Dunn, S. 242
87 Fee, S. 824
88 2 Kor 4,11
89 Fee, S. 825
90 Eph 6,10
91 Sören Kierkegaard, *Either/Or,* Bd. I, engl. Übers. v. David Swenson (Princeton, N. J., Princeton University Press, 1959), S. 42. Der Text wurde leicht abgeändert.

Kapitel 4: Diese Liebe ist wie ein großes Feuer

1 William James, *The Varieties of Religious Experience* (New York, Mentor Books, 1958), S. 298
2 Urban Holmes, *A History of Christian Spirituality* (New York, Seabury Press, 1981), S. 99

3 *Das Leben der heiligen Theresia von Jesu*, dt. Übers. v. P. Aloysius Alkofer (München und Kempten, Kösel-Verlag, 1952), S. 65-66

4 Alkofer, S. 97

5 Alkofer, S. 101

6 Alkofer, S. 108

7 Alkofer, S. 109

8 Alkofer, S. 115-116

9 Alkofer, S. 119

10 Alkofer, S. 126

11 Alkofer, S. 133

12 Alkofer, S. 142

13 Alkofer, S. 151

14 Alkofer, S. 152

15 Alkofer, S. 154

16 Alkofer, S. 157

17 Alkofer, S. 167-168

18 Alkofer, S. 168-169

19 Alkofer, S. 170

20 Alkofer, S. 171

21 Alkofer, S. 171-172

22 Alkofer, S. 181

23 Alkofer, S. 182

24 Alkofer, S. 183

25 Alkofer, S. 184

26 Alkofer, S. 232

27 Alkofer, S. 234

28 Alkofer, S. 239

29 Alkofer, S. 242

30 Mt 24,24. Es sollte angemerkt werden, daß dieser Vers von seinem Zusammenhang her vor solchen warnt, die sich als Messias oder Propheten ausgeben. Er enthält keinen Hinweis auf »Zeichen und Wunder«.

31 Alkofer, S. 244

32 Alkofer, S. 386

33 Alkofer, S. 302

34 Alkofer, S. 387

35 Alkofer, S. 383

36 Alkofer, S. 192

37 Alkofer, S. 255-256

38 Alkofer, S. 253-254

39 Alkofer, S. 255

40 Alkofer, S. 274
41 Alkofer, S. 280-282
42 Alkofer, S. 409
43 Alkofer, S. 400, 408, 409, 412
44 Alkofer, S. 313
45 Augustinus, Confessions, Buch X, Kap. 29. In: *Nicene and Post-Nicene Fathers*, First Series, Bd. 1 (Peabody, Mass., Hendrickson Pub., 1994), S. 153b
46 Alkofer, S. 303-304
47 Mk 12,30
48 Alkofer, S. 294
49 Jonathan Edwards, *Charity and Its Fruits* (Edinburgh, Banner of Truth Trust, 1991), S. 304
50 Edwards, S. 306
51 Edwards, S. 313, 314
52 Siehe »Der Toronto-Segen«, S. 65-72, oder *The Works of Jonathan Edwards*, Bd. 1 (Edinburgh, Banner of Truth Trust, 1992), S. lxii-lxx, 356-380
53 William Keesecker (Hrg.), *A Calvin Reader* (Philadelphia, Westminster Press, 1985), S. 16
54 Die Zitate stammen aus Ford Lewis Battles Übersetzung der *Institutio religionis Christianae* (Philadelphia, Westminster Press, 1960). Die Zahlen in Klammern beziehen sich auf das Buch, das Kapitel und den Abschnitt.
55 Mich 2,11, Comm., S. 209 (es wird jeweils aus der englischen Ausgabe des entsprechenden Kommentars zitiert)
56 Johannes Calvin, *Two and Twenty Sermons* (London, John Harifon, 1580), S. 86
57 Ps 7,6; Comm., I, S. 81
58 Ps 119,38; Comm., IV, S. 428
59 Institutio, I.1.1
60 »The Privilege of Prayer«, S. 183
61 Ps 65; Comm., II, S. 457
62 Joh 17,20; Comm., S. 181
63 »I Want to Know You« von Brian Doerksen und Cindy Rethmeier, Mercy Publishing. Used by permission (Deutsche Rechte beim Projektion J Verlag, Wiesbaden)
64 Vgl. Ps 65,1; 91,15; 145,18; Jes 30,15; Joël 2,32; Joh 15,24: Calvin entschuldigt sich wiederholt für seine unvollständigen Aufzählungen und sagt: »Es ist nicht meine Absicht, hier jeden Text aufzuführen.« III.20.14, S. 868
65 Ps 51,1; Comm., II, S. 295
66 Ps 56,8; Comm., II. S, 355
67 Ps 102,2; Comm., IV, S. 98
68 Ps 104,32; Comm., IV, S. 17
69 Harm.; Mk 11,24, III, S. 20

70 Jak 1,6; Comm., S. 283

71 Comm. on Romans, S. 299

72 Röm 8,26; Comm., S. 311

73 Comm., S. 447

74 Cat., QA 253, S. 44

75 Gen/1 Mo 19,18; Comm., I, S. 509

76 Comm., I, S. 81

77 Comm., V, S. 256

78 Harm., III, S. 20

79 Joh 15,7; Comm., S. 111

80 Comm., S. 314

81 Gen/1 Mo 32,9; Comm., II, S. 190; Ps 37,5; Comm., II, S. 21; 1 Thess 5,17; Comm., S. 296; 1 Petr 5,7; Comm., S. 149

82 Ps 142,2; Comm., V, S. 245

83 Comm., IV, S. 230-231

84 1 Thess 5,17; Comm., S. 296

85 Comm., S. 100

86 Hab 2,1

87 Ps 69,13; Comm., III, S. 60

88 Comm., S. 120

89 Gen/1 Mo 24,14; Comm., II, S. 18

90 Ps 130,4; Comm., V, S. 131

91 Comm., I, S. 419

92 Cat., A241, S. 42

93 Comm., II, S. 270

94 Institutio, III.20.28, S. 888-889

95 Apg 16,23; Comm., S. 117

96 Comm., S. 266

Kapitel 5: Sieben offene Fenster

1 Brynmor Jones, Voices from the Welsh Revival, 1904-1905 (Worcester, Evangelical Press of Wales, 1995), S. 270

2 Evans, S. 90, 92, 109

3 Evans, S. 32; Hervorhebung wurde hinzugefügt.

4 Murray, S. 24

5 Das ist nicht ihr richtiger Name.

6 Melanie Morgan-Dohner, Vineyard Christian Fellowship, P. O. Box 754, Hopkinsville, Kentucky 42240, U.S.A., Tel. 502-885-7414, Fax 502-886-6640

7 Apg 17,28

8 1 Kor 14,3

9 Dwayne weiß bis heute noch nicht, was die Kühe zu bedeuten haben!

Kapitel 6: Laß uns Deine Herrlichkeit seh'n

1 Arthur Green und Barry Holtz, *Your Word Is Fire: The Hasidic Masters on Contemplative Prayer* (New York, Schocken Books, 1987), S. 9

2 Irenäus, *Against Heresies*, V.6.1, in Ante-Nicene Fathers, Bd. 1, hrg. v. Alexander Roberts (Peabody, Mass., Hendrickson Pub., 1994), S. 531b

3 1 Thess 2,12 und 5,24; 3,12; 4,8

4 Murray, S. 107, 129

5 Murray, S. 22

6 Samuel Davies, *Sermons*, Bd. 3 (Philadelphia, Presbyterian Board of Pub., 1864), S. 24-27

7 »The Religious Awakening of 1858«, in *The New Englander* (August 1858), S. 664, zitiert in: J. D. Hannah, »The Layman's Prayer Revival of 1858«, in: *Bibliotheca Sacra* (Jan-Mar 1977), S. 71

8 Murray, S. 164

9 Murray, S. 163

10 Charles Finney, *Lectures on the Revivals of Religion* (London, Morgan and Scott, 1910), S. 134, 34

11 Murray, S. 380

12 Joh 17,11.21-23

13 Siehe Arthur Greens und Barry Holtz' Geschichte in: *Your Word Is Fire,* S. 109

ÜBER DEN AUTOR

Guy Chevreau war von 1979 bis 1994 Baptisten-Pastor. Er ist Doktor der Theologie; den Titel erwarb er am *Wycliffe College, Toronto School of Theology*, nach seinem Studium auf dem Gebiet der Historischen Theologie. Er lehrt regelmäßig während der Pastoren- und Leiter-Tage in der *Toronto Airport Vineyard*-Gemeinde und hat als Mitglied des Leitungsteams dieser Gemeinde auch einen internationalen Dienst. Der »Toronto-Segen« wird in seinem gleichnamigen ersten Buch in einen biblischen und historischen Rahmen gestellt. Er ergänzt diese Studien mit Zeugnissen aus der heutigen Zeit, die davon erzählen, wie Hunderttausende in dieser bemerkenswerten Ausgießung des Geistes mit Gottes Gnade und Liebe beschenkt worden sind.

Guy ist verheiratet mit Janis; sie haben zwei Kinder, Graham und Caitlin. Wenn es windig genug ist, kann man Guy wahrscheinlich beim Windsurfen auf dem Ontario-See antreffen.